新·闻·传·播·学·文·库

合作智慧与竞争艺术
国际传播的历史、逻辑与价值

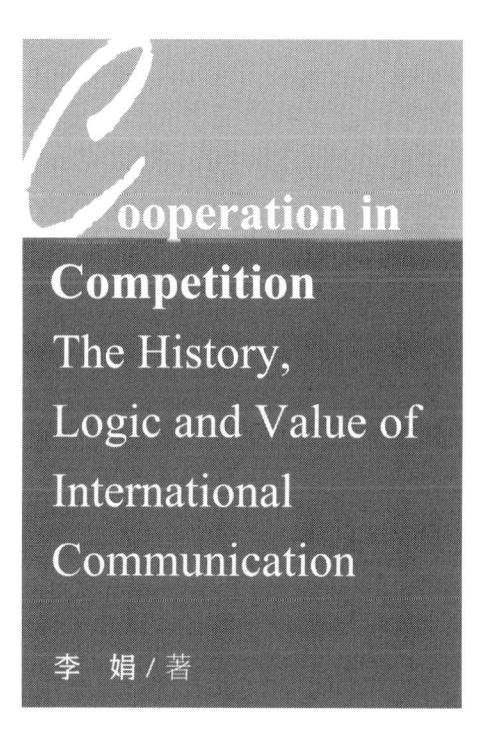

Cooperation in Competition
The History, Logic and Value of International Communication

李 娟 / 著

中国人民大学出版社
·北京·

2024年甘肃省省级人才项目（重点项目）
"一带一路视域下中国文化软实力提升与甘肃国际传播人才培养"

2024年甘肃省哲学社会科学规划年度项目
"甘肃黄河文化国际传播研究"

2024年甘肃省软科学专项项目
"国际传播视域下提升甘肃文化影响力创新路径研究"

2024年兰州大学"人工智能+"专项重点课题
"人工智能时代国际传播的理论创新与战略选择"

本书为以上项目的阶段性成果
由兰州大学中亚研究所全额资助出版

总　序

自1997年国务院学位委员会将新闻传播学擢升为一级学科以来，中国的新闻传播学学科建设突飞猛进，这也对教学、科研以及学术著作出版提出了新的、更高的要求。

继1999年中国人民大学出版社推出"21世纪新闻传播学系列教材"之后，北京广播学院出版社、华夏出版社、南京大学出版社、中国社会科学出版社、新华出版社等十余家出版社纷纷推出具有不同特色的教材和国外新闻传播学大师经典名著汉译本。但标志本学科学术水平、体现国内最新科研成果的专著尚不多见。

同一时期，中国的新闻传播学教育有了长足进展。新闻传播学专业点从1994年的66个猛增到2001年的232个。据不完全统计，全国新闻传播学专业本科、专科在读人数已达5万名之多。新闻传播学学位教育也有新的增长。目前全国设有博士授予点8个，硕士授予点40个。中国人民大学新闻学院、复旦大学新闻学院等一批研究型院系正在崛起。北京大学和清华大学的新闻传播学教育以高起点、多专业为特色，揭开了这两所百年名校蓬勃发展的新的一页。北京广播学院（后更名为中国传媒大学——编者注）以令人刮目相看的新水平，跻身中国新闻传播教育名校之列。武汉大学新闻与传播学院等以新获得博士授予点为契机所展开的一系列办学、科研大手笔，正在展示其特有的风采与魅力。学界和社会都企盼这些中国新闻传播教育的"第一梯队"奉献推动学科建设的新著作和新成果。

进入新世纪以来，随着以互联网为突破口的传播新媒体的迅速普及，新媒体与传统媒体的联手共进，以及亿万国人参与大众传播能动性的不断强化，中国的新闻传媒事业有了全方位的跳跃式的大发展。人民群众对大众传媒的使用，从来没有像今天这样广泛、及时、须臾不可或缺，人们难以逃脱无处不在、无时不有的大众传媒的深刻影响。以全体国民为对象的新闻传播学大众化社会教育，已经刻不容缓地提到全社会，尤其是新闻传播教育者面前。为民众提供高质量的新闻传播学著作，已经成为当前新闻传播学界的一项迫切任务。

这一切都表明，出版一套满足学科建设、新闻传播专业教育和社会教育需求的高水平新闻传播学学术著作，是当前一项既有学术价值又有现实意义的重要工作。"新闻传播学文库"的问世，便是学者们朝着这个方向共同努力的成果之一。

"新闻传播学文库"希望对于新闻传播学学科建设有一些新的突破：探讨学科新体系，论证学术新观点，寻找研究新方法，使用论述新话语，摸索论文新写法。一句话，同原有的新闻学或传播学成果相比，应该有一点创新，说一些新话，文库的作品应该焕发出一点创新意识。

创新首先体现在对旧体系、旧观念和旧事物的扬弃上。这种扬弃之所以必要，人文社会科学工作者之所以拥有理论创新的权利，就在于与时俱进是马克思主义的理论品质，弃旧扬新是学科发展的必由之路。恩格斯曾经指出，我们的理论是发展的理论，而不是必须背得烂熟并机械地加以重复的教条。一位俄国作家回忆他同恩格斯的一次谈话时说，恩格斯希望俄国人——不仅仅是俄国人——不要去生搬硬套马克思和他的话，而要根据自己的情况，像马克思那样去思考问题，只有在这个意义上，"马克思主义者"这个词才有存在的理由。中国与外国不同，新中国与旧中国不同，新中国前30年与后20年不同，在现在的历史条件下研究当前中国的新闻传播学，自然应该有不同于外国、不同于旧中国、不同于前30年的方法与结论。因此，"新闻传播学文库"对作者及其作品的要求是：把握时代特征，适应时代要求，紧跟时代步伐，站在时代前列，以马克思主义的理论勇气和理论魄力，深入计划经济到市场经济的社会转型期中去，深入党、政府、传媒与阅听人的复杂的传受关系中去，研究新问题，寻找新方法，获取新知识，发现新观点，论证新结论。这是本文库的宗旨，也是对作者的企盼。我们期待文库的每一部作品、每一位作者，都能有助于把读者引领到新闻传播学学术殿堂，向读者展开一片新的学术天地。

创新必然会有风险。创新意识与风险意识是共生一处的。创新就是做前人未做之事，说前人未说之语，或者是推翻前人已做之事，改正前人已说之语。这种对旧事物旧体系旧观念的否定，对传统习惯势力和陈腐学说的挑战，对曾经被多少人诵读过多少年的旧观点旧话语的批驳，必然会招致旧事物和旧势力的压制和打击。再者，当今的社会进步这么迅猛，新闻传媒事业发展这么飞速，新闻传播学学科建设显得相对迟缓和相对落后。这种情况下，"新闻传播学文库"作者和作品的一些新观点新见解的正确性和科学性有时难以得到鉴证，即便一些正确的新观点新见解，要成为社会和学人的共识，也有待实践和时间。因此，张扬创新意识的同时，作者必须具备同样强烈的风险意识。我们呼吁社会与学界对文库作者及其作品给予最多的宽容与厚爱。但是，这里并不排斥而是真诚欢迎对作品的批评，因为严厉而负责的批评，正是对作者及其作品的厚爱。

当然，"新闻传播学文库"有责任要求作者提供自己潜心钻研、深入探讨、精心撰写、有一定真知灼见的学术成果。这些作品或者是对新闻传播学学术新领域的拓展，或者是对某些旧体系旧观念的廓清，或者是向新闻传媒主管机构建言的论证，或者是运用中国语言和中国传统文化对海外新闻传播学著作的新的解读。总之，文库向人们提供的应该是而且必须是新闻传播学学术研究中的精品。这套文库的编辑出版贯彻少而精的原则，每年从中国人民大学校内外众多学者的研究成果中精选三至五种，三至四年之后，也可洋洋大观，可以昂然耸立于新闻传播学乃至人文社会科学学术研究成果之林。

新世纪刚刚翻开第一页，中国人民大学出版社经过精心策划和周全组织，推出了这套文库。对于出版社的这种战略眼光和作者们齐心协力的精神，我表示敬佩和感谢。我期望同大家一起努力，把这套文库的工作做得越来越好。

以上絮言，是为序。

童　兵

2001年6月

目 录

绪　论　从幕后走向台前的关键角色 ························· 1

第一章　科技、全球化、意识形态：国际传播演化历程及比较研究 ······ 9
　第一节　生存、发展、广义文化：国际传播的四个历史阶段 ········ 11
　第二节　战争、竞争、竞合：国际传播相关研究的梳理与分析 ······ 20
　第三节　变革的决定性力量：科技进步与国际传播 ·············· 64
　第四节　需求重叠与价值冲突：国际关系视域下的国际传播 ······· 75

第二章　与时俱进的内涵与外延：再辨国际传播概念 ············· 89
　第一节　国际与传播：两个构成国际传播的基本单元 ············ 91
　第二节　现代国际传播：全球化与技术革命的结合 ·············· 95
　第三节　比较分析国际传播与重要相关概念 ··················· 102
　第四节　国际传播的核心特征 ······························ 117

第三章　权力与价值的博弈：国际传播战略模型研究 ············ 125
　第一节　古老人类实践及国际交往重塑：广义文化视域下的
　　　　　国际传播 ·· 129
　第二节　助力国家战略的系统性建构：国家综合实力视域下的
　　　　　战略传播 ·· 133

第三节　一项事业的深刻性、长期性、全局性视角和筹划：
戦略 ··· 135

第四节　国家综合实力与广义文化共力：国际传播战略模型
变量分析 ··· 139

第五节　现实主义与建构主义桥接：国际传播战略模型 ········ 147

第四章　自我与他者：国际传播认识论的内在理路 ·················· 159

第一节　"凝视"与"反思"："自我与他者"观的由来 ············ 162

第二节　文化认同与国家形象建构："自我与他者"的国际交流 ····· 167

第三节　主动策略下的被动适应：国际传播中的"自我与他者" ··· 171

第四节　怀疑与合作：自我的根本性坚持与他者的利己性强调 ··· 175

第五节　"自我与他者"：世界权力格局变迁的现代性表达 ········ 181

第六节　当代国际传播："自我与他者"的再阐释与共建构 ······· 187

第五章　合人类性价值共识：未来国际传播如何可能 ················ 199

第一节　建设性和理智竞争性的价值共识：国际传播的底层
架构 ··· 202

第二节　合人类性：人际、族际、国际价值共识的根本特征 ······ 208

第三节　人与人类的对立统一：伦理是合人类性的集中表现 ······ 214

第四节　人与自然的对立统一：合人类性是审美的逻辑主线 ······ 222

第五节　伦理和审美进路：未来国际传播不可或缺的内核 ········ 228

结　论　人性、社会性、人类性：国际传播的宿命与期待 ············ 233

绪 论
从幕后走向台前的关键角色

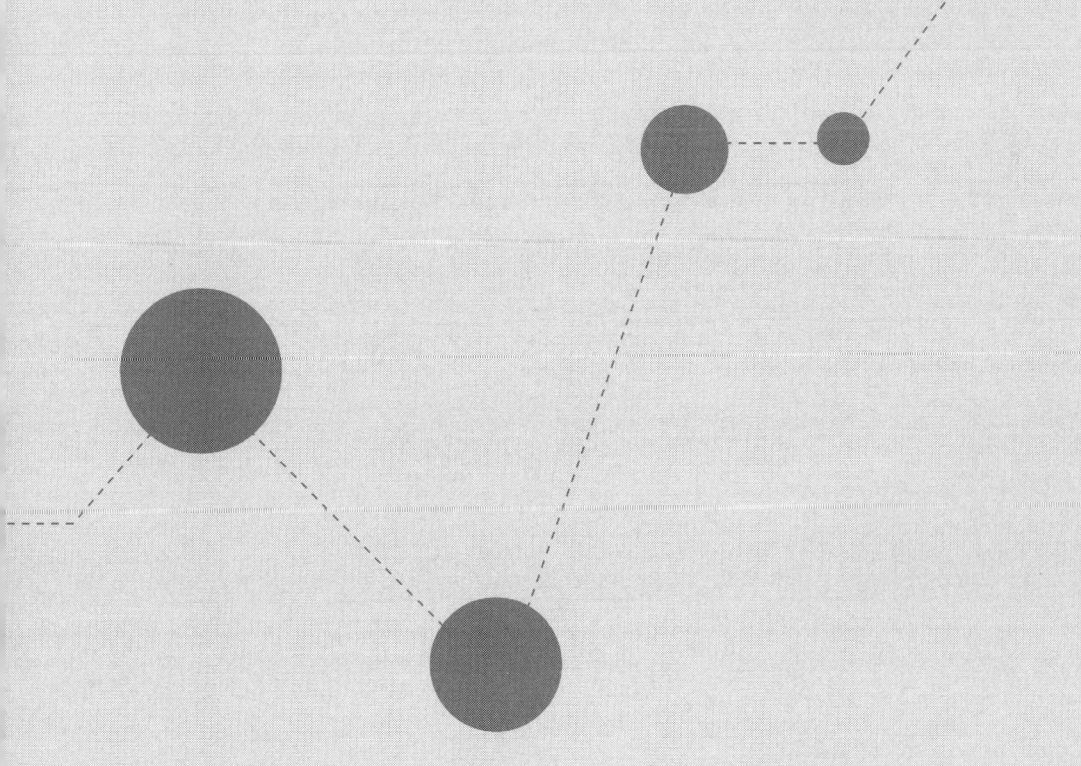

近年来，世界权力格局变动引发逆全球化思潮，科技高速发展但国际科技合作障碍重重。一方面，这些新情况、新趋势导致国际环境越发复杂多变，十分考验中国的系统性驾驭水平；另一方面，人类社会在上述动力的共同作用下持续进化，特别是人工智能等颠覆性科技不仅迅速改变着人们的日常生活，还将再次重构国力对比和国际竞争。此时，广义上的中国国际传播成为认识和应对上述局势的主动战略之一，必须进行全方位调整和创新，当其应当，有所作为。在十九届中共中央政治局第三十次集体学习时，习近平总书记强调，要深刻认识新形势下加强和改进国际传播工作的重要性和必要性，下大气力加强国际传播能力建设，形成同我国综合国力和国际地位相匹配的国际话语权，为我国改革发展稳定营造有利外部舆论环境，为推动构建人类命运共同体作出积极贡献。党的二十大报告指出：增强中华文明传播力影响力。坚守中华文化立场，提炼展示中华文明的精神标识和文化精髓，加快构建中国话语和中国叙事体系，讲好中国故事、传播好中国声音，展现可信、可爱、可敬的中国形象。加强国际传播能力建设，全面提升国际传播效能，形成同我国综合国力和国际地位相匹配的国际话语权。深化文明交流互鉴，推动中华文化更好走向世界。可见，国际传播已成为党和国家的战略任务之一，是实现中华民族伟大复兴和构建人类命运共同体的重要支点之一。加强和改进国际传播工作，首先要反思以往经验得失，在现有知识的基础上不断推动基础理论研究，进而认识、把握和遵循其内在规律和时代特征，最终承担起指导和持续优化国际传播实践的重任。特别需要指出的是，一方面，随着综合国力不断增强，国际影响力持续提升，中国在世界舞台上的形象和话语越发重要，中国国际传播的历史责任从未有如今这般艰巨，迫切需要总结过往、筹划未来，从而更好地推动国家发展；另一方面，现阶段中国对外交往强烈呼唤中国理论发出更强音，以此消解和挣脱近代以来"西方中心主义"和"美国中心主义"给非西方世界戴上的意识形态枷锁,从而更好维护国家安全和实现国家利益。基于上述,本书尝试从国际传播研究现状、国际传播概念辨析、国际传播战略模型、国际传播内在理路和国际传播价值共识这五个维度进行剖析,多路向认识国际传播的历史、逻辑、价值和期待,以求得出较为深入、立体和全面的研究结论。

概念是人类认知事物本质的理性凝结,也是快速把握事物的途径,因此研究国际传播首先要从概念入手。当前,中国国际传播在不断发展中面临着科学化和标准化建设,中国学界既需理论阐释新情况和新现象,也要为今后相关实践进行理论铺垫,因此不得不首先讨论"如何从国际传播的历史逻辑、当代价值和未来蓝图中认识其内涵和外延?""国际传播与战略传播等相关概念的区别?"等问题,也就是进行国际传播概念辨析,这不仅是抽丝剥茧理解国际竞争格局和国际传播未来走向的基础,还是总揽全局制定相关战略策略和推进本领域研究的起点。

范式,从本质上讲,是针对某个领域较成熟理论的体系或框架的创新,以便更加系统化、规范化和便捷化地研究科学问题。全球化时代,国际传播在波诡云谲的国际政治环境和高新技术的快速进步中扮演着越来越重要的角色,中国国际传播理论必须阐释这些新变化,进而指导中国国际传播能力建设不断取得新进展。托马斯·库恩(Thomas Kuhn)在其重要著作《科学革命的结构》中论述到,思想、科学和技术进步与新旧范式更替为因果关系,当旧范式无法解释新事物或新发现时,新范式就会出现,虽然它不是完美的,但一定更加令人满意。[1] 范式是真实世界和规律的抽象形式,对人类有着巨大价值,如理解因果、区分轻重、预测未来和谋划行动。[2] 当

---

[1] 库恩. 科学革命的结构. 哈金,导读. 张卜天,译. 北京:北京大学出版社,2022:94-102.
[2] 亨廷顿. 文明的冲突与世界秩序的重建. 周琪,等译. 北京:新华出版社,2010:8-9.

然，所谓范式肯定是简约的形式，它能比类似物更好地说明认识对象，也能帮助人们更好地理解事物。当前，作为非传统国际竞争力量的国际传播施展出不同寻常的威力，更有美国等迅速将其"升级"为战略传播。面对新形势和新需求、外部环境变动引发的内在机制重构，中国国际传播需要一种"理解国际传播规律、预测国际传播发展趋势、制定国际传播行动原则"的新范式，即本书试图讨论的凸显基础性和时代性重要意义的国际传播战略模型（受众矩阵）。

意识形态是人们认识事物的观念集合，简单点说就是某种理解模式，这里充满了前提、假设甚至答案；"自我与他者"是国际交往领域长久以来的内在理路，也是国际传播相关研究无法回避的自省方式。文艺复兴以降，特别是"大航海时代"以来，人类社会开启了现代意义上的全球交往，而由此产生的现代性通过各种形式发挥威力，将散居在这个星球上的不同部落和文化进行"整合"，推动一系列全球化活动持续走向深入。1648年，随着《威斯特伐利亚和约》签订，宗教改革告一段落，西方列强的殖民主义进入新时期，西方文化随即建立了世界主流意识形态霸权即"西方中心主义"，这不仅遏制或破坏了非西方文化，还实质性地变相剥削了非西方文明的发展权利，当然，对"自我与他者"的认识也包含其内。吉登斯（Anthony Giddens）认为，在主动意义上，全球化是地方、国家和世界的"三维空间"社群，既是"在地"的具体和真实，也是跨越时空的延伸和无限，这个形态容纳了前所未有、不可计数的可能性。[①] 全球化的巨大能量使任何人都无法置身事外，而不得不奋力在剧烈变化的世界中谋求一席安身之地，在自我与他者的互动中保护自身、谋求合作、赢得尊重。在这个时代背景下，"自我与他者"逐渐成为世界各民族、各国家面对时代巨变不得不审慎对待

---

① 吉登斯. 全球时代的民族国家：吉登斯讲演录. 郭忠华，编. 南京：江苏人民出版社，2012：10-11.

的重大命题，也是人文社会科学各个领域绕不过去的重要概念。同理，在国际传播中，我们也应该尽可能体察不同文化互动的主旨，建立认识论意义上的思想基础，这一切始于对自我的明了、对他者的理解，也就是竭力彻察外界、加深认识自身，构建揭露本质和顺应时代的自我与他者观。当然，个人、种族、民族和国家等"自我与他者"观在互动中产生和变化，尤其是综合国力优势明显的国家必然对其他国家类似的意识形态有着更为重要的影响，因此研究这个观念时，不能简单将之区分为"我的"或"他的"，而要更加注重两者的关系和运动，并且从人类繁衍的历史逻辑中揭示其普遍性、历史性和现实性。毫不意外，现实往往与理想相差甚远，在认识和构建"自我与他者"观时，人类总是裹足于眼前的利益和纷争，而未能站在其根本利益的高度进行考量和行动。截至目前，国际交往的各个领域仍然充斥着文化不信任和意识形态对抗，贸易纠纷、经济制裁、外交抵制和战争冲突此起彼伏，全球治理蓝图始终充满不确定性。值此，我们回到起点，重新剖析"自我与他者"这个人类交往和合作的元概念，进而审视现有国际传播理论和实践，以便为今后进一步改进和提升做好准备。简而言之，如果不全面和深入地分析"自我与他者"，讨论国际传播就没有坚实的基础，也很难得出行之有效的策略路径。

价值共识是国际传播主体基本认可的价值，也是支撑建设性国际传播的重要柱石，但它的形成面临着各种困难，甚至是"难以逾越之鸿沟"，极其考验人类智慧。鉴于此，国际传播主体必须规划最可行的路径，即合人类性价值共识，也就是遵循人类生存、发展的共性而不突出双方的差异性。很久以来，非西方国家不得不经受着"文化帝国主义"，也就是说，履行"强文化"功能的国际传播绝不仅是表面上的国与国"亲善交流"，而是一国在国际竞争中夺取或保持相对优势的重要路径，即打造与综合实力相匹配的话语权和话语体系，涵化目标受众，对外构建美好国家形象，促进经济和政治等方面的合作,最终提升软硬实力。因此,长久以来的现代国际传播形式上强调合作而实质上聚焦竞争,并且还经常滑入恶性竞争,但这种模式代价高昂甚至不可承受,最终逼迫人类社会改弦易辙,将国际传播的未来期待定位于进一步扩大合作和控制有限竞争。在这个使命呼唤下,中国作为负责任的大国,其国际传播必须从"自我与他者"的重合视角探究规律,而其中有个非常关键也一直未充分讨论的基础性问题,即国际传播如何可能?进一步说,真正意义上的以合作为主旨的国际传播如何可能?从什么角度切入国际传播会更加具有科学性且符合基本原则?弄清上述问题不仅是理论研究的探索性使然,还是认清和破解长久以来国际竞争和国际传播不平等格局的现实性反思。

第一章

科技、全球化、意识形态：
国际传播演化历程及比较研究

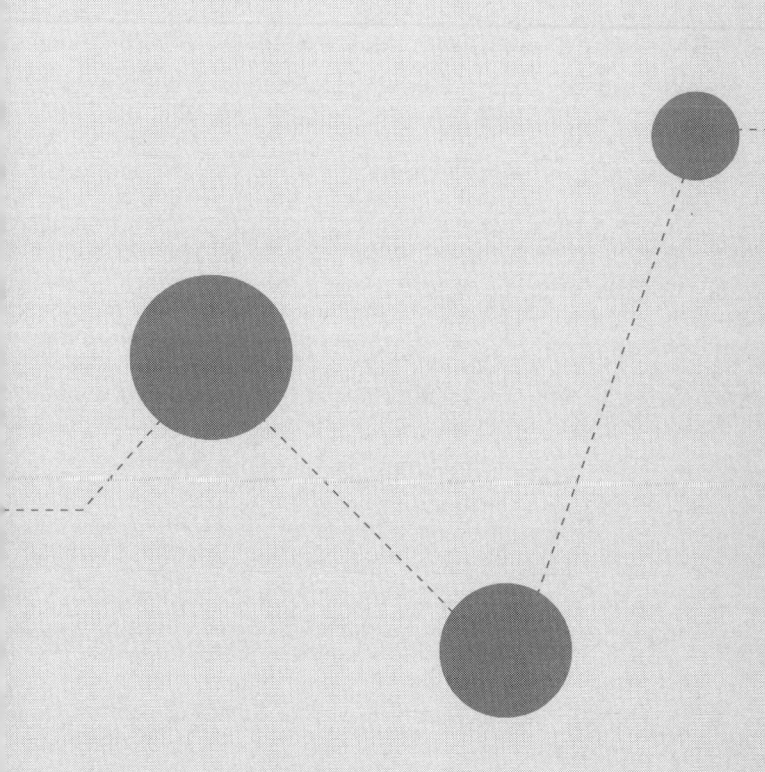

本章要点

- 国际传播的历史：识别国际传播发展的四个历史阶段，从广义国际传播的萌生，到技术革命的推动，再到当前面临的全球化挑战。

- 科技进步的影响：分析不同传播技术如何塑造国际传播的形态，从传统媒介到互联网、社交媒体，以及人工智能的兴起。

- 国际关系中的传播角色：探讨国际传播在战争、竞争和文明冲突中的作用，以及它如何成为国际关系中的关键因素。

- 意识形态的冲突与融合：理解在全球化背景下，不同文化和价值观如何在国际传播中冲突和融合。

第一节 生存、发展、广义文化：
国际传播的四个历史阶段

纵观人类文明历程，国际传播水平主要受两个条件制约，一是国际交往理念，二是科技。前者催生后者革命或推进国际传播相关应用，后者促进或制约前者形成和发展。前者是形而上者，即国与国交往的主观能动性，特别是综合实力明显占优势国家对其他国家的影响，如帝国主义、殖民主义和全球化等；后者是形而下的历史条件，客观上决定相关活动的质量和数量，如印刷品时代的传播效果无法企及电子媒介时代等。国际交往理念包含欲求驱动，理性崇拜，宇宙观、世界观和价值观范式革命等。欲求驱动指人类进化是欲望不断拓展并追求满足的历史。其实，人类自由意识的底层机制就是欲望，前者的"自由"与后者的膨胀成正比，一部分人希望用理性将贪得无厌控制在合目的性范围内，另一部分人却用自由意志充当人性贪婪的合法性或规律性。理性崇拜指人类在微观层面上超越了以往，攻克了很多传统社会无法解决的难题，但在更宏大的层面上却错把自身认识和行动的局限性当成真理或者规律。宇宙观、世界观和价值观范式革命指从过去的"以上帝为中心"到近现代欧洲出现的"以自我为中心"，人类审视自身和外界的理念发生了历史性变化，但它从一开始就蕴含着巨大危机，正如尼采曾经痛苦万分地指出："上帝死了！上帝已经死了！而正是我们谋杀了他！我们怎么才能安慰自己，这凶手中的凶手？"总而言之，国际传播史难以脱离上述两个条件铺就的轨道，科技是革命性力量，而国际交往理念不仅是科技创新的土壤，还是赋予其意义和决定人类未来的动力机制。

一、自然而然的探索与行动：广义国际传播萌生（15世纪以前）

传播行为是人类存在、进化，文明出现、发展的必要条件。人类传播分为内外两个维度：内部指存续和环境变化引发的局限于身体的相关活动，如遗传代码、生理反应、适者生存等；外部指人与人、人与世界之间一切信息互动和共享意义。在大多数情况下，人们更加关注传播的社会功能，即观察和理解环境、帮助社会适应环境、文化传承[1]与娱乐[2]。

在古代人类社会，因不同群体交往和统治阶级管理需要，国际传播早在概念及理论产生之前就已具有相当规模。它最早可追溯至部落形成期，其时已有彼此间的信息交流，当然这往往进行得极其野蛮。初入文明时代，部落与部落、国与国之间的信息互动已成为常态，但受制于当时的理念和技术，国际传播不得不保持在有限范围内。一方面，虽然那时的国际交往以冲突为主、贸易为辅，但事实上为宗教传播、文化交流、技术发展等创造了条件，如古希腊城邦竞争，马其顿、古罗马、阿拉伯对外征伐等。另一方面，国际传播是封建制或管理松散国家内部正常运转的基本体制，如中国春秋战国时期诸侯国互派使臣或人质、诸侯会盟、跨境游历、人口迁徙等，古罗马帝国征税征兵、商品流通、奴隶贩卖和竞技表演等。

这个阶段的国际传播完全依靠行动（action）而不是大众媒介（mass media）。首先，传播技术革命前的国际传播缺少大众媒介路径，但其他活动一直在为之后的突破蓄积力量，如中国的造纸术、活字印刷术通过战争和贸易传到阿拉伯地区和欧洲等。其次，虽然东西方都出现了报纸的雏形，

---

[1] 拉斯韦尔. 社会传播的结构与功能. 何道宽，译. 刘海龙，胡翼青，评介. 北京：中国传媒大学出版社，2013：3-4.

[2] Wright, C. Mass Communication: A Sociological Perspective. New York: Random House, 1959.

但在功能、效率和效果上还无法与大众媒介等量齐观。最后，或因内部使用，或因技术受限，上述大众媒介前身的服务对象都是政权而非大众。在中国，夏商周时期，官僚系统设立"遒人"职位，负责巡视各地、传达政令、采集民情；西汉年间，各郡在京城设办事机构"邸"，派官吏常驻并及时将重要信息整理为"邸报"呈送相关人员查阅。此后，唐朝的《开元杂报》、宋朝的"朝报"、元朝和明朝的"邸报"、清朝的"邸钞"等大致继承这一特征和效用。在西方，公元前 59 年，恺撒设立了刻在木板上的《每日纪闻》(Acta Diurna)，将最高决策机构的决议事项公之于众；公元 2 世纪，随着古罗马管辖范围扩大，它的传播远及南欧、西亚和北非等地。

二、第一次传播技术革命：现代国际传播初露端倪与"野蛮生长"（15 世纪至 20 世纪末）

划时代的传播技术成为社会变革的重要动力之一。15 世纪，约翰内斯·古腾堡（Johannes Gensfleisch zum Gutenberg，又译谷登堡）将木制农用螺旋压力机和铅、锡、锑、铋合金活字与含油墨水整合在一起，发明了开创时代的传播技术——活字印刷机。它不仅向普通民众开放了一直以来禁锢于贵族和神职人员的各类信息与知识，还将以往分散的个体凝聚起来，构建为推翻腐朽势力、发展现代文明的利益共同体，如《古腾堡圣经》也称《四十二行圣经》对宗教改革的推动等。当然，单凭一项技术改变历史的可能性微乎其微，但它结合其他适宜历史条件后迸发出的能量和潜力却难以估量，影响深远。

第一次传播技术革命历史性地提升了信息与知识的传播数量和质量，开启了大众媒介时代，使得现代国际传播破茧成蝶。剑桥大学约翰·汤普森认为，大众媒介具备"生产和传播的技术及机制""符号化商品""制作与接收分离""空间和时间上广泛传播""一对多的信息分发模式"

五大特征。① 可以看出，没有古腾堡活字印刷机，大众媒介不可能出现，而后者恰恰是民智开启和欧洲崛起的技术基础之一。1605 年，约翰·卡罗鲁斯（Johann Carolus）在斯特拉斯堡创立世界首个大众媒介——德语报纸《所有重要新闻纪事报》（*Relation aller Fürnemmen und gedenckwürdigen Historien*）。② 随后，欧洲各国相继创办地方性或世界性报纸，并且书籍、杂志等旧时代奢侈品也走向普及。正是由于上述情况带来的知识开放和思想碰撞，西方社会进入传播技术快速发展时期。1837 年，莫尔斯（S. F. B Morse）发明电磁式电报机。1844 年，世界第一条电报线路开通。1858 年，大西洋海底电缆竣工。1876 年，贝尔发明电话。1877 年，爱迪生发明留声机。1897 年，马可尼（Guglielmo Marconi）的无线电信号第一次越过布里斯托尔海湾。1901 年，无线电信号第一次横跨大西洋。1906 年，第一个无线电节目试验播出。1920 年，第一个电台正式开播。1936 年，第一座电视台建成使用。1957 年，第一颗人造卫星发射成功。1962 年，专门传播电视信号的"电星 1 号"（Telstar Ⅰ）发射成功。上述每一次传播技术进步都极大地推动了现代国际传播，但"0 到 1"与"1 到 2"有着本质性区别，而古腾堡活字印刷机的重大意义正在于此。

现代国际传播实践和理论突飞猛进的直接原因为战争，尤其是两次世界大战和美苏对抗。竞争，特别是生死存亡的战争，是相互毁灭和激发人类最大潜力的双刃剑，国际传播也难逃其宿命。第一次世界大战期间，德军指挥官埃里希·鲁登道夫（Erich Ludendorff）认为，宣传战对于打击敌人所产生的效果与其他战争方式一样，所以国家必须掌控大众媒介，从而

---

① Potter, W. J. Arguing for a General Framework for Mass Media Scholarship. California: Sage Publications, 2008.

② Weber, J. Straßburg 1605: Die Geburt der Zeitung. Jahrbuch für Kommunikationsgeschichte, 2005, 7: 3-26.

在国内外对士兵和民众进行洗脑。① 这个观点很快得到英国的验证并成功"说服"美国加入战局，与此同时，西方多国也将宣传战理念和方法引入国内政坛，用于党派选举和权力博弈。某种意义上，大众媒介为受众塑造的那个并非世界真实面貌的"拟态环境"② 才是现代传播和现代国际传播的真相。总而言之，人们在这段时期内逐渐认识到传播作为非传统军事行动所展现出的可操作性、性价比、效率、效果和潜力。至第二次世界大战，大众传播武器化已成为主要参战国的共识，传单、报纸、电报、广播和电视等通通变为国际对抗的重要渠道。美国相继成立了禁止向美国居民播出的"美国之音"（Voice of America，VOA）、战时新闻署（Office of War Information，OWI）等对外宣传机构，不断加大相关研究投入，培养出哈罗德·拉斯韦尔（Harold Lasswell）、保罗·拉扎斯菲尔德（Paul Lazarsfeld）、库尔特·勒温（Kurt Lewin）以及卡尔·霍夫兰（Carl Hovland）"传播学四大先驱"。并且美国在不断改进宣传战、心理战和信息战的基础上，开辟了国际传播、公共外交、跨文化传播、战略传播等传播学分支领域。冷战期间，美国成立了直接对总统负责的美国新闻署（United States Information Agency，USIA）和行动协调委员会（Operations Coordinating Board，OCB），美国总统杜鲁门提出并执行了"黄油替代枪炮"的"第四点计划"，丹尼尔·勒纳（Daniel Lerner）和 E. M. 罗杰斯（E. M. Rogers）等美国学者也基于此开创了发展传播学。总之，在上述对外宣传、公共外交和理论研究等组合拳下，美国政策及文化的全球影响力显著提升。

现代国际传播一经出现就在经济、政治、文化等领域发挥出重要作用，但其与恶性竞争的紧密联系也让国际社会深感担忧，并且这个矛盾随着科技高速发展而越发尖锐。首先，现代国际传播是科技、地理大发现和全球

---

① 鲁登道夫. 总体战. 戴耀先，译. 北京：解放军出版社，2005：130-139.
② 李普曼. 公众舆论. 阎克文，江红，译. 上海：上海人民出版社，2006：3-23.

化等共同因素作用下的产物，其原始动力来自人们对更好生活的向往，形式也多为信息和知识共享、通信、贸易等。其次，早期现代国际传播多服务于恶性竞争，与宣传战、心理战、公共外交或战略传播难分彼此，但和当代意义上的国际传播相差甚远。再次，由于物种竞争性使然，人类总是不遗余力地将最新技术用于战争，与之对应，恶性竞争产生的强大压力也持续推动科技进步，因此现代国际传播于两次世界大战期间快速发展不足为奇，如施拉姆等顶级传播专家长期在战争中任职于美军战略服务局（Office of Strategic Services，OSS）和中央情报局（Central Intelligence Agency，CIA）等。最后，国际传播的未来必须与战争等恶性竞争分离，这不仅是因为现代战争危害之烈，而且是因为国际传播必将成为人类制衡科技进步与文明发展的重要策略之一。

三、第二次传播技术革命：传统颠覆与价值回归（1990年至2019年）

互联网使得国际传播主体除了权力和资本外，还变革性地加入了普通民众。一是，互联网在理论上首次让所有国家和个人能够以极低成本、友好技术、自由互动等优势参与国际传播。截至2023年底，全世界互联网普及率约为66%[1]，其中，中国约为76%，美国约为89%，印度约为50%，日本约为92%，德国约为91%，巴西约为75%，尼日利亚约为41%，共有约52亿人可以访问互联网[2]。二是，互联网颠覆了传统，完成了第二次传播技术革命。它模糊了国际传播主体与对象的界限，使信息制作与接收融为一体，单向传播变为互动传播，通过把大众媒介升级为社交媒介将以往局限于国与国之间的国际传播拓展至前所未有的广泛程度，尤其是之前基

---

[1] 国际电信联盟. 全球互联网普及率报告（2023）. https://www.itu.int.
[2] 世界银行. 各国互联网普及率数据（2023）. https://data.worldbank.org.cn.

本无话语权的普通民众。更为重要的是，互联网在相当程度上重构了世界权力等级架构并使之扁平化，丰富了国际社会的自由、民主和共享内涵。三是，除太空、海洋、陆地和极地外，互联网创造了一个全球共有的虚拟空间，成为国际传播、国际竞争和国际合作的主要场域。四是，虽然高新科技快速发展裹挟着我们不知奔向何处，但互联网确实激发了人类历史上空前的多样性、互通性和创新性。

互联网不仅开拓了国际传播新纪元，还是全球化第二阶段的关键技术，其根本作用为创建全球治理新体制和新机制，也就是用合作和良性竞争取代恶性竞争——特别是 20 世纪前半叶造成人类历史上最大浩劫的两次世界大战。第二次世界大战后，为避免重蹈覆辙，世界主要国家达成共识，希望进一步推动全球化以维护世界和平与秩序。但紧接其后的冷战中断了上述设想和计划，并再次用核大战威胁了人类文明。直至冷战结束，互联网推动的国际传播和全球化才得以重新进入发展轨道。大规模应用初期，互联网开放性的宏观环境推动国际传播蓬勃发展，为后者的内涵重构提供了最重要的动力。随着"混沌期"结束，国际传播完成了权力体系重构，迅速变为"秩序化"的国际互动重要场域。

第一，互联网的突然出现打破了传统权力体系，为国际传播良性发展搭建了底层技术框架，形塑了很长一段时间内相对自由和民主的国与国之间"无框架"的交流氛围。第二，不同于清晰和稳定的地理界限，各国在互联网上的"势力范围"十分模糊且变动频繁，使得国际传播成为国际互动的相对满意和低成本的路径。第三，互联网构建了一个全新的、前沿的人类实践虚拟空间，优质资源的稀缺性使得所有国家"寸土必争"，因此互联网时代国际传播的战略作用不断增强，占一国综合实力的比重日益增加。第四，互联网加持下的国际传播改变了国际政治规则。一方面，最新传播技术特性促成国际话语权多元化和扩散化，为非西方国家提升软硬实力创造了更多可能；另一方面，科技和军事实力领先的国家持续遏制"潜在竞争对手"，始终牢牢控制着互联网，如通信协议和管理机制制定权等，因此国与国之间在互联网时代国际传播方面的差距不仅没有缩小，反而进一步扩大。

四、国家利益与人类福祉：逆全球化、人工智能与国际传播再次转向（2020 年以来）

近年来，国际政治和国际传播领域出现两股变革性力量，一是逆全球化思潮，二是人工智能持续发展及大规模应用。前者"想象"了守成大国与崛起大国之间不可调和的矛盾，后者"演绎"了文明延续与科技创新的内在冲突，也就是说，它们为国际社会甚至全人类造成了国家利益与人类福祉的困局，只不过这两个博弈的参与主体有所不同。

逆全球化思潮源于"美国中心主义"替代"西方中心主义"的进程，当前主要表现形式为贸易战、高科技封堵和军事威胁等。第一，美国立国的文化基础是基督教新教和资本主义。前者是一神教，因此以自我为中心或唯一，必然用同化、差等对待其他文化；后者强调竞争和物质领域的无限增长，因此必然以"击败竞争对手，掌控尽可能多的资源"为根本目的，它在初期表现为掠夺、奴隶制、殖民主义等，当前形式更多为全球化、文化同化、对其他国家影响巨大的跨国企业等。第二，冷战结束后，凭借着领先的硬实力和持续增强的软实力，美国不仅成为整个西方的"首领"，还获得了"一超独大"的国际地位，并逐渐用"美国中心主义"压倒了"西方中心主义"。第三，基于上述逻辑，美国对外交往不宽容任何现存或潜在的竞争者。第四，即便美国一直在全世界鼓吹"民主、自由和普遍价值观"，但其在贯彻丛林法则的国与国关系中自始至终奉行着"国际专制主义"，即由军事暴力支撑的规则与秩序霸权，从而攫取非公平正义的利益并大力推动文明同化。第五，中美关系发展变化的主要动力来自双方的战略判断和执行，同时受到国际宏观环境的强力制约。1979年1月1日，美国在"联中抗苏"战略下与中国正式建交。1991年，随着苏联解体，中美关系的重点转向经济。此后近30年时间里，一方面，海湾战争、伊拉克战争相继爆发，美国的战略力量聚焦于此，分心乏术；另一方面，中国经过改革开放国力迅速增强。

由于已实现功能和未来发展潜力，人工智能正在重构国际竞争和国际传播，有很大概率成为第三次传播技术革命，当然，它的负面作用也必须特别警惕和防范。第一，人工智能技术显著提升了信息传播的数量和质量，增加了国际传播的复杂性和国际交往的重要性。第二，由于高标准、高技术的基础设施和算法模型等要求，人工智能时代不同国家的国际传播能力鸿沟进一步加深。第三，某种程度上，越来越先进的人工智能模型正在向国际传播"主体"过渡。第四，因为技术难度大、结果不可重复、发展后劲和能耗巨大，人工智能技术的广泛应用激发了科技伦理、产业升级、知识产权、环境成本等新问题。第五，技术尚未成熟和"黑箱性质"导致人工智能进入其他学科领域（包括国际传播）存在"兼容性"和"科学性"不足。第六，如果下一步人工智能"进化"出"自我意识"，那么不仅国际传播会发生剧烈变化，就连人类文明也将受到威胁或颠覆。

历史条件使然，国与国信息互动的主流趋势再次转向战略传播，国际传播的积极因素正在弱化，消极成分却愈演愈烈。2017年，特朗普政府强调，美国要在数字时代的"信息战"中抢得先机，持续完善战略传播体系，其中包括数字公共外交（digital public diplomacy）、数据外交（data diplomacy）、政治营销（political marketing）等。[①] 2018年，美国广播理事会更

---

① Tsvetkova, N., Rushchin, D. Russia's Public Diplomacy: From Soft Power to Strategic Communication. Journal of Political Marketing, 2021, 20 (1): 50-59.

名为美国国际媒体署，主要负责面向竞争对手的宣传战和心理战等。2021年，美国政府发布《临时国家安全战略指南》(Interim National Security Strategic Guidance)，将战略传播确定为未来一段时间内重要的国家战略，与军事和外交统一协调，从而巩固和改善同盟关系，重新控制国际组织，确保世界领导地位。事实上，美国的战略传播是宣传战、公共外交、心理战和信息战的集合体与升级版本，它聚焦本国战略和核心利益而非国与国的交流合作，通过重要资源整合和一切必要手段提升传播效果，达成预定目标，只不过它在非热战状态下的表现方式更为温和、隐蔽。可以说，美国长期经营的战略传播取得了出乎意料的"战果"，不仅相当程度上转移了内部矛盾，如国内阶层和种族冲突，而且消解了传统盟国与自身利益的纠纷，如对"美国优先"战略的反感与担忧，还持续操纵国内国际舆论，建构受众意识形态，大力遏制和打击竞争对手或"假想敌"。

第二节 战争、竞争、竞合： 国际传播相关研究的梳理与分析

全球化背景下，战争、竞争、竞合不仅影响着国家之间的信息交互和文化交流，也塑造了国际传播的格局和未来发展方向。从宣传战、心理战到信息战，从战略传播到公共外交，从对外传播到跨文化传播，本节将探讨这些理论和实践如何建构国际传播，如何发挥桥梁和纽带作用、促进跨文化理解和合作，如何影响国际政治，如何铺就人类通往未来之路。

一、宣传战、心理战与信息战

不难发现，由于技术、载体、理念、外在形式等方面的共通性，现代

国际传播与宣传战、心理战和信息战等有着千丝万缕的关系。20 世纪初，现代国际传播以宣传战面貌出现，主要职能为战争动员和意识形态渗透。第二次世界大战时，随着传播学理论和实践的发展，宣传战升级为心理战，而上述两者在内涵上都与信息战有着大部分重合。此外，1999 年，中国学者乔良和王湘穗出版了《超限战》（*Unrestricted Warfare*）一书，首次提出"超限战"这个军事概念，也就是几乎不受传统战争规则约束的一切实现目标的战略和策略，其中包括宣传战、心理战、信息战、网络战、金融战和经济战等。

（一）宣传及宣传战

宣传是竞争的产物，宣传战是服务战争的宣传，随着人类文明的发展，竞争和战争的界限越来越不清晰，这导致宣传和宣传战并无本质差别，只不过在强度上有高低之分。

1927 年，哈罗德·拉斯韦尔在《世界大战中的宣传技巧》（*Propaganda Technique in the World War Ⅰ*）这本经典传播学和政治学著作中首次学术性地分析了第一次世界大战期间的宣传实例，探讨了宣传的概念、技术和具体策略等。他将宣传定义为"通过重要的符号，或者更具体但是不那么准确地说，就是通过故事、谣言、报道、图片以及社会传播的其他形式，来控制意见"[1]，或者更简洁一点，即"在特定群体中通过操纵符号和信息来影响行为的技术"。虽然民主国家的性质与宣传格格不入，但所有国家都不可避免要宣传，并将之作为和平时期的常规工作，以此支持友好国家，打击敌对国家。[2] 宣传在战争期间大行其道，主要源于战争紧迫性与民众服从性的矛盾，其主要途径包括标语、海报、传单、新闻、广播和电影等。

---

[1] 拉斯韦尔. 世界大战中的宣传技巧. 张洁, 田青, 译. 北京：中国人民大学出版社，2003：22.

[2] 同[1] 24 - 25.

正如沃纳·赛佛林（Werner J. Severin）等人指出，此时拉斯韦尔定义的宣传包括了大多数政治运动、公共关系和广告等。① 事实证明，有效宣传是取得战争优势的重要途径，因为现代战争同时在经济、宣传和军事领域展开②：经济动摇根基、宣传迷惑人心、军事终极打击。处于战争中的国家必须剥夺个体相当程度的自由，用一种神奇工具（宣传）化解异议、激发狂热，将芸芸大众凝聚为有着共同仇恨、希望和意志的整体；没有团结对外，就无法取得战争胜利，没有控制国民头脑，就不能团结对外。1934 年，拉斯韦尔进一步从本质上指出了宣传的含义，即"思想对思想的战争"③。总而言之，拉斯韦尔对宣传的定义受到宏观环境、需求导向和研究方法等影响，而定义的流变是由于发现了更深层的原因，后来，他的研究生涯转向传播，但一直没有舍弃宣传。④

按理来说，"宣传"（propaganda）是个中性词，含义为通过不同方式传播某种思想。但随着相关实践的深入，尤其与战争结合，它的负面效应被无限放大，这种情况在美苏冷战期间达到顶点⑤。冷战中，美苏两个集团之间的对抗不仅在于军事、政治、经济，还广泛涉及公共外交、思想渗透、宗教影响和人员交流等，后者在文化层面上的角逐也被称为"文化冷战"（cultural Cold War）。因此冷战是一场调动社会各方面资源的全面对抗，并在当时通信技术和大众媒介快速发展的背景下将宣传（战）扩及最广泛人群，充分调动政府力量的同时全力挖掘民间潜能，如各类基金会、出版商、

---

① 赛佛林，坦卡德. 传播理论：起源、方法与应用. 郭镇之，徐培喜，等译. 北京：中国传媒大学出版社，2006：95.
② 拉斯韦尔. 世界大战中的宣传技巧. 张洁，田青，译. 北京：中国人民大学出版社，2003：173.
③ 同②23.
④ 郑保卫，叶俊. 从宣传研究到传播研究：对拉斯韦尔宣传定义的知识社会学考察. 国际新闻界，2016，38（2）：84-94.
⑤ 史澎海，谢培. 冷战初期美苏宣传战：意识形态话语权斗争及其当代启示. 西南大学学报（社会科学版），2022，48（2）：211-222.

记者、教师、研究人员、作家、艺术家、演员、运动员等，不遗余力地在国际国内寻找任何机会展示和推广自身的文化和制度优势。一方面，持续强化国内民众的国家认同和爱国主义；另一方面，对外争取民意、达成共识，其对象包括对方阵营、盟国和中立国家。①

冷战时期，美国投入史无前例的资源进行对外宣传：一方面，被动抵抗，应对苏联的宣传攻势，在国际上争取"同情和支持"②；另一方面，主动出击，扩大国际影响，巩固世界霸权地位，建立"非正式帝国"③。

美国对外宣传系统十分庞大，完全贯彻了艾森豪威尔总统强调的"全面冷战"理念，具体包括：第一，美国新闻署，成立于1953年，长期通过报纸、杂志和书籍等对外传播美国文化和生活方式④。第二，中央情报局，不仅秘密资助各类组织开展宣传活动⑤，如美国劳工联合会（American Federation of Labor）、全国学生协会（National Student Association）、文化自由大会（Congress for Cultural Freedom），以及哈佛大学、哥伦比亚大学等，还成立了专责文化冷战的国际组织处（International Organizations Division, IOD）。其实，与人们想象的不一样，美国新闻署和中央情报局一开始就紧密配合，共同策划和实施了宣传战，将宣传工作和情报工作一体推进。第三，基金会，由政府幕后策划和主导，资金雄厚的各类基金会也为美国在文化冷战中胜出立下汗马功劳，如资助哈佛大学每年举办"国际暑

---

① 翟强. 国际学术界对冷战时期美国宣传战的研究. 历史研究，2014（3）：155-169.
② Hixson, W. L. Parting the Curtain: Propaganda, Culture, and the Cold War, 1945-1961. New York: Palgrave Macmillan, 1997.
③ Osgood, K. A., Etheridge, B. C. The United States and Public Diplomacy: New Directions in Cultural and International History. Leiden: Martinus Nijhoff Publishers, 2010: 345-369.
④ Cull, N. J. The Cold War and the United States Information Agency: American Propaganda and Public Diplomacy, 1945-1989. New York: Cambridge University Press, 2009.
⑤ Wilford, H. The Mighty Wurlitzer: How the CIA Played America. Cambridge, MA: Harvard University Press, 2008.

期讲习班"① 和负责美国驻德国主导当局公共事务②的福特基金会，这些长期持续的工作不仅成功输出了美国文化，还博得很多外国精英阶层的认可和支持。第四，报纸，如在两德分裂状态下相互激烈竞争的《新报》（*Neue Zeitung*）（美国主导）与《每日评论》（*Tägliche Rundschau*）（苏联主导）③。第五，广播，如在东欧动荡中发挥重要作用的"美国之音"、"自由欧洲电台"（Radio Free Europe）、"英国广播公司"（British Broadcasting Corporation，BBC）等④。第六，电影，在好莱坞的帮助下击败欧洲并建立文化霸权⑤。第七，音乐，艾森豪威尔政府也通过艺术途径展示美国的综合实力和优越制度，设立了"文化演出特别国际项目"（Special International Program for Cultural Presentation），将音乐表演团体打造为文化纽带和说服工具，向国外受众展示所谓的美国成就和美国梦⑥。第八，体育，借助如奥运会等大型国际体育赛事扩大自身影响、打击对手声望⑦。如此等等。

总而言之，美国的宣传和宣传战在 20 世纪取得胜利，击败了德国和苏联，用美国中心主义替代了西方中心主义，并建立了"一超独大"的世界霸权。当然，在谈论宣传和宣传战效果时离不开国家综合实力这个基础，

---

① Parmar, I. Foundations of the American Century: The Ford, Carnegie, and Rockefeller Foundations in the Rise of American Power. New York: Columbia University Press, 2012.

② Berghahn, V. America and the Intellectual Cold Wars in Europe: Shepard Stone between Philanthropy, Academy, and Diplomacy. Princeton, NJ: Princeton University Press, 2001.

③ Gienow-Hecht, J. C. E. How Good Are We? Culture and the Cold War//Scott-Smith, G., Krabbendam, H. The Cultural Cold War in Western Europe, 1945 – 1960. London and Portland, OR: Frank Cass Publishers, 2005: 225 – 236.

④ Nelson, M. War of the Black Heavens: The Battles of Western Broadcasting in the Cold War. New York: Syracuse University Press, 1997.

⑤ Trumpbour, J. Selling Hollywood to the World: U. S. and European Struggles for Mastery of the Global Film Industry, 1920 – 1950. New York: Cambridge University Press, 2007.

⑥ Gienow-Hecht, J. C. E. The World Is Ready to Listen: Symphony Orchestras and the Global Performance of America. Diplomatic History, 2012, 36 (1): 17 – 28.

⑦ Corthorn, P. The Cold War and British Debates over the Boycott of the 1980 Moscow Olympics. Cold War History, 2013, 13 (1): 43 – 66.

美国赢得第二次世界大战和冷战的原因也不例外。以美国国务院开展的"国际访问者项目"（International Visitor Program）为例，从 20 世纪 40 年代开始，美国政府邀请世界各国共计数万名精英赴美访问或学习，其中有很多人后来出任政界要职，如英国的玛格丽特·希尔达·撒切尔（Margaret Hilda Thatcher）和托尼·布莱尔（Tony Blair），法国的尼古拉·萨科齐（Nicolas Sarkozy），以色列的埃胡德·奥尔默特（Ehud Olmert），阿富汗的哈密德·卡尔扎伊（Hamid Karzai）等。从实际效果来看，这个项目增强了他国对美国的认同感，支持了美国的国际政治，有效地服务于其"非正式帝国"战略。[1]

（二）心理战

虽然心理战作为一种人类社会活动早已有之，但直至 20 世纪初，它才被确立为一个专门的科学研究领域。1915 年，英国心理学家查尔斯·塞缪尔·迈尔斯（Charles Samuel Myers）在《柳叶刀》发表了现代创伤心理学的奠基之作——《炮弹休克症研究贡献》，首次探讨了战争对人类心理的影响，帮助当时的人们在一定程度上认识到什么是战斗疲劳和创伤后应激障碍（Post-Traumatic Stress Disorder，PTSD）。[2]

1920 年，英国军事家 J. F. C. 富勒（J. F. C. Fuller）首次提出心理战（psychological warfare）概念，即通过各种手段影响敌人的意志和士气，从而削弱其战斗力和抵抗意志，提升自己的战争优势，包括武力、宣传、谣言和恐吓等。[3] 1927 年，哈罗德·拉斯韦尔出版了《世界大战中的宣传技

---

[1] Scott-Smith, G. Networks of Influence: U. S. Exchange Programs and Western Europe in the 1980s//Osgood, K., Etheridge, B. The United States and Public Diplomacy. Leiden: Brill, 2009: 345 – 369.

[2] Myers, C. A Contribution to the Study of Shell Shock: Being an Account of Three Cases of Loss of Memory, Vision, Smell, and Taste, Admitted into the Duchess of Westminster's War Hospital, Le Touquet. The Lancet, 1915, 185 (4772): 316 – 320.

[3] Fuller, J. F. C. The Reformation of War. London: Hutchinson, 1923: 1 – 30.

巧》这部关于心理战的传播学重要著作，推动心理战逐渐成为一个独立的科学研究领域。[1]

1946年，美国五角大楼发布《心理战大纲》（A Syllabus of Psychological Warfare），其中将心理战定义为："使用宣传或其他军事相似手段击败敌国的方法。"苏尼尔·纳鲁拉（Sunil Narula）在其论文《心理战概论》["Psychological Operations（PSYOPs）：A Conceptual Overview"] 中将心理战定义为：使用各种心理手段和技术，以影响敌人、盟友、中立方的态度、情绪和行为，从而达到战略、战术目的。[2] 克里斯托弗·辛普森（Christopher Simpson）认为，心理战是"为了达到资助者（主要是政府或政治行动方）的意识形态目标、政治目标和军事目标，而探索目标受众文化心理属性和传播系统的一套战略战术"[3]。郭永虎在其论文《"争夺心灵和思想"——20世纪50—60年代美国对华心理宣传战初探》中将心理战定义为："有计划地利用宣传和其他旨在影响敌对的、中立的和友好的外国群体的观念、情感、态度和行为的行动，并以此方式来支持实现国家的目标。其内涵涉及宣传（运用心理学进行阵地宣传）、对友军的意识形态训练、鼓舞士气等方面。战时心理战要达到的目标主要是在敌方中产生内部纷争、不信任、恐惧和绝望。"[4]

与上述定义相反，也有学者认为，心理战存在主体不明晰、与其他类型战争关系模糊、自身系统性未形成等问题。[5] 其实，严格意义上，心理战

---

[1] Lasswell, H. D. Propaganda Technique in the World War. New York: Alfred A. Knopf, 1927.
[2] Narula, S. Psychological Operations（PSYOPs）：A Conceptual Overview. Strategic Analysis, 2004, 28 (1): 177-192.
[3] 辛普森. 胁迫之术：心理战与美国传播研究的兴起（1945—1960）. 王维佳，刘扬，李杰琼，译. 上海：华东师范大学出版社，2017：11.
[4] 郭永虎. "争夺心灵和思想"：20世纪50—60年代美国对华心理宣传战初探. 史学集刊，2015 (3): 67-74.
[5] Lord, C. The Psychological Dimension in National Strategy//Barnett, F. R. Political Warfare and Psychological Operations. Washington, D. C.: NDU Press, 1989: 11-13.

既不属于心理学领域也非战争领域，因此不能被定义为一种新型战争或传统宣传。[1]

美国独立战争时期，本杰明·富兰克林积极从事心理战，争取国民支持、瓦解英军士气，为美国摆脱英国殖民做出重要贡献，并成为后来政治宣传和心理战模仿与借鉴的经典案例，如创办《宾夕法尼亚公报》，宣传独立思想、抨击英国殖民政策等；撰写并散布一系列印刷品，激发宾夕法尼亚人民爱国和敌视英国；利用个人魅力和社交技巧赢得法国政府和民众的支持，争取到关键军事和财政等援助；伪造信件，造谣英国政府计划雇佣印第安人攻击美国定居点，并激起殖民地人民的反抗愤怒；等等。与此同时，另一位美国开国元勋杰斐逊也在任职驻法大使期间大力开展心理战，提升美国形象，争取法国各界的更多同情和支持。

1917年，为赢得第一次世界大战，美国总统伍德罗·威尔逊创建公共信息委员会（Committee on Public Information，CPI），乔治·克里尔（George Creel）担任主席，因此其也被称为克里尔委员会（Creel Committee），旨在通过报纸、杂志、电影、海报和广播等多种媒介进行宣传和信息控制来影响公众舆论，支持战争。虽然其煽动性和制造虚假信息受到批评，但公共信息委员会成功激发了广泛的爱国主义，有效抵制了反战情绪，将美国民众成功吸引到战争中。其"四分钟演讲者"（Four Minute Men）行动，即组织分布在全国的75 000名演讲者在电影院、教堂和其他公共场所发表四分钟简短演讲，宣传战争必要性和支持战争的相关政策，这成为心理战和宣传战的经典案例，并成为现代公共关系和传播学的重要研究对象。

1942年，美国成立协调国内外宣传战和心理战的战时新闻署，利用多种媒体美化战争行为，鼓动民众支持。特别值得一提的是，除了继续挖掘

---

[1] Linebarger, P. M. Psychological Warfare. Naval War College Information Service for Officers, 1951, 3 (7): 19-47.

传统大众媒介的潜力以外，与政府通力合作的好莱坞在此期间大放异彩，通过制作放映《卡萨布兰卡》(*Casablanca*) 和《扬基的骄傲》(*The Pride of the Yankees*) 等一大批极具感染力和动员力的作品，在娱乐观众的同时也从心理上征服了他们。

随着冷战拉开序幕，心理战作为部分替代热战的一种新兴战争形式，逐渐成为国际竞争（战争）的重要组成部分。一开始，美国就将心理战作为遏制所谓的共产主义扩张和渗透以及推动对外政策的主要手段之一，随着对抗加剧，美国将其纳入遏制大战略体系中的一个重要子集。[1] 杜鲁门政府时期，美国将心理战升级到国家战略层面，不仅有美国国家安全委员会、中央情报局等体制机制保障，还根据情势变化随时发起"真理运动"（Campaign of Truth）[2]、"特洛伊计划"（Operation Trojan Horse）等，旨在通过"美国之音"等一系列宣传战和心理战手段使"真理"突破"铁幕"，攻入敌人内部，瓦解其斗志和力量。[3] 1950 年，美国总统杜鲁门划拨 1.2 亿美元用于宣传战和心理战研究，这被下届总统艾森豪威尔总结为："在宣传上花一美元等于在国防上花五美元。"[4] 1951 年 4 月 4 日，美国成立心理战略委员会（Psychological Strategy Board，PSB），旨在制订计划、协调和指导国内相关部门和机构开展宣传战和心理战，进行效果评估[5]，并确保上述活动与军事行动一致，实现和平时期国家对外战略——心理战战略。与此同时，为"化解"第二次世界大战后日本意识形态危机，使其融入西方世

---

[1] 彭凤玲，史澎海. 冷战初期美国对外心理战机制研究. 西安交通大学学报（社会科学版），2015，35 (5)：72-77.

[2] Gaddis, J. L. The Cold War: A New History. New York: Penguin, 2006.

[3] 于群. "特洛伊计划"：美国冷战心理宣传战略探微. 东北师大学报（哲学社会科学版），2007 (2)：5-12.

[4] Linebarger, P. M. A. Psychological Warfare. Washington, DC: Combat Forces Press, 1954.

[5] 史澎海，王成军. 从心理战略委员会到行动协调委员会：冷战初期美国心理战领导机构的历史考察. 陕西师范大学学报（哲学社会科学版），2010，39 (5)：91-98.

界，美国在国务院、新闻署、洛克菲勒基金会等协同配合下，针对日本知识分子群体开展了旷日持久的心理战，并在促进日本对美国的了解和认识、培养日本人亲美倾向方面取得了成功。[1] 1953年1月，德怀特·艾森豪威尔接任美国总统，随即提出"大平衡"战略思想——"以较小的代价得到较大的基本安全"[2]。同年，艾森豪威尔政府改组心理战略委员会，成立行动协调委员会（Operations Coordinating Board，OCB），进一步改进了心理战的顶层设计、扩展了相关资源配置和协调手段。[3] 1963年1月，肯尼迪总统重申了美国新闻署服务美国对外政策的使命，并要求其继续"通过心理战影响其他国家公共舆论"[4]。20世纪70年代，美国总统卡特依然十分重视心理战体系建设，强调了"美国之音"在对外心理战中的重要作用。1980年，尼克松在其著作《真正的战争》中指出，苏联阵营国家需要美国的技术和贸易，因此美国可以利用此通过广播尽可能将"真理"塞给他们的民众[5]；1988年，他在另一本著作《不战而胜》（Victory without War）中深刻地分析道："意识形态比武器、条约、外援和文化交流重要，决定历史的是思想而非武器。"[6] 1985年，美国制订"心理战总计划"，认为心理战是服务国家战略目标的一种路径。[7] 海湾战争中，美国将自己对伊拉克发动的网络信息心理战称为"最经济、最有效与最人道的战争工具"。

21世纪，美国心理战体系包括公共外交、公共事务、国际广播及信息运作四个部分，公共外交和国际广播直接由美国政府领导，执行对外宣传

---

[1] 白玉平，张杨. 美国对日本知识分子群体的心理战政策（1951—1961）. 世界历史，2014（5）：23-35，156-157.
[2] Dulles, J. F. Policy for Security and Peace. Foreign Aff., 1953, 32: 353.
[3] Divine, R. A. Eisenhower and the Cold War. New Nork: Oxford University Press, 1981.
[4] 桑德斯. 文化冷战与中央情报局. 曹大鹏，译. 北京：国际文化出版公司，2002：223.
[5] Nixon, R. The Real War. New York: Warner Books, 1980.
[6] Nixon, R. 1999: Victory Without War. New York: Simon & Schuster, 1988.
[7] Taylor, P. M. Munitions of the Mind: A History of Propaganda from the Ancient World to the Present Era//Munitions of the Mind. Manchester: Manchester University Press, 2013.

工作；公共事务部门隶属美国国务院和国防部，专责国内舆论引导；信息运作由国防部、中央情报局等主导，执行秘密任务。① 最高决策机构由总统心理战顾问、参谋长联席会议心理战部、国防部办公室心理作战部组成，中层战略分解机构由联合司令部和战区司令部的心理战部门组成，下层战术执行机构为心理战大队，营、连、组心理战单元等。② 此外，各类智库也在美国心理战理论研究、战略设计、策略执行等方面起到了不可或缺的作用。2004 年，美国和平研究所与爱因斯坦研究所合作撰写了《论战略性非暴力冲突：关于基本原则的思考》，从国家战略层面上详细剖析了心理战，并提出了一整套颠覆"集权国家"的相关方案。③ 总而言之，当代美国心理战逐步与宣传战、信息战④，甚至超限战融为一体，注重利用现代信息技术成果，如互联网、社交媒体和人工智能等，并强调心理战资源的整合性与系统性，如包含 91 个机构的美国战略心理战组织架构中，既有军方海陆空各军种相关作战单位、第 4 心理战大队、第 67 网络联队等，也有白宫、中央情报局、国务院、能源部、商务部和国家安全电信咨询委员会等政府和民间机构等。⑤ 正如约瑟夫·奈在其著作《权力大未来》中的总结："16 世纪，西班牙通过对殖民地和黄金的控制获得了优势；17 世纪，荷兰从贸易和金融活动中受益；18 世纪，法国凭借人口和军队数量优势成就了大陆地位；19 世纪，英国依靠工业革命和强大的海军成为世界霸主。传统智慧通

---

① 吕祥. 美国国家战略传播体系与美国对外宣传//黄平，倪峰. 美国问题研究报告（2011）：美国的实力与地位评估. 北京：社会科学文献出版社，2011：236-239.
② 姚振清，孟彦. 大战略心理战发展趋势. 中国军事科学，2004，17（4）：69-74.
③ Helvey, R. L. On Strategic Nonviolent Conflict: Thinking about the Fundamentals. Boston: Albert Einstein Institute, 2004：2.
④ 廖东升，石海明. 美国战略心理战的历史沿革、组织架构和当代发展. 湘潭大学学报（哲学社会科学版），2013，37（5）：132-135.
⑤ Armistead, L. Information Operations: Warfare and the Hard Reality of Soft Power. Dulles, VA: Potomac Books, Inc., 2011.

常认为，拥有最强大军事力量的国家可以主导一切，但在信息时代，最擅长国际报道的国家可以胜出。"[1]

总而言之，很长一段时间以来，在美国获取世界霸权的路上，心理战一直承担着关键角色。美国精英坚信他们肩负着重塑人类文明的使命，因此要挫败世界上任何地方不符合西方文明的激进运动，并牢牢把持第三世界文化领导权，重构全球文明等级秩序。正是在这个背景下，"胁迫技术"心理战登堂入室，相比热战，它不仅成本大幅降低，还因为其隐蔽性和有效性获得了竞争主体的高度肯定，与此同时，心理战的相关学术研究也得到了重视和推动，如说服效果、军队士气、态度改变、刑讯审问等。[2] 冷战时期，"美苏两大不同意识形态阵营对抗激烈，从体育竞赛、音乐演出、诗歌小说、影视剧作、宗教祈祷到科学研究都成为宣传战场，今天，虽然冷战已结束，但其思维仍在国际事务中发挥着重要影响，并且互联网将成为意识形态争夺的主战场"[3]。当前，互联网的发展"为心理战提供了广阔的前景，其有效性不但可以向目标群传递符号信息，还可以提高国际和国内的支持率"[4]。"从整体上看，心理战的研究主要局限于军事心理战，相对忽视政治心理战、经济心理战、文化心理战、体育心理战等"[5]。因此，心理战需要向专业化转型，以匹配技术发展和行业标准，融入智能化和先进技术以提升战效；心理战研究也要建立专责领导机构来整合跨学科研究

---

[1] 奈. 权力大未来. 王吉美，译. 北京：中信出版社，2012：13.
[2] 干维佳. "胁迫之术"：传播学的心理战起源. 读书，2017（6）：86-92.
[3] 吴飞，孔祥雯. 无声的战场：文化冷战与心理战. 新闻大学，2016（6）：64-76，149.
[4] Maria, A. Irregular Warfare and the Internet: The Case of the Zapatista Revolution. Strategic Review, 2001, 29（2）：49.
[5] Alfred, H., Paddock, J. R. Military Psychological Operations//Barnett, F. R., Lord, C. Political Warfare and Psychological Operations: Rethinking the US Approach. Washington, DC: National Defense University, 1989：61.

资源。①

（三）信息战

"信息战是利用各种信息影响、扰乱对手思想和心理的军事行动，具有较强的隐秘性、可操作性、不可约束性及低成本等特点。"②"广义的信息战是指对垒军事集团抢占信息空间和争夺信息资源的战争，主要是指利用信息达成国家大战略目标的行动；狭义的信息战是指战争中交战双方在信息领域的对抗，可分为战略信息战和战术信息战。"③关于信息战中所指的信息有三种假设：第一，因为可以预测未来，所以信息是一种武器；第二，面对武器化信息时，受众非常脆弱；第三，有效信息战可以控制意识形态。④"在信息社会的孕育和信息技术的催产下，现代信息战开启了人类战争的崭新形态，对武装冲突法产生了两方面影响：其一，冲击了武装冲突法的基本范畴，如'侵略'、'中立'等；其二，动摇了武装冲突法的基本原则，如'军事需要原则'、'区分原则'、'相称原则'等。"⑤

"攻心为上，攻城为下。"（《三国志·蜀志·马谡传》）虽然信息战最早出现的时间无法追溯，但有三点事实可以肯定：一是，信息战、宣传战、心理战几乎与人类战争同时出现；二是，上述三者在实践中没有特别清晰的界限，通常情况下都是混合使用；三是，信息战作为一种正式的战争形式和科学研究领域，始于第一次世界大战。第一次世界大战期间，1914年，

---

① 周永垒，孙祥敏. 国内外关于心理战研究的现状和问题. 心理科学，2004（3）：755-756.
② 杨柠聪. 俄乌冲突中的信息战及其启示. 世界社会主义研究，2022，7（10）：80-88，119.
③ 沈伟光. 信息战对军事领域的十大影响. 战略与管理，1995（6）：44-52.
④ Szostek, J. What Happens to Public Diplomacy during Information War? Critical Reflections on the Conceptual Framing of International Communication. International Journal of Communication，2020，14：21.
⑤ 刘昱东，石海明，曾华锋. 信息战与传统战争伦理原则. 伦理学研究，2012（6）：60-62，85.

英国成立军事信息办公室（Military Information Office）；1918 年，美国成立远征军军事情报科（Military Intelligence Branch），主要通过投放传单等印刷品打击德军士气，进行信息战。[1] 第二次世界大战期间，英国政治战执行局（Political Warfare Executive）和美国战时新闻署联合成立盟军远征军最高司令部心理作战部（Psychological Warfare Division of Supreme Headquarters Allied Expeditionary Force），整合信息战、情报战、宣传战和心理战等多种战争形式，以实现多方位打击德军的战略目的。[2] 冷战期间，1947年，美国成立中央情报局[3]，1948 年，英国成立信息研究部（Information Research Department），负责一切通过非热战形式削弱敌人的活动，侧重通过信息战等从苏联阵营内部瓦解斗志，最终实现推翻其政权的计划。1999 年，在信息战的大力帮助下，北约轰炸南联盟快速取得成功，战争前，美国中央情报局和五角大楼利用自己掌控的或友好国家的国际传媒渠道，轰炸式宣传"防止南联盟出现人道主义灾难"和"战争的必要性和正义性"等主题，寻求广泛的国际支持；战争中，美军向南联盟散发 2 000 多万张传单并通过互联网持续开展信息战，成功"劝说"普通民众反对"专制政权"。此后，在世界各地爆发的"颜色革命"和伊拉克战争等，处处可见信息战的巨大威力，毫不夸张地讲，它不仅重新定义了战争，还一手打造了"后真相时代"。总而言之，信息战已成为当今国际政治和安全领域的重要议题，美国是其重要发起者和推动者，有着非常强的实力和资源，除了调整目标，多种方式全面推进，整合国内各行动部门外，美国还积极吸

---

[1] Grotelueschen, M. E. The AEF Way of War: The American Army and Combat in World War Ⅰ. Cambridge: Cambridge University Press, 2006.
[2] Horten, G. Radio Goes to War: The Cultural Politics of Propaganda during World War Ⅱ. Berkeley: University of California Press, 2002.
[3] Ranelagh, J. The Agency: The Rise and Decline of the CIA. New York: Simon & Schuster, 2020.

纳更多国家，建立信息战同盟，从而增强信息战效果，限制对手国家活动环境。①

21世纪，日趋加剧的国际竞争，潜移默化地塑造着人们的世界观和全球图景。② 随着交通和通信技术高速发展，人类已进入一个"谁拥有信息，谁就能拥有世界"③ 的时代，互联网上的意识形态对抗也愈演愈烈。④ 近年来，信息战生产的国际假新闻层出不穷，频频抹黑中国；历史上，国际假新闻的发展分为两次世界大战、冷战和社交媒体时代三个时期；随着技术发展，它的表现形式越来越隐蔽，但实质上自始至终都是宣传，而以计算宣传为特征的国际假新闻使中国面临更加复杂和多变的国际舆论环境，中国应结合实际情况，利用技术手段开展防御和部署。⑤ 进入社交媒体时代，视思想、价值观、规范等为提升国家软实力的信息战略工具的"观念政治"越来越重要，因此承载着思想与观念的信息成为武器，而利用社交机器人开展计算宣传成为新式作战手段，为积极应对新挑战，中国应强化数字基础设施建设，通过数字化公共外交、国际传播体系建设等途径提升自身的软实力，增强信息作战能力。⑥

二、战略传播与公共外交

公共关系和公共外交都是为了提升主体形象和助力目标实现，前者是将

---

① 唐睿. 美国信息战的新特征与新动向. 人民论坛，2023（19）：72-75.
② Rosa, H. Resonance: A Sociology of Our Relationship to the World. Cambridge: Polity Press, 2019: 97-98.
③ Nikonov, S. B. Noopolitical Aspect of International Journalism. Middle-East Journal of Scientific Research, 2013, 17 (1): 21-25.
④ Santini, R. M., et al. Software Power as Soft Power: A Literature Review on Computational Propaganda Effects in Public Opinion and Political Process. Partecipazione e conflitto, 2018, 11 (2): 332-360.
⑤ 赵永华，窦书棋. 信息战视角下国际假新闻的历史嬗变：技术与宣传的合奏. 现代传播（中国传媒大学学报），2022，44（3）：58-67.
⑥ 赵永华，窦书棋，赵家琦. 观念政治下的网络战：社交媒体时代信息战的观念更迭与范式转换. 当代传播，2023（5）：23-27, 34.

相关行为控制在一国或某个组织内部，后者则是跨越国界、面向国际社会；而战略传播就是两者集成并进化，一方面聚焦内外系统性、战略目的性、受众针对性和"言行一致性"，另一方面尽量弱化公共关系和公共外交的负面影响。

20世纪初期，战略传播围绕着"宣传工作"逐渐成形[①]，有其实而无其名。20世纪中叶，"公共关系"这一术语出现，指称战时沟通和宣传等。[②] 20世纪末，"公共关系"所代表的负面意义越来越让人难以忍受[③]，正如公共关系领域重要学者、马里兰大学的詹姆斯·E. 格鲁尼格（James E. Grunig）决定用"传播管理"（communication management）对其取而代之那样。[④] 2007年左右，美国和欧洲的几位公共关系学者将"战略传播"概念运用于市场传播和品牌推广等商业领域。[⑤] 21世纪的第二个十年开始，很多国家开始用"战略传播"取代备受诟病的"公共关系"这一术语。2011年，一项包括43个欧洲国家的调查表明，人们不喜欢甚至厌恶"公共关系"这一术语，并希望在不同领域用企业传播、战略传播、传播管理等将之取代。这个趋势也得到学术机构的响应，如德国莱比锡大学、瑞典隆德大学和意大利IULM大学，就连主导批判性公共关系研究的英国伦敦政治经济学院也在研究生项目中使用"战略传播"这一术语。

除了声名欠佳以外，人们用战略传播取代"公共关系"还有翻译障碍等原因。"公共关系"（public relations）是一个非常美国化的概念，在翻译成其他语言时很难不扭曲其含义。[⑥] 在斯拉夫语言中，"公共关系"通常翻译为"与公众

---

① Bernays, E. L. Propaganda. New York: Ig publishing, 2005.
② Cutlip, S. M. The Unseen Power: Public Relations, A History. Routledge, 1994.
③ Ewen, S. PR!: A Social History of Spin. New York: Basic Books, 1996: 60.
④ Grunig, J. E. Excellence in Public Relations and Communication Management. Routledge, 1992.
⑤ Hallahan, K., Holtzhausen, D., Van Ruler, B., et al. Defining Strategic Communication. International Journal of Strategic Communication, 2007, 1 (1): 3-35.
⑥ Sriramesh, K. Societal Culture and Public Relations: Ethnographic Evidence from India. Public Relations Review, 1992, (18) 2.

的关系";在日耳曼语言中,德文将之翻译为"Öffentlichkeitsarbeit",即与公众一起工作、为公众服务以及在公共领域开展工作;等等。[1] 显而易见,上述翻译都偏离公共关系本义,如同"Öffentlichkeit"与"public"的区别。在英国,公司设置"公共事务部"并将"公共关系"限定为与媒体的关系,而在美国和德国,"公共关系"在专业和学术分类中位于"公共事务"之上,后者被定义为前者的一部分。

(一) 战略传播

在非和平状态下,战略传播与国际传播难分彼此、混为一谈。从第一次世界大战到第二次世界大战再到冷战,国际传播的首要任务为服务战争目标和保障国家安全,其政治性受到空前重视,实质上,它已在这一时期变为宣传战和信息战下的战略传播。[2] 也就是说,在战争期间高速发展的现代国际传播就是战略传播的初级形式。随着国际局势变化,特别是冷战后美国一超独大的地位确立,国际竞争更多转向非战争形式,国际传播的战略作用凸显,为进一步挖掘此领域潜力,聚焦国家战略目标的战略传播浮出水面,并最终被确立为一门学科。

其历程呈现如下几个特点:第一,突出对外宣传,并逐步从宣传转向传播。从第一次世界大战到第二次世界大战再到冷战,现代国际传播(战略传播)最主要的功能为高强度战争动员、用意识形态渗透敌国等。第二次世界大战中,国与国之间的宣传战达到巅峰,同时发展出心理战。冷战时期,宣传战仍是国际竞争或战争的重要手段。20 世纪 70 年代开始,现代国际传播(战略传播)逐渐由宣传向传播转变。第二,国际传播(战略传播)改变了传统的国际政治关系。由于国际传播(战略传播)介入,国际关系日益透明、开放,外交决策逐渐复杂化,以军事实力决定国际关系的

---

[1] Oeckl, A. Handbuch der Public Relations. München: Süddeutscher Verlag, 1964.
[2] Winkler, J. R. Nexus: Strategic Communications and American Security in World War I. Cambridge, MA: Harvard University Press, 2008.

传统观念受到强烈冲击,最终推动了国际政治变革。第三,广播、报纸和电视三足鼎立,重塑国际传播媒介格局。第二次世界大战时期,各国大力发展对外广播,至冷战时期,国际广播发展进入鼎盛时期。20 世纪五六十年代,报刊图书在西方到达顶峰,七八十年代,它们在发展中国家蓬勃发展。电视随后进入国际传播领域,其影响迅速超过上述两者。第四,随着发展中国家实力不断增强,19 世纪下半期形成的西方垄断体系受到极大挑战,国际传播开启了多元化发展历程。[①]

2007 年,《国际战略传播杂志》(*International Journal of Strategic Communication*)创立,在创刊号中,战略传播被定义为"有组织、有目的地使用沟通完成其使命。……通过扩展基于各种传统传播学科的想法和问题,从综合的多学科角度审视组织传播"[②]。战略传播借鉴了传播理论、公共关系理论、组织理论、领导和管理理论、政治学理论、组织传播理论、传播哲学理论、信息效应理论、叙事理论、危机传播、社会文化理论、批判理论、道德和商业理论、品牌和声誉管理理论等,引发许多研究者的兴趣,并逐渐得到学界广泛关注。学科的产生和成熟往往伴随着不同知识分支的融合,社会和专业活动的独立化,或是多个学科汇聚成重要活动领域的过程。显然,战略传播正是从国际传播、政治传播、公共关系、宣传战和心理战等领域中演化而来,不仅跨越了学科界限,还一步步整合了上述学科的理论和研究领域。着眼战略传播未来发展,一些人主张使之专注于特定视角和规范研究方法,而更多研究者则倾向于拓宽战略传播研究领域,将其视为一种更为宽泛的概念,涵盖任何行为者为任何利益集团

[①] Fortner, R. S. International Communication: History, Conflict, and Control of the Global Metropolis. Belmont: Wadsworth Publishing Company, 1992.

[②] Hallahan, K., Holtzhausen, D., Van Ruler, B., et al. Defining Strategic Communication. International Journal of Strategic Communication, 2007, 1 (1): 3 - 35.

服务的传播路径。①

2021年5月31日，习近平总书记在主持第十九届中共中央政治局第三十次集体学习时指出："加强顶层设计和研究布局，构建具有鲜明中国特色的战略传播体系"。由此，在新的历史条件下，战略传播在中国成为有别于国际传播的一个新的学术领域，为我国在国际竞争中占据更主动位置夯实理论基础。

通过在中国知网上以"战略传播"为主题词检索1991年至2023年的学术文献，去除与主旨不相关的论文，共有1 638篇中文学术文献符合条件。检索结果中，发表于1991年的《试论我国高清晰度电视传播事业的发展战略》②是国内战略传播研究的最早的学术论文。从历时分布来看，战略传播在2009年前后逐渐得到学界关注，相关论文发表量在2017年达到小高峰，主要针对2017年"一带一路"国际合作高峰论坛进行讨论。此后，战略传播论文发表量较往年有所下降，但于2022年再次出现高峰，主要议题集中于传播学视域下的国家安全。根据文章关键词及研究内容，有14.83%的论文以"战略传播"为题，主要从话语分析角度研究了战略传播的定义与体系框架，并对美国等国家的战略传播体系进行了深入探讨；有12.69%的议题从构建对外传播战略新框架出发，对全球视野下中国如何保障国家安全、占领舆论高地、处理国际关系等问题展开研究；此外，研究企业战略传播和形象塑造等议题的论文也占有相当比例。

明晰"战略"一词的现代含义是理解战略传播的第一步。1832年，德国（普鲁士）军事理论家克劳塞维茨（Carl von Clausewitz）从军事角度出

---

① Abernethy, B., Mackinnon, L. T., Neal, R. J., et al. The Biophysical Foundations of Human Movement. Champaign, IL: Human Kinetics, 1997.
② 吴贤纶. 试论我国高清晰度电视传播事业的发展战略. 中国广播电视学刊，1991（4）：13-18, 3.

发，在其经典著作《战争论》中定义了"战略"："为实现重大目标，正式组织调配和利用各方面资源和条件的系统性、长期性行为。"① 战略传播指政府或组织为实现特定战略利益，动员协调各种资源向特定目标受众传递信息、施加影响的过程，其目标包括认知提升、形象塑造、身份建构、态度转变、价值认同和行为转化。② 战略传播的内涵包含两个关键点：目标性和整合性，目标性强调战略传播是组织为了实现自身使命而对传播"有目的"地运用，直接服务于国家战略；整合性则强调战略传播需要充分利用不同社会领域、政府部门的传播资源。③ 也有学者认为，在应用范围上，与政治、经济、军事、社会治理等相关并涉及国际国内重大决策的是"战略传播"，而与工商管理和市场营销等实务领域相关的则是"策略传播"。④ 简而言之，基于现代传播技术，战略传播整合了国际传播、传统宣传、公共关系和公共外交等功能，成为一种强调系统性、战略性、目标性的国际关系理念和实践。

作为相关研究和实践的发始与前沿，其他国家战略传播的经验、教训值得借鉴。在冷战及"9·11"事件后的不同时期，受军事、经济、政治、社会和技术等影响，美国经历了从传统宣传手段到现代战略传播的演变，后者不仅是信息传播，而且是一种系统的、长期的在政治、商业和社会运动中应用的传播策略，旨在达到特定的政治和社会目标；其特征包括：精准的受众定位、整合多种传播渠道、注重长期影响等；在互联网和社交媒体时代，美国战略传播生产的新宣传话语更加注重互动性和参与性，并利

---

① Oliveira, E. The Instigatory Theory of NGO Communication. Wiesbaden: Springer Fachmedien, 2019: 56 - 60.
② 毕研韬. 厘清战略传播十个基本问题. 青年记者, 2017 (4): 48 - 49.
③ 史安斌, 童桐. 全球安全治理视域下的战略传播：历史、理论与实践. 上海交通大学学报（哲学社会科学版）, 2023, 31 (6): 11 - 20.
④ 史安斌, 童桐. 从国际传播到战略传播：新时代的语境适配与路径转型. 新闻与写作, 2021 (10): 14 - 22.

用大数据和算法进行精准传播。① 美国的战略传播体系指一系列有计划、有组织的传播活动，旨在影响国内外的舆论和决策过程，其组织结构包含国务院、国防部和中央情报局等。它在美国国家安全中有着十分特殊的位置，并且两者之间建立了信息共享机制、联合行动计划、跨部门协调会议等国家安全协同机制，确保了不同政府机构在实施战略传播时协调一致。这个机制在战略传播体系中起到基础性和决定性作用，是外交、安全和传播三大要素聚合反应的复杂系统，而领导体制、结构方式和实践策略是理解它的几个重要维度。②

战略传播在美国外交中发挥着十分重要的作用，担负着塑造国际舆论、影响外国政府和公众舆论、促进国家利益等职能，典例就是美国国家民主基金会（National Endowment for Democracy，NED）炮制"锐实力"概念，并通过战略传播歪曲和破坏俄罗斯等国的国际形象。"锐实力"指一国通过操控信息、文化和舆论来影响其他国家的行为和舆论，其实，它同样表现在美国战略传播的某些维度上。在国际上推广"锐实力论"时，美国的战略传播全力发动，具体手段包括：利用主流媒体和社交媒体进行广泛宣传，资助学术研究和智库报告，推动文化交流项目等。对此，我国应大力加强国际传播体系的建设，提升话语权，增强文化自信，积极推广中国文化，加强对外宣传的精准性和针对性，避免简单的对抗性宣传，通过多边机制和国际合作，争取更多国际理解和支持。③

从基础理论研究而言，首先，话语素养在战略传播中起到构建有效传播策略和实现传播目标的关键作用。话语素养不仅仅是语言能力，更包括

---

① 朱豆豆. 从宣传到战略传播：美国宣传观念分野、影响及新宣传话语研究. 新闻界，2020（7）：78-87，95.
② 纪忠慧. 美国战略传播体系国家安全协同机制研究. 现代传播（中国传媒大学学报），2023，45（2）：46-57.
③ 李格琴. 美国"锐实力论"的战略传播与中国应对. 社会主义研究，2022（1）：163-172.

理解和运用语言在特定语境中的能力，其组成包括语言能力、文化理解、批判性思维和跨文化交际能力等；而战略传播需要精准的语言表达和深刻的文化理解，以影响和引导目标受众的态度和行为，如通过选择和使用语言来构建说服性话语；培养话语素养的路径包括教育培训、实践训练以及跨文化交流等，特别要重视外语教学和传播学教育中的相关工作。[①] 其次，元语言应用可更准确地描述、分析和调整战略传播策略。元语言指用来描述或讨论语言本身的语言，"是意义实现和存在的先决条件"，而实施战略传播的关键点在于"意义控制"；元语言应用在外交辞令、媒体报道和公共演讲中十分重要，也是构建和优化中国战略传播体系的具体路径，因为语言始终在传播中占据核心地位。[②] 最后，认知战略传播可从受众心理深度设计传播策略，提升传播效果。认知战略传播（Cognitive Strategic Communication）指通过对受众认知过程的深刻理解来设计和实施传播策略，以实现特定的传播目标，是一个结合了认知科学、传播学和战略管理理论与方法的学术领域，其核心诉求是在打破信息垄断、实施战略欺骗和保卫非物质领土的过程中维护总体国家安全。首先，理解受众认知过程，即受众如何接收、处理和记忆信息；其次，利用认知偏差、记忆机制和信息加工路径等设计和实施策略，从而影响受众的认知架构、改变其态度和行为；再次，使用视觉、语言和情感元素来增强信息的吸引力和可记忆性，优化信息的内容和形式，使传播效果最大化；最后，技术进步、跨学科研究、新的传播工具和平台将是认知战略传播未来必须考虑的三个向度。[③]

---

① 李战子，屈静雯. 战略传播中的话语素养：内涵与培养路径. 外语研究，2023，40（4）：5-9，36，112.
② 焦思盈. 元语言的传播实践：从语言视角考察中国战略传播体系构建. 现代传播（中国传媒大学学报），2023，45（7）：57-62.
③ 林克勤，曾静平. 认知战略传播：关涉题域、核心诉求与实践范式. 西安交通大学学报（社会科学版），2023，43（5）：101-112.

中国的战略传播建设还处于起步阶段，亟待走出具有中国特色的服务国家战略道路。中国特色战略传播体系是指在中国特色社会主义现代化建设过程中，基于中国国情和文化特点，构建的具有本土特色的传播策略和体系——国家层面的宏观战略，地方政府和企业的中观策略，以及个人和民间组织的微观策略。其核心诉求为：第一，共建与共享，即注重国家顶层设计，充分调动社会各界积极性，实现全社会的共同参与和资源共享，如重大国际事件的报道、文化交流活动的推广，以及"一带一路"倡议的传播等；第二，增强文化自信是构建中国特色战略传播体系的基础，通过提升中国文化的国际影响力，增强中国在国际传播中的话语权和影响力；第三，在传统媒体和新媒体融合的基础上，创新传播手段和形式，充分利用如大数据、人工智能、社交媒体和短视频平台等，增强传播效果。[①]

中国的"战略传播"应是"人类命运共同体"视野下以"对话"为核心的国际传播新范式。在传播理念上，要立足"对话"，避免单向性"说服"；出发点和归宿应是尊重多元，寻求"有限共识"，并以此超越"地方性"分歧；在话语表达上，应聚焦"人文"，分享故事，实现"现代性""共情"；在政治实践上，要为全球治理贡献中国智慧，将"中国故事"的"地方性"经验转化为国际借鉴。[②] 中国特色战略传播体系的核心目标之一是，运用文化符号形塑文化身份，传播良好的中国形象。这方面日本是个成功案例，通过对其国家形象宣传片、奥运会赛事、新媒体三个战略传播平台的考察，我们可发现，其完整的"文化认同—文化行为—文化符号"国家文化符号体系值得借鉴，有助于提升我国战略传播效果。[③]

---

① 虞鑫，刘钊宁．中国特色战略传播体系：中国式现代化的共建与共享．新闻界，2023（3）：15-25,76.
② 白贵，邱敬存．国际战略传播：如何超越"地方性"话语局限．现代传播（中国传媒大学学报），2022，44（11）：57-63.
③ 范红，苏筱．国家形象与文化符号体系的战略传播：基于日本文化符号传播实践的考察．现代传播（中国传媒大学学报），2022，44（6）：77-86.

很长一段时间以来，中国在温室气体排放等方面做出了巨大努力和贡献，但由于战略传播建设滞后，这些工作没有如预期那般提升我国国际形象和话语权，争取到国际社会的理解和支持。基于调查数据，美国公众虽然有部分人对中国的努力表示认可，但也有相当一部分人对中国的气候治理政策和行动存在一定的误解和负面看法。造成上述情况的原因，从战略传播角度而言，有传播内容不够精准、传播渠道单一、国际话语权不足等。因此，我国在未来要进一步加强国际传播体系建设，提升传播内容的科学性和权威性；多渠道、多层次地开展国际传播，增强传播效果；运用新媒体技术，提高传播的互动性和覆盖面；与国际组织、非政府组织和外国媒体合作，增强中国声音的国际传播力；加强对外传播人才的培养，提高传播队伍的专业水平。总而言之，中国应积极应对国际舆论挑战，通过战略传播提升国际形象和影响力。[1] 文博业是中国重要的文化外交和人文交流领域，也是战略传播体系中的关键环节，因此需要在新定位下重构其对外叙事体系。基于传播学"Icon"（偶像）理论，文博业战略传播叙事体系有四条基本路径：一是，整合传播要素，利用多样化的传播渠道，确保传播的广泛覆盖和精准投放，如社交媒体、传统媒体、国际展览和跨文化合作等；二是，进行语境化传播，深入了解和细分国际受众的需求和兴趣，制定针对性传播策略，如通过调研和数据分析，掌握不同文化背景和地域的受众偏好，定制个性化传播内容和形式；三是，创造有机的传播生态，建立有效的评估机制，定期监测和评估传播效果，及时调整传播策略；四是，创新传播内涵与方式，打造具有吸引力和感染力的传播内容，确保内容的真实性、丰富性和多样性，如讲述文物背后的故事，展示文化遗产的

---

[1] 潘野蘅，童桐，贾鹤鹏，等. 中国气候治理的战略传播能力建设初探：基于美国公众调查的研究. 全球传媒学刊，2023，10（2）：128-141.

独特价值等。①

　　东南亚国家是中国重要的邻国和合作伙伴，增强对其战略传播能力，有助于提升中国的国际形象和影响力，促进区域合作与发展，推进"一带一路"倡议。当前，中国对东盟的战略传播已取得一定成效，但在传播内容、方式和效果等方面仍存在不足，如传播内容过于单一，针对性和互动性较弱等；面临的主要挑战有语言障碍、信息技术落后、文化差异和国际负面舆论等。为应对上述困难，中国要针对东盟不同国家量身定制多元化传播内容、提升吸引力，如经济合作、文化交流、教育援助等；增强跨文化传播能力，加大对于东盟文化、语言的研究和从业人员的培训；充分利用新媒体和现代信息技术，增强传播的互动性和精准性；推动地方政府、企业和民间组织的积极参与，构建多层次、多渠道的传播网络；定期举办双边论坛、文化活动和媒体交流，建立和完善与东盟国家的合作与对话机制。②

（二）公共外交

　　随着全球化不断深入，公共外交在各国对外工作中的重要性持续提升。虽然历史上的公共外交经常与宣传难分彼此，但国际环境风云变幻、国际共识稍有进展，传统上胁迫或操控受众的公共外交已不合时宜，并且其"不堪过往"也遭到了广泛的批评和诟病。为重新在国际社会上建立信任和信心、发挥积极性功能，公共外交需要进行重大改革，其核心就是政府可信度再塑，因为主体说服力和受众接受度都建立在这个基础之上。

　　经典意义上，公共外交指争取对象国民意支持，由政府主导的公关活

---

① 黄蕙. 战略传播视域下的文博业国际传播叙事体系构建及路径研究：以故宫博物院为例. 云南社会科学，2023（1）：164-169.
② 李庆林. 增强我国面向东盟战略传播能力的思考. 广西大学学报（哲学社会科学版），2022，44（6）：81-87.

动。① 也就是说，它"是一国政府，为实现本国外交目标，依据本国外交政策，通过多种传播渠道，向国外公众传递相关信息，营造有利于本国的公众舆论的政治说服活动"②。2001 年，理查德·霍尔布鲁克（Richard Holbrooke）大使在《华盛顿邮报》中提及："我们称其为公共外交，或公共事务，或心理战，如果你真的想直言不讳地说明，那么我们称之为宣传。" 2002 年，埃利奥特（Elliott）大使在《纽约时报》也表达了类似的观点，他认为公共外交实际上是国际宣传在当今时代较为温和且通用的表述。

与"公共外交"相似，"宣传""心理战""政治战""国际政治传播""公民外交""文化外交""战略交流""公共事务"等在某种程度上都属于信息传播活动，它们采用的手段和方式高度相似，区别在于活动的对象、具体目标、性质、涵盖的内容以及适用的时空背景都有所不同。但若把它们放在国家整体对外战略框架下或放在与世界交往互动的历史中来审视，其目的和性质又有相通之处，都是服务于其国家战略和国家利益的。梳理、对比和分析"公共外交"与其他相关概念的差异，有助于更准确地理解公共外交的内涵和外延，为公共外交研究确立大致明确的边界，为公共外交及相关问题研究和讨论提供相对稳定的基础，从而在一定程度上避免概念的误用和滥用，进一步推动公共外交研究走向深入。③

公共外交是一种外交活动，也是现代大众政治的对外关系形式，正在从"公众"走向"公共"的新阶段。因为国际利益时有与国家形象不一致的情况，所以公共外交必须坚持以前者为主，最终实现工具理性和价值理性的有

---

① 曲星. 公共外交的经典含义与中国特色. 国际问题研究，2010（6）：4-9，70-71.
② 张萍. 政治传播过程中的公共外交：概念、范式与逻辑. 南京社会科学，2017（8）：143-150.
③ 仇朝兵. 美国"公共外交"及若干相关概念辨析. 现代传播（中国传媒大学学报），2021，43（5）：46-52.

机统一。① 公共外交与对外宣传一脉相承，同时大量借鉴政治传播学，所以，基于多伊奇（Karl Deutsch）的政治传播理论、伊斯顿（David Easton）的政治系统理论，参考输入、输出、编码、解码政治系统流程，可构建出包含主体、代理人、客体、渠道、形式、内容及效果七要素的公共外交模型。② 心理学视域下，"自我"对"他者"的区分、想象与建构通常偏颇甚至异化，掌握这一规律对开展公共外交工作十分重要，特别是具有脱域性、主体多元性与可沟通性等特征的数字化公共外交。③ 总而言之，公共外交是国家运用特殊权力手段，服务于国家安全和利益的外交行为，其政治实质是筑牢国家关系发展的社会基础，属于文化、传播和国际政治学的研究领域；与传统的军事和经济手段不同，公共外交强调通过文化、价值观和信息传播来实现目标，在海外利益维护、全球化冲突应对、全球治理参与等方面发挥着独特作用。④

新中国成立以来，我国公共外交取得显著成绩；新时期，我国公共外交秉持内外并重和追求共赢的原则，重点介绍自身而不是批评他国，并不断通过"搭台唱戏""借台唱戏""让别人唱我的戏"等方式进行提升。⑤ 1991年，我国政府成立国务院新闻办公室，我国公共外交扬帆起航。由于各方面原因，"对外宣传"一直是我国对外沟通交流的主要模式。为了解决上述问题，我国开始逐渐用公共外交和国际传播替代"对外宣传"，关注点转向国际受众，传播方式更加多元、开放和互动，以求更好地发出中国声

---

① 莫盛凯. 中国公共外交之理论与实践刍议. 外交评论（外交学院学报），2013, 30（4）：45-56.
② 张萍. 政治传播过程中的公共外交：概念、范式与逻辑. 南京社会科学，2017（8）：143-150.
③ 孟渍溟，张举玺. 空间转向与符号流动：数字化公共外交与国家形象建构. 当代传播，2023（1）：107-112.
④ 周鑫宇. 公共外交的"高政治"探讨：权力运用与利益维护. 世界经济与政治，2015（2）：96-110, 158-159.
⑤ 曲星. 公共外交的经典含义与中国特色. 国际问题研究，2010（6）：4-9, 70-71.

音，提升中国形象。

从"对外传播"转向"国际传播"是中国公共外交发展的必然趋势，包含六个方面的转变：从"以我为主"转向"以国外受众为主"，注重国际受众的需求以及传播信息的可接受性和可理解性；从"中国官方语言"转向"国外受众语言"，采用国际受众熟悉和亲切的语言，提升沟通效果；从"讲道理"转向"说故事"，善于用故事引起受众共鸣；从"官办"走向"民办"，增加多样性，丰富公共外交的内容和形式；从"政经利益"走向"文化交流"，搭建国际互鉴和互信渠道；从"被动应付"走向"主动设置"，强调议程设置和受众反馈，增强国际话语权掌控力。[1]

当然，在当前的国际话语格局下，对外解释中国外交战略和政策、争取认同和支持是一个难题，也是一个必须应对得当的领域，而媒介化公共外交可能是相对满意的路径之一，"媒介化公共外交旨在通过影响媒体框架来争夺、获取与行使'宣称真相'的权力，是服务国家安全与利益的特殊权力手段"[2]。2010—2020年，中国驻英大使馆通过信息发布、意见倡导和冲突论辩三种模式对英国新闻界开展媒介化公共外交，"将中英关系'黄金时代'叙事内嵌于建构中国崛起后的国家身份、价值观与目标的宏观叙事体系"，营造了英国政府友好接触中国的文化氛围，但也暴露出这个机制在当前条件下的局限性，未来我国应从战略层面发挥媒介化公共外交优势，更好地提升中国外交话语建设、实现对外政策目标。[3]

中国周边公共外交担负着与国外民众互信交流的使命，但也存在着一些需要改进的问题，应对措施有加强政治与资源保障体系、深化人文合作

---

[1] 叶皓. 公共外交与国际传播. 现代传播（中国传媒大学学报），2012，34（6）：11-19.
[2] 欧亚. 媒介化公共外交与中国外交话语的对外传播：基于中国驻英大使馆新闻活动的考察. 外交评论（外交学院学报），2021，38（3）：27-72.
[3] 同[2]5-6.

与治理、提升国际传播能力、激励民间交往交流、构建舆论预警与控制机制等。① 其中，中亚接壤中国西部绵长边境，是"一带一路"倡议的重点地区，在中国公共外交中占有十分特殊的地位，但当前面临着很多问题和挑战，如合作性公共外交缺乏创新、竞争性公共外交缺乏主动、危机公共外交缺乏能力。对此，中国应进一步明确战略目标和工作思路，打造中国—中亚利益和命运共同体，深化合作性和竞争性公共外交，完善危机公共外交机制。②

随着深化"走出去"战略，中国海外利益逐渐成为国家利益的重要组成部分，因此中国公共外交必须发挥应有作用，不仅要重视政府层面，还需要整合企业和社会资源，特别是企业公共外交，其基本路径为增强公共外交意识、建构产品和品牌形象、积极履行社会责任、核心价值观下传播企业文化等，虽然企业公共外交有经济为上、跨国性质和相对自主等局限，但应该成为中国立体公共外交格局的有机结构，从而增强主体多样性，拓展外交新局面。③ 政府是公共外交的主导者，跨国企业是公共外交的重要参与者，两者存在相互制约、相互影响的辩证关系，为改善国际竞争下的内外困局，跨国企业应该积极开展公共外交，以关系建设为主要目标，以国际公共关系为主要路径，通过市场主体身份强化海外公众关系管理，最终发挥独特优势，提升国家形象。④

随着全球化与中国国家利益不断结合，对外翻译也是公共外交的信息

---

① 杨荣国，代家玮．新时代中国周边公共外交的战略诉求、现实挑战与推进思路．新疆社会科学，2022（5）：91-102，179．
② 秦海波，李莉莉．中国对中亚的公共外交：现状、挑战与方向．新疆大学学报（哲学·人文社会科学版），2018，46（4）：61-69．
③ 李志永．企业公共外交的价值、路径与限度：有关中国进一步和平发展的战略思考．世界经济与政治，2012（12）：98-114，159．
④ 陈欧阳，喻发胜．大国博弈背景下中国企业在公共外交中的贡献能力：以中国企业在美国的传播为例．湖北大学学报（哲学社会科学版），2021，48（4）：148-157．

文化交流形式，是传播价值观、增强软实力、提升国家形象的重要手段之一。新中国成立以来，我国对外翻译逐渐由传统外交转向公共外交，由官方主导转向官民合作、中外合作，由"自说自话"转向受众为主，由计划转向市场，由单一渠道转向多媒体资源挖掘。① 随着媒介互动性增强和人工智能迅速发展，"算法认知战"正在推动"数字化公共外交"向"智慧型公共外交"转化，通过分组分析、定制信息、塑造认知，算法下公共外交具有精准性、受众认知固化、隐匿性、技术依赖性等特征；针对上述变化，我国需从国内舆论场、国际公共外交能力和算法治理等多角度应对。② 此外，重大国际体育赛事是公共外交的渠道之一，可通过改善国际交往服务环境、整合社会资源美化形象、增强国际传播等提升城市国际交往能力。③

语言教育是公共外交的主要路径之一，承担着推介本国语言和文化、争取对象国认同和支持的重要任务。第二次世界大战后，美国对日本的英语教育进行改革，使得美国文化和价值观深入日本民众日常生活的方方面面，在释放亲和力的同时提升了国家形象，并对日本之后各方面发展产生了极为深远的影响。④ "9·11"事件后，公共外交成为美国化解恐怖主义威胁的重要手段之一，其信息传播、社会接触和增进利益的功能有助于主体获得受众信任与合作、控制极端主义扩散、遏制恐怖组织动员能力、提升情报搜集效果、建立国际社会反恐共识等。当然，它也面临着诸多挑战，

---

① 吴赟，姜智威. 公共外交视域下中国对外翻译的历时考察. 上海翻译，2021（2）：25-29, 51.
② 蔡翠红. 社交媒体"算法认知战"与公共外交的新特点. 人民论坛，2022（13）：21-25.
③ 张丽. 公共外交视角下体育赛事推动北京国际交往功能提升研究. 沈阳体育学院学报，2019, 38（3）：77-82.
④ 张素菊. 战后日本英语教育改革与美国对日本的公共外交. 东北师大学报（哲学社会科学版），2020（6）：120-124.

如"柔性"公共外交与受众信任的矛盾、政策失误造成的信誉问题和投入浪费等,而"可信的公共外交"是应对上述困难的现实选择。① 随着其全球战略中心"重返"亚洲,美国通过教育文化交流、援助健康和环境项目等持续深化对越(南)公共外交。② 特朗普执政后,美国公共外交以反击他国发动信息战为战略目标,进行了重大调整。美国认为,他国借助社交媒体、大数据、人工智能等低成本但高效率的技术在互联网散布误导性信息、虚假事实和数据,达到操纵舆论、瓦解美国权力基础等目的;在这种情况下,美国公共外交积极调动一切有利资源,一边加大力度反击信息战,一边试图向世界"说明真实的美国",但特朗普的"美国优先理论"和不谨慎言行使得上述目标的实现困难重重,还打击了其公共外交"揭示真相的公信力"。③

无独有偶,第二次世界大战后,日本公共外交也完成了由基本运作模式向改良型运作模式的历史转变,基本运作模式指在一国政府主导下,经由对方国家节点,最后到普通民众的信息传播。而日本的改良型运作模式指多主体参与、构建跨国共同体网络、依附商业行为的价值传播、国家形象嵌入目标国社会等,具体包括"议程设置式公共外交""商业模式公共外交""嵌入式公共外交"三种。虽然上述模式有待进一步检验,但日本确实通过它提升了国家形象,赢得了他国民众好感。④

此外,冷战结束后,资本主义阵营继续大力开展"公共外交",一边通过增强反对派能力、煽动民众情绪和行为、对目标政府施压等手段支持"颜色革命",一边在国际层面披着自由、民主外衣美化自身形象,实质上

---

① 富育红. 美国公共外交的反恐作用与局限. 美国研究, 2019, 33 (1): 102-123, 7-8.
② 唐小松, 刘建华. 试析美国对越南公共外交. 现代国际关系, 2018 (12): 35-41, 60.
③ 欧亚, 吉培坤. "后真相"与"假信息": 特朗普执政以来美国公共外交的新动向. 国际论坛, 2019, 21 (6): 112-124, 159.
④ 程蕴. 试论战后日本公共外交运作模式的演变. 日本学刊, 2020 (2): 76-97.

对外进行战略扩张，不仅从事对外宣传和幕后交易，还进行极具渗透性和欺骗性的新媒体等公共外交应用，其反和平性异化实践与构建和平友好关系的公共外交理念严重背离。① 在这个背景下，出于经济利益、提升国际话语权的考量，德国通过构建履行社会责任的企业形象、提供教育资源培养友好人才、对外援助获得支持等，大力在东南亚等地区开展公共外交，这些活动对中国也产生了相当影响，如复杂化地区政治格局等。② 近些年，欧盟也逐渐加大亚太地区，尤其是中国周边地区的公共外交，以民主转型与有历史问题的国家的青少年和精英阶层为重点，通过地区合作和各类援助、文化和价值观输出。对此，中国应大力借鉴欧盟公共外交经验，增强对周边国家的合作和援助，强化文化和价值观推广及对外话语权建设，化解欧盟对中国周边地区的负面影响。③

比较研究不同策略也是理解公共外交的重要角度。通过关键词检索、内容分析和情感极性分析来看美国与俄罗斯驻华使馆对中国民众的"微博公共外交"可发现，虽然"新公共外交"积极倡导对话与合作，但竞争型公共外交始终是国际主流。上述实证研究表明，美国以提升自身形象为主，俄罗斯则重点化解来自美国等西方国家的抨击，但两国的公共外交效果都不太理想，原因是未充分重视受众的政治信念体系。④

三、跨文化传播

广义文化（文明）指"价值观、准则、体制和在一个既定社会中历代

---

① 钮维敢，谈东晨. 基于"颜色革命"的冷战后资本主义阵营公共外交探析. 宁夏社会科学，2023（1）：58 - 66.
② 唐小松，周歆可. 冷战后德国对东南亚地区的公共外交探析. 东南亚研究，2020（2）：121 - 132，157.
③ 唐小松，姜梦茵. 论欧盟对中国周边地区的公共外交. 社会科学，2018（10）：3 - 15.
④ 陈雪飞. 美国与俄罗斯在中国的竞争型公共外交：基于两国驻华使馆新浪微博的分析. 国际论坛，2018，20（4）：44 - 51，77.

人赋予了头等重要性的思维模式。……文明是对人最高的文化归类，是人们文化认同的最广范围，人类以此与其他物种相区别。文明既根据一些共同的客观因素来界定，如语言、历史、宗教、习俗、体制，也根据人们主观的自我认同来界定。……他所属的文明是他与之强烈认同的最大的认同范围。文明是最大的'我们'，在其中我们在文化上感到安适，因为它使我们区别于所有在它之外的'各种他们'"①。个体主义—集体主义、权力距离、规避不确定性和男性化—女性化是度量文化差异的四个关键维度②。文化不是独立发展，而是在相互关联、借鉴、杂糅中形成相对稳定的状态，全球化以来，传统文化界限变得更加模糊，包含着全球文化多样性、同一文化自身丰富性的双重意义。③

跨文化指不同文化基于可共享、可理解、可共识、可共情部分的沟通。人类学是最早涉足跨文化研究的学科，研究对象包括不同种族、不同民族和不同社会的人们。一方面，它从文化的深度上将不同种族、不同民族和不同社会的人们视为整体进行研究；另一方面，它也揭示出国际交流必须认识到语言和文化差异形成的壁垒。④ 传播是"创造和解释信息的关系过程，这些信息引起了某种形式的回应"⑤。其实，人类是社会性动物，只要有社会就必须有互动和沟通，而文化正是建立在这个基础之上，因此"沟通是文化，文化就是沟通"⑥。

1959年，人类学家爱德华·霍尔（Edward Hall）在《无声的语言》

---

① 亨廷顿. 文明的冲突与世界秩序的重建. 周琪，等译. 北京：新华出版社，2010：20-22.

② Triandis, H. C. Collectivism vs. Individualism: A Reconceptualization of a Basic Concept in Cross-Cultural Psychology//Verma, G., C. Bagley. Cross-Cultural Studies of Personality, Attitudes and Cognition. London: Macmillan, 1988: 60-95.

③ Welsch, W. Transkulturalität: Zwischen Globalisierung und Partikularisierung. Jahrbuch Deutsch als Fremdsprache, 2000, 26: 227-351.

④ 穆尔. 人类学家的文化见解. 欧阳敏，邹乔，王晶晶，译. 北京：商务印书馆，2009：2.

⑤ Griffin, E. M., Ledbetter, A., Sparks, G. A First Look at Communication Theory. New York: McGraw-hill, 2023.

⑥ Hall, E. T. The Silent Language. New York: Doubleday, 1959.

(*The Silent Language*) 一书中首次提出"跨文化传播"（cross-cultural communication）概念。[①] 随后，通过众多学者的兴趣和努力，这个研究领域产出了一大批重要成果，如罗伯特·奥利弗（Robert Oliver）的《文化与交流》、阿尔弗雷德·史密斯（Alfred Smith）的《交际与文化》、霍尔的《超越文化》，以及拉里·萨默瓦（Larry Samovar）与理查德·波特（Richard Porter）合著的《跨文化传播》等。跨文化传播涉及不同文化群体间的传播比较，而非局限于某一文化群体内部个体间的传播。[②] 广义上，跨文化传播包含文化间传播（intercultural communication）、跨文化传播（cross-cultural communication）、国际传播（international communication）和比较大众传播（comparative mass communication）。[③]

人类学研究经历了历史研究法、参与式民族志和对话式民族志，与之对应，跨文化传播的演进也从分发式转向互动式，再到主体间性式。第一，语言是文化的支柱与核心，所以跨文化传播首先要认识到这些界限，从而跨越文化交流动态，以及应对差异造成的挑战等。[④] 第二，传统上，跨文化和跨文化传播研究采用比较分析，但独立的理论框架显然是必要的，因此两者互补才能更好地促进我们深入理解这个领域的特殊现象。[⑤] 第三，跨文化传播意义上，我们可将文化分为高情境与低情境两种，在前者中，沟通

[①] Leeds-Hurwitz, W. Notes in the History of Intercultural Communication: The Foreign Service Institute and the Mandate for Intercultural Training. Quarterly Journal of Speech, 1990, (76) 3: 262–281.

[②] Gudykunst, W. B. Cross Cultural Communication: Introduction//Gudykunst, W. B., Moody, B. Handbook of International and Intercultural Communication. Newbury Park, CA: SAGE, 2002: 19–23.

[③] Gudykunst, W. B. Cross-Cultural Comparisons//Berger, C. R., Chaflee, S. H. Handbook of Communication Science. Beverly Hills, CA: Sage Publications, 1987: 847–889.

[④] Baker, W. From Intercultural to Transcultural Communication. Language and Intercultural Communication, 2022, 22 (3): 280–293.

[⑤] Carter, R. F. Comparative Analysis, Theory, and Cross-Cultural Communication. Communication Theory, 1991, 1 (2): 151–159.

主要通过非言语形式、社会地位和声调等情境元素进行，并且不会明示；与此相反，在后者中，沟通是直接的、明确的。[1] 第四，虽然高低情境理论是跨文化传播研究中最常被引用的理论框架之一，但也出现了一些质疑，如"低情境特征存在于个人主义文化中，而高情境特征存在于集体主义文化中"这类被普遍采纳的观点。[2] 第五，个人主义与集体主义是跨文化研究中的常用指标，而非低情境与高情境。[3] 第六，在跨文化传播中，身份、沟通和文化的交叉和界限必须动态地适应复杂环境，此时"群体成员"身份概念与个体自我认同经常产生矛盾和冲突，同一种族群体成员识别、解读、感知和反馈群体内外重要行为信号也变得难以预测。[4] 第七，跨文化传播"存在着相当的功能主义与技术主义倾向"[5]，虽然它批判了"占据空间与操纵个体"[6]的文化帝国主义，但忽视文化间相互作用的重要意义妨碍了其对上述文化现象的深刻理解。

　　截至目前，时间、空间和话语是跨文化传播研究的三个基本路向。从时间维度看，非西方文化进入世界文化历史，以此发现不同文化的相互作用和相互塑造，以及西方文化与非西方文化的真实关系；从空间维度看，跨文化传播始终与全球化发展息息相关，大致经历了关注文化特殊性到聚焦文化间交流沟通，尤其是传统时代因地理区隔难以联系的种族、民族和国家；从话语维度看，跨文化传播否定了以往的文化等级秩序，呼吁文化

---

[1] Hall, E. T. Beyond Culture. New York: Anchor Books, 1976.

[2] Kittler, M. G., Rygl, D., Mackinnon, A. Special Review Article: Beyond Culture or beyond Control? Reviewing the Use of Hall's High-/Low-Context Concept. International Journal of Cross Cultural Management, 2011, 11 (1): 63–82.

[3] Yun, K. Y. The International Encyclopedia of Intercultural Communication. John Wiley & Sons, 2017: 1–10.

[4] Keith, K. D. Cross-Cultural Psychology: Contemporary Themes and Perspectives. Malden, MA: John Wiley & Sons, 2019: 375–397.

[5] Corner, J. Book Review: Principles of Intercultural Communication. Media, Culture & Society, 2006, 28 (1): 155–157.

[6] Wolff, J. D. Western Union and the Creation of the American Corporate Order, 1845–1893. New York: Cambridge University Press, 2013.

平等和尊重，希望推动西方中心主义向多元文化共享转变。

全球化历史进程下，中国的跨文化传播研究既放眼世界潮流也立足中国实际，在借鉴有益经验的同时不断发展中国特色理论，即"中国—世界""地方—全球""历史—未来"的双向度话语。① "跨文化传播研究与其说是建构新的文化，不如说是寻求调适文化差距或文化冲突的策略，将跨文化的一系列理论转化为一种自我管理调适技术、人与人沟通的技巧、不同的国家或组织之间的协商谈判策略；转化成跨国促销的形象设计和诉求方式等实用型研究，从宏观回归微观。"② 首先，发展中国跨文化传播理论要重新解读经典，如"陌生人"理论③和"边缘人"理论④等。其次，文化与传播同构、人是传播关系的总和、主体建构自我意义的他者必备要素是跨文化传播的基本内涵。我与他者不是传播主体和客体，而是同一活动中的两个共生主体，跨文化传播应接受差异，从而理解自我意义，与他者建立互意性对话。⑤ 再次，"继承和开放是文化的生命所在，在现代媒介的影响下，文化的扩展和交流的程度愈发加深，因此文化不宜被实体化、地理化，文化的交流不宜被理解为两个不同质地板块的碰撞。跨文化传播研究的是'跨'，即不同文化如何交集，带来何种变化，而不是某种文化对另一种文化的影响、应对和效果。文化之'跨'，其本原是存在意义上的人类生活模式的多样性"⑥。因此，脱胎于人类学的跨文化传播的历史任务就是扫除文化传播的"拦路虎"。⑦ 最后，数字化时代，新媒体视域下跨文化传播进一

---

① 姜飞，张楠. 国际传播与跨文化传播2021年研究综述. 全球传媒学刊，2022，9（1）：93-111.
② 单波. 跨文化传播的问题与可能性. 武汉：武汉大学出版社，2010：74.
③ 李思乐. "陌生人"的旧困境与跨文化传播的新问题. 新闻界，2021（8）：69-76.
④ 高国菲，吕乐平. "边缘人"再出发：理论重构及其与传播学的对话. 国际新闻界，2021，43（2）：61-77.
⑤ 单波. 跨文化传播的基本理论命题. 华中师范大学学报（人文社会科学版），2011，50（1）：103-113.
⑥ 黄旦. 文化之"跨"：关于"跨文化传播"的一点浅见. 跨文化研究，2022（2）：21-40.
⑦ 陈国明，安然. 跨文化传播学关键术语解读. 北京：中国社会科学出版社，2010：105.

步发展了文化适应、身份认同、第三种文化、跨文化对话等经典理论，研究者应避免工具化认识新兴技术，而要从具体情境中理解新兴技术重建的新兴文化关系，这意味着跨文化传播学科不得不全面革新自身的研究和教学体系。①

文化身份认同是跨文化传播研究的经典命题。"在沟通不间断的新媒体时代，'固定空间与时间'不复存在，个体与数量庞大的他人共同生活在虚拟时空之中。"② 作为社会凝聚力关键因素的身份认同在不同历史语境和现实条件下持续变迁，与传统媒体认同构建模式有差异，拥有信息多向互动、影音图文高度融合等特性的新媒体对身份认同的影响呈现出数字时代结构，在中国社会转型时期显现出复杂态势。③ 当前，跨文化传播进入平台化时代，推动国际传播在理论层面上由"国族中心主义"向"平台世界主义"升维，在学科范式和实践层面则推动了由"跨文化传播"向"转文化传播"升维。④

"讲好中国故事"是中国跨文化传播的理论和实践探索，这不仅意味着要准确传达中国的声音，而且要通过对话促进理解和共识，最终达成国际互信与合作，维护世界和平，推动全球发展。"讲好中国故事"就是为西方社会理解中国提供适应性话语，"讲清世界道理"就是为解决全球性问题贡献中国智慧和中国方案⑤；不仅涉及"多元脉络"的中国观，而且涉及中国故事的叙事观和对外传播的战略观。⑥ 电影是"讲好中国故事"的重要渠道。

---

① 常江，李思雪. 数字时代的跨文化传播研究：重返经典与重构体系：罗伯特·舒特（Robert Shuter）访谈录. 跨文化传播研究，2021（1）：3-16.
② 同①.
③ 何文君，向志强，曾莹. "下载身份"：新媒体环境下裕固族国家认同的实证研究. 国际新闻界，2021，43（8）：145-163.
④ 史安斌，童桐. 平台世界主义视域下跨文化传播理论和实践的升维. 跨文化传播研究，2021（1）：31-50.
⑤ 程曼丽. 新时期的国际传播：挑战与机遇并存. 新闻与写作，2021（10）：1.
⑥ 陈先红，宋发枝. "讲好中国故事"：国家立场、话语策略与传播战略. 现代传播（中国传媒大学学报），2020，42（1）：40-46，52.

从语言、身体表达和文化身份三方面分析，中国电影存在语言翻译困难、身体表达文化差异、文化身份迷失等问题，而发展跨文化敏感性（理解和体验文化差异的能力）和"整合"文化差异（保持原生文化并接纳异文化）是一定程度解决上述问题的策略。如今，"包括中国在内的世界大国越发意识到世界传媒秩序与国际传播格局公共性的价值，尤其是在维护世界和平和发展秩序方面的价值，讲好中国故事的话语视角正在朝向'和平/合作'的话语框架"[①]，而"跨文化共情传播"对于推动国际合作与人类命运共同体建设具有重要价值[②]。

留学生、国外旅居者是跨文化传播研究的重点群体。通过问卷调查528名在美中国旅居者跨义化传播行为发现，他们的自我呈现策略具有动态性和权宜性的"跨文化逆反效应"，也就是，在中国社交媒体平台上，其维持国内关系为积极主动型而发展华人关系则为保护防御型；在美国社交媒体平台上，其发展美国人关系为保护防御型而发展华人关系则为积极主动型。[③] 通过问卷调查589名来华留学生及油管（YouTube）排名前十的中国自媒体博主发现，留学生来华时长、短视频使用频次和短视频内容是交叉影响留学生眼中中国形象的三个关键因素，所以建议在传播内容、渠道和方式三个方面进行改进，从而更好地在跨文化情景中塑造和提升中国国家形象。[④]

此外，在跨文化传播研究中，转文化传播也受到学者们的关注。

1940年，古巴著名人类学家费尔南多·奥尔蒂斯（Fernando Ortiz）在

[①] 姜飞. 国际传播百年未有之大变"局"：利益、边界和秩序的接力. 新闻与写作，2021（10）：5-13.
[②] 李成家，彭祝斌. 论跨文化共情传播：基于国际互助抗疫的探索. 现代传播（中国传媒大学学报），2021，43（5）：65-69.
[③] 杨恬，张放. 关系动机驱动自我呈现策略的跨文化逆反效应：基于在美中国旅居者社交媒体使用的实证研究. 国际新闻界，2021，43（6）：73-97.
[④] 舒笑梅，董传礼. 来华留学生短视频接受与中国国家形象认知. 现代传播（中国传媒大学学报），2021，43（7）：50-55.

分析本国烟草和蔗糖产业时发现，古巴文化是非洲、欧洲和美洲原住民的不同文化在古巴相互作用的结果，基于此，他首次提出了"transculturation"（转文化或文化互化）这一概念，并认为转文化不仅是文化传播或同化，还包含文化元素丧失、获取和转化的复杂动态过程，它比文化适应（acculturation）和去文化（deculturation）更适合描述"吸收异文化、丢失源文化后的新文化创造现象"[1]。"与建制性跨文化传播研究中带有欧洲殖民主义和战后美国霸权胎记的跨文化概念不同，转文化特指殖民主义扩展中不同文化体系在不平等权力关系中的碰撞所导致的文化转型过程，强调传播和文化的社会历史嵌入性、社会主体的能动性以及挑战全球资本主义的现实可能性。"[2]

某种意义上，转文化传播可被视作网络信息技术持续进步与发展的产物[3]，这不仅加快了全球化进程，还推动了中国国际传播出现重大变革，一是互联网重塑世界经济和劳动分工格局促使本土文化振兴，二是以社会化媒体为代表的新媒体技术兴起打破"西方中心主义"的神话[4]。转文化传播的本质是一个文化认同、吸收和借鉴其他文化，即源文化内化异文化元素的过程[5]，是打破文化壁垒的异质文化交流结果，而非弱势文化"被融入"世界主流文化。[6] 传播学本位下，转文化传播的核心理念为"人类命运共同体"，而

---

[1] Ortiz, F. Cuban Counterpoint: Tobacco and Sugar. Durham: Duke University Press, 1995: 13-98.

[2] 赵月枝. 跨文化传播政治经济研究中的"跨文化"涵义. 全球传媒学刊, 2019, 6 (1): 115-134.

[3] 史安斌, 梁蕊洁. 转文化传播视域下"数智华流"的理论与实践探索: 以 ReelShort 为例. 青年记者, 2024 (2): 86-92.

[4] 史安斌, 童桐. 理念升级与实践创新：党的十九大以来国际传播与跨文化传播研究十大前沿议题. 编辑之友, 2022 (4): 55-62.

[5] 史安斌, 盛阳. 从"跨"到"转"：新全球化时代传播研究的理论再造与路径重构. 当代传播, 2020 (1): 18-24.

[6] Grosu, L. M. Multiculturalism or Transculturalism? Views on Cultural Diversity. Synergy, 2012 (2): 102-111.

"赋权"和"世界平台主义"是其两个关键支撑点[1],文化交流超越了个体互动的边界,构建了一种"全球联结"的互动网络,文化交流更加频繁。[2] 转文化传播的内涵可从三个层面认识:一是文化,为国际传播提供了文化杂糅的新内容;二是技术,网络迷因等传播模式拓宽了国际传播的范围;三是哲学,暗含了中国哲学的"天下观"[3],超越了物理和文化的边界,展现了统一、平等的世界理念。[4]

四、对外传播与全球传播

为深入理解国际传播研究现状,有必要大致了解下对外传播和全球传播。一方面,三者联系紧密,在实践当中甚至难分彼此;另一方面,学术界对三者的定义多有争议,迟迟未达成较为统一的观点,这不仅无益于分别认识这三个概念,还为后续相关研究工作造成了相当困难。

(一)对外传播

基于中国知网中文数据库,使用"对外传播"主题词进行搜索,检索到超过 9 000 篇相关学术论文,主题涉及文化、国际传播、"一带一路"等(见图 1-1),其中 7 866 篇发表于中国特色社会主义进入新时代之后。从时间上看,2004 年之前,对外传播研究还处于起步阶段,发文数量很少;自 2004 年起,发文数量逐渐上升,相关研究进入成长期;2014 年以来,对外传播研究进入高速发展期,2015 年发文量首次突破 500 篇(见图 1-2)。从数量上看,中国对外传播研究持续取得进步。2021 年,相关发文数量达到顶峰,之后下降的主要原因为国际传播和战略传播研究兴起。

---

[1] 史安斌. 从"跨文化传播"到"转文化传播". 国际传播,2018 (5):1-5.
[2] 马龙,李虹. 论共情在"转文化传播"中的作用机制. 现代传播(中国传媒大学学报),2022,44 (2):77-83.
[3] 王丹蕊. 转文化传播视域下国际一流新型主流媒体建设的思考. 电视研究,2021 (2):21-24.
[4] 姜飞,黄廓. 对跨文化传播理论两类、四种理论研究分野的廓清尝试. 新闻与传播研究,2009,16 (6):53-63,107.

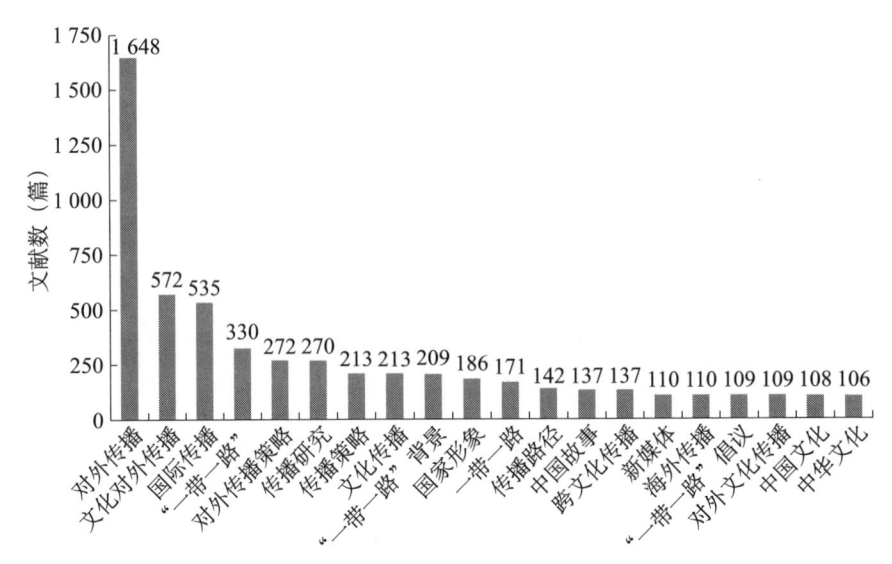

图1-1 对外传播研究所涉及的主要主题

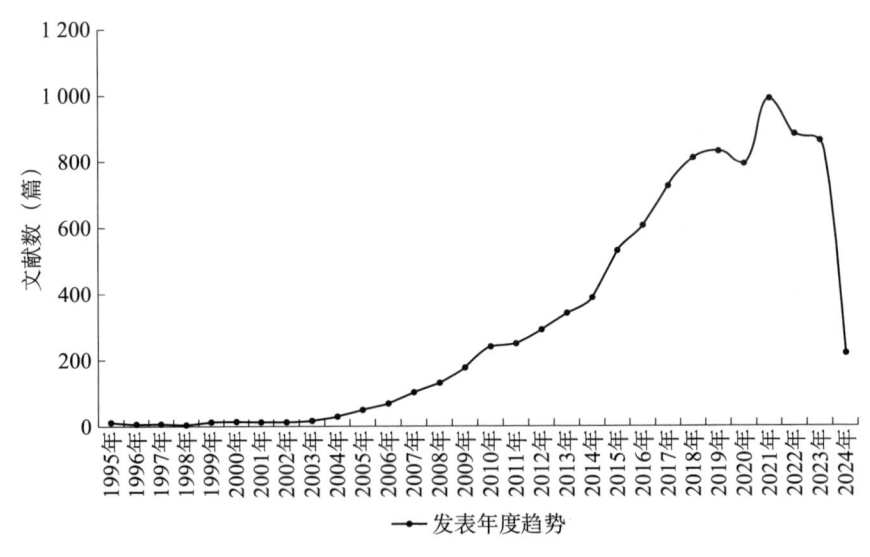

数据（文献数，篇）：对外传播 1648；文化对外传播 572；国际传播 535；"一带一路" 330；对外传播策略 272；传播研究 270；传播策略 213；文化传播 213；"一带一路"背景 209；国家形象 186；"一带一路" 171；传播路径 142；中国故事 137；跨文化传播 137；新媒体 110；海外传播 110；"一带一路"倡议 109；对外文化传播 109；中国文化 108；中华文化 106

图1-2 对外传播研究相关论文发表年度趋势

1988年，段连成在其著作《对外传播学初探》中，第一次提出"对外传播学"这个概念，并提出其研究问题为"如何帮助外国人了解中国"[①]。

---

① 段连成. 对外传播学初探（汉英合编本）. 北京：中国建设出版社，1998.

第一章 科技、全球化、意识形态：国际传播演化历程及比较研究 | 61

1999年，沈苏儒细化了对外传播概念，认为它"是跨国的、跨文化的、跨语言的传播，是针对外国人和海外华人的、内外有别的传播，是应当重视传播效果的传播"[1]。2004年，甘险峰在《中国对外新闻传播史》一书中指出，对外新闻传播是"通过中国人自主创办或者与境外人士合办的报纸、刊物、广播、电视、通讯社和网站等传播媒体，以境外人士为主要传播对象，针对境外受众的特点和要求，以让世界了解中国为目的而进行的新闻传播"[2]，其特征有以下四点："传播对象主要为国际受众；目的性明确；传播方式多样化；技术性较强。"[3] 2010年，方振武进一步明晰了对外传播概念，认为它"是以国家为主力、以海外留学生和华人华侨为先锋、以西方部分学者和来华外国友人为同盟，采取单向传播方法、双向互动技术，综合利用不可控媒体与可控媒体，以国外受众为目标受众，以寻求国际社会对中国的理解和认同为目标，从而为中国的发展创造良好国际环境为最终目的的涉外传播活动"[4]。总而言之，对外传播"属于国际传播学的研究范畴，是国际传播中的信息出境部分，是从一个国家的角度来研究跨越国界的大众传播活动"[5]。

首先，由于国内外受众在文化背景、价值观和信息需求等方面存在差异，中国对外传播既要考虑内外有别的传播内容和方式，也要注重实现内外传播的一体化，国内传播要符合国家政策和社会主流价值观，对外传播则需考虑国际社会的接受度和共鸣点，而培养具有国际视野和跨文化沟通能力的传播人才、建立定量和定性相结合的评估体系是提升对外传播效果的重要保障。[6] 其次，从革命时期、建设时期、改革时期到治理时期的百年

---

[1] 沈苏儒. 对外传播学概要. 北京：今日中国出版社，1999.
[2] 甘险峰. 中国对外新闻传播史. 福州：福建人民出版社，2004：7.
[3] 郭可. 当代对外传播. 上海：复旦大学出版社，2003：3-10.
[4] 方振武. 中国"对外传播"的概念范畴及实施. 中国传媒海外报告，2010，6（1）：25-28.
[5] 程曼丽，王维佳. 对外传播及其效果研究. 北京：北京大学出版社，2011：3-9.
[6] 唐润华. 既要"内外有别"更要"内外一体"：对我国对外传播原则的重新审视. 新闻与写作，2015（3）：30-34.

对外传播历史可知,中国共产党对外传播形态演变是多种复杂因素动态交织的结果,包括国内政治需要、国际关系和国际局势的演变、外宣理念的转变以及媒介技术的发展,形成了从"对外宣传"到"公共外交"的转变路径。[①] 再次,回顾 2009 年到 2017 年,中国的对外传播经历了从硬件设施建设到核心能力打造,再到护航"一带一路"的发展阶段,这同时也是中国媒体国际传播能力建设由追求硬实力到重视软实力、由自说自话到寻求共同话语的一个转变过程。[②] 最后,以史为鉴。唐代是中国历史上对外交流最为频繁的时期之一,它的对外传播主要通过朝贡体系、外交使节、文化交流和宗教传播等多种途径进行,并成功构建了"中国"的国家认同,这种认同不仅体现在唐朝的统一和文化自信上,也体现在国际社会对唐朝的认可和尊重上。总而言之,唐代的对外传播经验对当代中国在全球化背景下提升国家软实力和国际形象具有重要启示意义。[③]

(二)全球传播

全球传播中的全球化概念最早可追溯至远古时代的人类交流[④],但始于 16 世纪哥伦布发现新大陆后的全球扩张被更多人认为是全球化启动的历史标志[⑤]。20 世纪 80 年代,随着现代传播技术突飞猛进,全球传播引发研究者关注并逐渐成为一个学术概念。弗里德里克(Frederick)认为,全球传播是研究个人、群体、组织、民众、政府以及信息技术机构跨越国界传递的价值观、态度、意见、信息、数据等一系列学问的交叉点。[⑥] 国内学者史

---

① 刘小燕,李静. 中国共产党百年对外传播形态创新机制研究. 新闻大学,2021(6):71-89,124.
② 程曼丽. 中国对外传播的历史回顾与展望(2009—2017 年). 新闻与写作,2017(8):5-9.
③ 陈雅莉,张昆,曾林浩. 唐代的对外传播与"中国"在前近代国际关系中的国家认同建构. 国际新闻界,2016,38(6):6-27.
④ 李希光. 中文版序//伽摩利珀. 全球传播. 尹宏毅,主译. 北京:清华大学出版社,2003.
⑤ 毛伟. 全球传播体系起源与演变的批判性思辨及探析. 对外传播,2020(4):51-53.
⑥ Howard, H. F. Global Communication and International Relations. Belmont, CA: Wadsworth, 1993.

第一章 科技、全球化、意识形态：国际传播演化历程及比较研究 | 63

安斌等人将全球传播定义为"信息、符号、观念及意识形态在全球范围内进行跨越民族国家边界的共时性流动"①，它通过传播主体多元化和受众指向相对泛化，使得不同社群和族群实现意义和价值观的共享②。

截至目前，全球传播还无法实现理想状态，但其在国际竞争中发挥的作用却不得不使所有国家予以重视，如软实力建设、文化帝国主义和意识形态渗透等。首先，全球化时代背景下，全球传播被视为软实力建设的路径，而软实力作为当今世界民族国家综合国力的重要组成部分，日益成为衡量一个国家在世界舞台上发挥战略性作用的国际竞争力的关键性因素。③ 其次，冷战格局下世界信息与传播新秩序有分歧。以苏联为首的社会主义阵营认为应对媒体机构及其传播进行控制，而以美国为中心的资本主义支持者则坚持国际传播中的"信息自由流动"（free flow of information）以推动所谓的民主、言论自由和市场自由。④ 而所谓"信息自由流动"掩盖了国家之间技术与经济的不平衡，美国用这种带有迷惑性的表述，凭借强大的经济实力将自身的价值观和意识形态强加于弱小国家，这在本质上就是文化帝国主义。⑤ 因此，有学者将美国输出的媒介产品称为"主导性流动"（dominant flow），而将边缘国家输出的媒介产品定义为"反向流动"（contraflow）或"次流"（subaltern flow）⑥。最后，基于"反向流动"概念

---

① 史安斌，张耀钟. 新中国形象的再建构：70 年对外传播理论和实践的创新路径. 全球传媒学刊，2019，6（2）：26-38.
② 戴佳，史安斌. "国际新闻"与"全球新闻"概念之辨：兼论国际新闻传播人才培养模式创新. 清华大学学报（哲学社会科学版），2014，29（1）：42-52，159.
③ 陶建杰，尹子伊. 中国文化软实力：国际评价、传播影响与提升策略. 现代传播（中国传媒大学学报），2020，42（7）：51-55.
④ Thussu, D. K. International Communication: Continuity and Change. London: Arnold, 2000：41-42.
⑤ Schiller, H. Communication and Cultural Domination. New York: International Arts and Sciences Press, 1976：10-12.
⑥ 朴经纬，唐天开. 全球化时代的媒体与传播：达雅·屠苏的传播思想评介. 新闻研究导刊，2016，7（14）：13-15.

和全球传播现实境遇，中国媒体应该通过社交网络平台［如微博、微信、推特、脸书（Facebook）等］向全球受众传播信息，注重内容的本地化和多样化，以适应不同文化背景的受众需求，与此同时积极应对当前面临的挑战，如政治环境、文化差异、语言障碍等，不断提升中国媒体在全球传播中的影响力和话语权。①

第三节　变革的决定性力量：科技进步与国际传播

科技进步作为国际传播变革的决定性力量，深刻地重塑了全球信息传播的格局。从传统大众媒介的集中控制到互联网时代信息的快速流动，再到社交媒体的互动性和参与性增强，每一次技术的飞跃都为国际传播带来了新的维度。互联网和社交媒体的兴起，不仅打破了西方国家在国际传播平台上的垄断，为发展中国家提供了缩小差距的机会，而且极大地扩展了信息传播的速度、范围和多样性，增强了传播的互动性和参与性。人工智能技术的兴起更是为国际传播带来了新的变数，它不仅改变了信息生产、流通和消费的流程，而且在国际传播平台上促成了多极化的发展，使得"人＋机器"的共同传播主体生态成为可能。这些技术的发展不仅改变了国际传播的技术和手段，也深刻影响了国际交往的理念和实践，赋予了人类前所未有的传播能量和话语权，形塑了国际舆论场域的新版图。未来，国际传播的格局和理念将继续演变，为全球信息传播提供更加多元化的渠道和平台，同时也为国际交往的理念带来革命性的变化。

---

① 刘滢，唐悦哲．反向流动视阈下的社交网络与中国媒体全球传播．新闻与写作，2019（7）：71-75．

一、传统大众媒介视域下的国际传播

古腾堡活字印刷机发明以来，报纸、杂志、电报、广播、电视等大众传播媒介陆续出现，使得世界范围内面向普通民众的信息传播有了越来越经济、多元、高效、高质的解决方案。19 世纪，蒸汽动力印刷机问世，划时代地提高了印刷品大众媒介的生产效率和数量，不仅降低了报纸、杂志和传单等的成本，还极大扩展了信息传播的速度和范围，正是有了这个基础，路透社（Reuters）和美联社（Associated Press，AP）等新闻通讯社才得以相继成立，并启动了国际化新闻报道。19 世纪 70 年代，为了服务亚洲、非洲和北美洲的殖民统治，英国铺设了海底电报电缆网络以支撑它们之间的军事、贸易和政治活动，延续了从波斯、古希腊、古罗马到大不列颠王国的传播网络影响力。[①] 20 世纪初，无线电广播这一改变国际传播史的技术诞生，不仅再次划时代地提升了信息传播效率和效果，而且对国际传播、技术扩散、文化互动和世界政治都产生了十分深远的影响。20 世纪中叶，由于其视听优势，电视开始普及并快速取代其他大众媒介。"传播新技术正引发信息媒介变革，重塑信息图像空间和传播地理。社会和国家的边界不再仅由自然地理因素如海洋和山脉划分，而是越来越多地由传播和运输网络以及语言文化等象征性边界决定。这些边界，由卫星轨道和无线电信号定义，正变得具有决定性和渗透性。"[②] 20 世纪末，互联网和社交媒体横空出世，彻底改变了传统时代国际传播的单向发送格局。21 世纪，人工智能成为大众媒介的"底层架构"，重构了技术、媒介与人类的关系。

现代国际传播是现代化的产物。现代化主要经历了两波显著浪潮：第

[①] 屠苏. 国际传播：延续与变革. 董关鹏，主译. 北京：新华出版社，2004：17 - 26.
[②] 莫利，罗宾斯. 认同的空间：全球媒介、电子世界景观与文化边界. 司艳，译. 南京：南京大学出版社，2001：1.

一波浪潮以英国工业革命为起点，随之带动欧洲其他国家及北美的现代化进程，主要方式为工业化、城市化与殖民帝国扩张；第二波浪潮以第二次世界大战后的全球重建为标志，美国通过宣扬其西方价值观，从科技、军事、金融、文化等多个维度进行隐秘的渗透。① 在这个历史进程中，广播、电视、互联网等传播媒介的普及与发展大大促进了国际传播和国家间的交流合作，不同文化间的差异与冲突也促使人们开始思考如何解决文化差异、沟通障碍及文化认同等问题。②

20 世纪初至 20 世纪中叶，现代国际传播快速发展既得益于战争刺激也聚焦于服务战争本身。冷战开始后，国际传播更是通过形式多样的变体积极参与美苏两大集团竞争，如公共外交、宣传战、心理战、战略传播等。冷战结束后，国际传播继续作为一项至关重要的战略与战术，通过"俘获人心"来塑造政治格局。③ 在上述历史阶段中，国际广播一直扮演着国际传播和国际竞争的关键角色，显著地影响了全球地缘政治格局。当然，报纸和电视等大众媒介也一直在发挥着重要作用。通过分析五大洲 31 个国家的 59 家华文报纸发现，由于当地华人的语言障碍和阅读情感、主办方的坚持、报纸的优势、市场经济空间等原因，时至 21 世纪，新媒体也无法淘汰海外华文报纸，并且两者相互融合趋势明显。④ 在麦克卢汉（Marshall McLuhan）"地球村"理念中，电视是关键媒介技术力量，中国国际传播对此也倾注了巨大资源和热情。当前，中国国际广播电台一边通过全球化战略，迅速扩展海外媒体网络，有效提升了国际传播能力，一边采用内容、人才

---

① 虞鑫，崔乃文. 从"走出去"到"走进去"：全球史叙事视野下中国国际传播能力建设路径. 人民论坛·学术前沿，2022（19）：90-94.
② 韦路，金钱熠. 人工智能时代的全球文化秩序重构. 对外传播，2024（4）：9-13.
③ 任孟山. 互联网时代的国际传播与地缘政治. 现代传播（中国传媒大学学报），2014，36（10）：46-49.
④ 刘康杰，夏春平. 新媒体淘汰报纸？：五大洲 31 国 59 家海外华文报纸调查. 新闻大学，2015（1）：22-31.

和运营的本土化策略深化了与各地区市场的融合。① 但是，中央广播电视总台在对外重大事件报道中影响力仍然偏弱，作为全球化时代塑造国家形象最有效的传播工具之一，中央广播电视总台应该进一步创新话语体系、评估受众效果、加大运用数字技术和社交媒体、增强营销能力等。② 例如，中央广播电视总台法语频道应树立以受众为中心的理念、实施产业化运作、拓宽传播渠道、增强公共外交能力等，努力提升全球竞争力和品牌影响力。③ 此外，中国电视剧国际传播有数量、少质量，存在叙事弱化、符号编码解码误区、屈服资本力量等情况，缺乏"中国故事"讲述与国族符号设定，也就是形成故事、国族符号与中华文化互融互动，因此要通过构建中国话语和叙事体系、聚焦国际共鸣题材、拓展多样化传播渠道等方式增强国际影响力。④ 在全球化背景下，中国主题纪录片需借鉴西方的叙事策略，实现从历史到现实的题材转变、从宏大叙事到微言大义的视角转换，并通过故事化、戏剧化手法增强叙事吸引力。⑤

大众传播是职业传播者通过机械媒介向大众传递信息的过程，旨在共享意图并影响受众。⑥ 通信技术的发展，尤其是电报和电话的引入，极大地加速了信息的即时传播，也为大众传播和国际传播打下重要基础，如跨大西洋电报促进了美国与欧洲粮食市场的整合，电报基础设施的普及提高了国际贸易和航运的协调性，通信设施的改善加强了国际移民社区的商业网

---

① 邹妍艳. 国际传播发展路径：全球布局与本土发展：以中国国际广播电台实践为例. 现代传播（中国传媒大学学报），2014，36（11）：150-152.
② 牛文. 我国广播电视媒体如何创新国际传播：以中央广播电视总台重大报道的对外传播为例. 新闻爱好者，2022（12）：42-44.
③ 尹明明，刘格非. 中央电视台法语国际频道对外传播效果调查与分析. 现代传播（中国传媒大学学报），2013，35（11）：17-21.
④ 杜莹杰，贾晓萌. 电视剧的中国故事与国族符号的国际传播. 现代传播（中国传媒大学学报），2021，43（9）：75-80.
⑤ 刘晶，陈世华. "讲好中国故事"：纪录片的"中国叙事"研究. 现代传播（中国传媒大学学报），2017，39（3）：106-109.
⑥ 德弗勒，丹尼斯. 大众传播通论. 颜建军，等译. 北京：华夏出版社，1989：12.

络、推动了世界经济一体化的进程，尽管这种一体化可能存在不均衡性。[1] 而广播等技术的出现则显著提升了大众传播和国际传播的战略价值。相当程度上而言，国际广播自诞生以来，就一直扮演着宣传工具的角色，对塑造受众价值观、信念和态度发挥了关键作用。[2] 随着通信技术和信息终端快速发展，近年来报纸的发行量和电视的收视率持续下降，表示"主要从智能手机、电脑或平板电脑上获取新闻"的美国成年人比例从2021年的51%、2022年的49%一路飙升至2023年的86%。[3] 尽管大众传播传统媒介使用率大幅降低，但它并未完全退出，依然在国际传播领域发挥着不可低估的作用。

在大众媒介国际传播的巨大帮助下，文化帝国主义现象不仅引起了西方学界的强烈关注，还刺激后发国家对其重视。20世纪60年代末，西方学界在反思资本主义制度时提出了文化帝国主义概念。文化帝国主义指文化输出、军事征服、经济剥削等，这些都是殖民主义的组成部分，而文化输出比军事征服和经济剥削对被殖民文化的影响更为严重和深远，这一点在殖民统治结束几十年后依然清晰可见，殖民文化对殖民地强加的影响不仅被完整继承还持续更新。文化帝国主义理论早期研究以民族国家为文化传播主体，关注在国际传播领域占有绝对优势地位的西方主要国家如何在不平等的国际权力结构中重塑其他国家和地区受众的生活方式和价值观念，并强调资本主义、基础设施和国际政治视角。当然，文化帝国主义的研究对象不仅包括大众媒体，还有宗教、日常生活、习惯、消费、教育、制度法律、婚姻等众多维度。不难想象，文化帝国主义下，国际新闻报道聚焦

---

[1] Lampe, M., Ploeckl, F. Spanning the Globe: The Rise of Global Communications Systems and the First Globalisation. Australian Economic History Review, 2014, 54 (3): 242–261.

[2] Taylor, P. M. Munitions of the Mind: A History of Propaganda from the Ancient World to the Present Era. Manchester: Manchester University Press, 2003.

[3] Pew Research Center. (2023-11-15). News Platform Fact Sheet. https://www.pewresearch.org/journalism/fact-sheet/news-platform-fact-sheet.

西方利益和观点而非全球视角,严重限制了多元文化和价值观呈现。[1] 针对上述国际传播现象,1969 年,美国学者赫伯特·席勒(Herbert Schiller)在他的《大众传播与美帝国》一书中首次提出媒介帝国主义概念[2],即"一个国家媒介的所有权、结构、发行或内容,单独或总体地受制于其他国家媒介利益的强大压力,而受影响国家没有相应的影响力"[3]。总而言之,跨国传播系统是跨国权力结构的产物和动力,是体制的内在组成部分与控制当代社会的关键工具,是西方向第三世界国家推销价值观与生活方式的工具,最终目标为将其他国家和地区改造成与跨国体系一致的社会和消费类型。[4] 此后,随着全球化、卫星电视和互联网等大众媒体技术蓬勃发展,文化传播发生划时代变革,文化传播主体不仅有民族国家还包含越来越多的跨国公司。商业活动和资本权力深入参与全球信息与文化生产和分配,在国际传播中的重要性与日俱增,并推动国际传播权力结构重建。[5] 与此同时,国际传播后发国家奋起直追,中国、日本、韩国、巴西和印度等在全球文化市场中的影响力逐步提升。2003 年,日本的动漫、电影、出版和音乐产业的总产值已达到 1 400 亿美元,凸显了国际传播后发国家在全球市场中的竞争力和潜力。[6]

二、互联网视域下的国际传播

毫无疑问,互联网是全球化和国际传播的关键结构和变革动力。全球

---

[1] Marks, L. A., Kalaitzandonakes, N., Konduru, S. Images of Globalisation in the Mass Media. World Economy, 2006, 29 (5): 615 - 636.

[2] 李金铨. 国际传播的挑战与展望. 台北:时报文化出版事业有限公司,1983.

[3] 陈世敏. 大众传播与社会变迁. 台北:三民书局,1983:45 - 46.

[4] Somavia, J. Transnational Power Structure and International Information. Media Asia, 1976, 3 (3): 149 - 157.

[5] Kraidy, M. M. Globalization of Culture through the Media. Encyclopedia of Communication and Information, 2002, 2: 359 - 363.

[6] Thussu, D. K. Globalization of the Media. The International Encyclopedia of Communication. John Wiley & Sons, Ltd., 2008.

化指通过人类活动相互影响、制约和建构,将地球上不同地点相互连接并不断加强的状态或过程。[1] 第一,互联网在技术上创生了全球社区,但人们要理解由此产生的社会变革却挑战多多。[2] 第二,互联网孕育了新的文明形态和价值观,在国际交流中扮演关键角色,而具有私密性、便携性、即时性和精准性等特征的移动互联网不仅重塑了信息的接收和分享模式,也对文化内容的全球流动和影响力分布创造了新的机遇。[3] 第三,互联网时代,"国家和民族的文化内容不再受限于地理边界,而是走向全球,接受国际社会的检验与评价"[4]。第四,跨界传播与主权国家地缘政治控制存在固有矛盾,互联网正在重新定义地缘政治,这一变革削弱了传统国家信息防御策略的有效性,根本原因在于网民参照标准从历史纵向比较转向国际横向比较,更多地关注自身与发达国家差距。[5] 第五,互联网彻底改变了管理者与受众的政治关系。互联网下全球媒体新形态是国际政治结构的组成部分,政党和官僚系统、跨国公司、利益攸关方和民间组织等参与者共同确立了媒介和信息所有权、社会责任和公民隐私等规范。[6]

三、社交媒体视域下的国际传播

随着第二次世界大战后国际政治理念转变和全球化不断深入,强制手段和军事力量通常被视为国家影响力的辅助选项。社交媒体时代,这个趋

---

[1] Giddens, A. The Constitution of Society: Outline of the Theory of Structuration. Berkeley, CA: University of California Press, 1984: 31 - 126.

[2] Barlow, J. P. Is There a There in Cyberspace? . The Utne Reader, 1995, 68: 53 - 56.

[3] 宋戈. 互联网背景下传媒内容国际传播的启示与思考. 现代传播(中国传媒大学学报), 2014, 36 (10): 163 - 164.

[4] 程曼丽. 信息全球化时代的国际传播. 国际新闻界, 2000 (4): 17 - 21.

[5] 任孟山. 互联网时代的国际传播与地缘政治. 现代传播(中国传媒大学学报), 2014, 36 (10): 46 - 49.

[6] Bennett, W. L. Global Media and Politics: Transnational Communication Regimes and Civic Cultures. Annual Review of Political Science, 2004, 7 (1): 125 - 148.

势越发分明，与此同时也掀开了国际传播领域新篇章。

2023 年，全球社交媒体账户增加 2.59 亿个；截至 2024 年 4 月初，全球大约有 50.7 亿个社交媒体账户，占全球总人口的 62.6%、网民数量的 93.3%，每个账户每日平均使用时长为 2 小时 20 分；全球活跃账户数排名前 15 的社交媒体为 Youtube、Whatsapp、Facebook、Instagram、Facebook Messenger、TikTok（抖音海外版）、Telegram、Snapchat、X（Twitter）、Pinterest、Discord、Linkedin、Line、Reddit、Threads；全球使用量排名前 15 的社交媒体平台为 Facebook、Youtube、Instagram、Whatsapp、TikTok、Wechat（微信）、Facebook Messenger、Telegram、Snapchat、Douyin（抖音）、Kuaishou（快手）、X（Twitter）、Weibo（微博）、QQ、Pinterest。[1]

社交媒体自下而上的颠覆性和海纳百川的开放性不仅打通了所有大众媒介传播形式的界限，进一步融合了国内传播与国际传播，还不断驱使自身向平台化、智能化、全球化方向深入。社交媒体是 Web2.0 的代表性产物，与传统媒体在本质上有许多不同。首先，由于易接触和用户友好，它拥有历史上最庞大的用户群体；其次，由于多对多通信模式，它极大增强了全球互动性，与传统广播媒体一对多的传播模式形成鲜明对照；最后，社交媒体分发机制显著降低了成本，使得传播内容能够被广泛访问。[2] 此外，在国际社交媒体平台上，传受关系并非单向发散或非对称，而是呈现出传者与受众间的层级对称性，即双向互动的"话语流动圈"，其中信息和观点的交流趋于相互融合和接近，受众倾向于与话语层级相匹配的信息发

---

[1] Global Social Media Statistics. https：//datareportal.com/social-media-users? rq= GLOBAL%20SOCIAL%20MEDIA%20STATISTICS.

[2] Flew, T., Iosifidis, P. Populism, Globalisation and Social Media. International Communication Gazette, 2020, 82 (1): 7-25.

布者互动，而发布者收到的反馈也主要来自层级相近的受众。[1] 当前，国际社交媒体已成为跨国网络和跨文化沟通的主流渠道，极大促进了不同语言群体间的信息流动和对话，而英语一直是其主要交流语言。[2] 比较研究油管、脸书和推特上的中外主流媒体发现，中国布局国际社交媒体较晚，比先发国家晚了5至7年。[3]

社交媒体时代，中国国际传播从被动应对国际质疑走向主动传播中国成就、树立美好国家形象，发生了从重视战术到战略与战术并重、从"全面铺开"到精准传播、从"内外有别"到"内外协同"、从"走出去"到"走进去"的转变。[4] 对比中国国际电视台和英国广播公司在推特上的粉丝数量、内容类型和受众地理分布，从传播的广度、深度和参与度三个维度评估全球媒体在社交网络中的国际传播效果可知，扩大新闻覆盖范围、培养全球核心受众、增强议题的社交性、提高国际传播的引导力，以及掌握新媒体传播规律是提升国际传播效果的着手点。[5] 基于国际社交媒体传播的"广场效应"和圈层传播中的"小剧场效果"，增强中国故事国际传播力需从评估传播效果、构建有效传播机制、超越传统叙事框架与探索创新传播模式和策略等方面入手[6]，并重点关注生活与社会文化、地方与空间文化等，加强文化内容的日常化、地方性和情感联系[7]，如亚马逊 Prime 对刘慈

---

[1] 徐翔. 中国文化在国际社交媒体传播中的"话语圈层"效应. 新闻界，2017（2）：48-58.
[2] Eleta, I., Golbeck, J. Multilingual Use of Twitter: Social Networks at the Language Frontier. Computers in Human Behavior, 2014, 41: 424-432.
[3] 钟新，陆佳怡，陈国韵. 主流媒体的国际传播能力建设：以中外主流媒体应用国际社交媒体的现状分析为例. 新闻与写作，2014（11）：30-35.
[4] 费雯俪，于运全. 系统性、复杂性与实践性：全媒体时代国际传播规律探析. 新闻与写作，2023（4）：87-95.
[5] 罗雪. 社交网络中全球媒体的国际传播效果提升策略研究：基于CGTN和BBC推特账户的比较分析. 电视研究，2018（2）：92-94.
[6] 陈先红，汪让. 评估·建构·超越：中国故事社交媒体国际传播的效能研究. 现代传播（中国传媒大学学报），2023，45（11）：55-65.
[7] 徐翔. 中国文化在国际社交媒体传播的类型分析：基于共词聚类的研究. 现代传播（中国传媒大学学报），2015，37（10）：38-45.

欣同名小说《三体》的改编和发布就是中国积极通过社交媒体讲好中国故事、推广本土产品的成功案例①。此外，在"一带一路"倡议等国际战略项目中，中国社交媒体应通过融汇权力、涵养内力和保持定力的"三力"策略来提升议程设置能力。②

四、人工智能视域下的国际传播

就国际传播演变史而言，技术和文化等综合实力占优势的国家统治着全球信息资源，弱势国家只能依赖前者，即便媒介技术发展推动形成了一些具有特色或另类话语的组织和团队，但国际传播内在"统治性"与"依附性"并没有发生根本改变。③

人工智能是"执行与人类交流相关任务的技术"④，"不仅是人际交流中介，还是交流者"⑤。它创造的交流自动化⑥不仅指人机交互，还包括被它影响的所有社会交流，也就是说，当交流型人工智能嵌入社会交流各个层面时，社会交流机制将发生变革。⑦近些年，人工智能与国际传播交叉学科视野主要集中在关键数据研究（Critical Data Studies，CDS）、平台社会（The Platform Society）、互联网治理（Internet Governance）、监视资本主义

---

① Chalaby, J. K. Television and Globalization: The TV Content Global Value Chain. Journal of Communication, 2016, 66 (1): 35-59.
② 薛可, 时伟. 社交媒体时代的议程设置：对 Twitter 中外媒体"一带一路"倡议十年报道的分析. 新闻与写作, 2024 (4): 73-83.
③ 屠苏. 国际传播：延续与变革. 董关鹏, 主译. 北京：新华出版社, 2004: 17-98.
④ Guzman, A. L., Lewis, S. C. Artificial Intelligence and Communication: A Human-Machine Communication Research Agenda. New Media & Society, 2020, 22 (1): 70-86.
⑤ Schäfer, M. S., Wessler, H. Öffentliche Kommunikation in Zeiten künstlicher Intelligenz. Publizistik, 2020, 65 (3): 307-331.
⑥ Steels, L., Kaplan, F. AIBO's First Words: The Social Learning of Language and Meaning. Evolution of Communication, 2000, 4 (1): 3-32.
⑦ Hepp, A., Loosen, W., Dreyer, S., et al. ChatGPT, LaMDA, and the Hype around Communicative AI: The Automation of Communication as a Field of Research in Media and Communication Studies. Human-Machine Communication, 2023, 6 (1): 4.

(Surveillance Capitalism)、深度媒体化（Deep Mediatization）、数据殖民主义（Data Colonialism）、国际关系（International Relations）和危机管理（Crisis Management）等方面。

当前，人工智能已在国际传播领域广泛应用，从事受众画像、内容分发、机器写作、用户交流、跨语言沟通等需要大算力和大数据的任务。从ChatGPT 到 Sora 的爆红，国际传播也从大众传播时代发展到网络传播和社交传播时代，再到智能传播时代；人工智能不仅引发了社会各层面、各领域的基础性变革[1]，还正在改变着国际传播机制和结构，重塑着国际竞争[2]。如在技术层面上的信息霸权、数据隐私保护[3]、信息流动和知识生产新方式[4]，伦理层面上的信息传播的真实性、公平性和包容性，产业层面上的竞争加剧及产业结构重大变革[5]，文化交流层面上的语际转换能力、跨文化交往新平台和新机遇[6]，国际政治层面上的国际关系新动态和舆论形成新方式[7]，等等。

任何事物都有正反两面，特别是人工智能这种颠覆传统、潜力巨大的变革性科技。毋庸置疑，ChatGPT 加强了盎格鲁文化圈的国际传播主导地位，拥有道义优势的全球南方国家目前仍然难以摆脱新技术操控。[8]

---

[1] 方兴东，何可，谢永琪. Sora 冲击波与国际传播新秩序：智能传播下国际传播新生态、新逻辑和新趋势. 对外传播，2024（4）：14-18，80.
[2] 同①.
[3] 栾轶玫，鲁妮. 人工智能时代国际传播中的数据隐私保护. 国际传播，2019（3）：8-20.
[4] 王沛楠，邓诗晴. 内容、算法与知识权力：国际传播视角下 ChatGPT 的风险与应对. 对外传播，2023（4）：37-40.
[5] 张毓强，姬德强. Sora、生成式人工智能与我国国际传播的新生态. 对外传播，2024（3）：68-72.
[6] 何天平，蒋贤成. 国际传播视野下的 ChatGPT：应用场景、风险隐忧与走向省思. 对外传播，2023（3）：64-67，80.
[7] 任孟山，李呈野. 作为国际传播议题的人工智能：知识生产与全球权力. 中国出版，2023（17）：5-12.
[8] 任孟山，李呈野. 从电报到 ChatGPT：技术演进脉络下的国际传播格局史论. 新闻与写作，2023（5）：38-50.

因此，从技术宰制角度出发，人工智能将会是未来国际传播博弈的重要场域，同时也是捍卫网络主权和治理网络空间的重要技术资源。① 而"生成式人工智能（AIGC）将进一步加剧全球范围的技术垄断与偏见、信息污染与失序、技术依赖与专业失守、数字鸿沟与素养赤字等问题"②。

总而言之，"以人工智能技术为本底的国际传播对于国家主权安全、实体安全的挑战更加严峻，因此人机之间、人际之间、家国之间、文明之间不同价值体系的融合共生、互补双赢的共生思维尤为重要"③。我们要尝试跳出技术决定和制度、文化决定的窠臼，将人工智能置于国际传播的宏观框架下剖析和理解，寻求建立更加平等和正义的新秩序。④

第四节　需求重叠与价值冲突：
国际关系视域下的国际传播

全球化背景下，国际传播已演变为一个复杂场域，不仅仅是信息交流的渠道，更是国家间需求重叠与价值冲突的舞台。国际传播的理论和实践发展与国际政治的演变紧密相连，在这个过程中，国际传播的功能已经从单一的信息传递扩展到了国家间的权力博弈、文化认同构建和全球治理参与的重要平台。同时，文明冲突对国际传播的影响更为深远，要求国际传播在传递信息的同时，更加注重文化的共情与共鸣，以及文明间

---

① 常江，罗雅琴. 人工智能时代的国际传播：应用、趋势与反思. 对外传播，2023（4）：27-31，53.
② 韦路，陈曦. AIGC 时代国际传播的新挑战与新机遇. 中国出版，2023（17）：13-20.
③ 胡正荣，于成龙. 新一代人工智能与国际传播战略升维. 对外传播，2023（4）：4-8.
④ 王沛楠. 政策、情感与技术话语：2024 年国际传播的热点议题与研究方向前瞻. 对外传播，2024（1）：33-37.

的共识与共建。

一、国际竞争与国际传播

(一) 国际竞争

国际竞争指国与国之间在经济、政治、文化、科技和军事等方面获取相对优势的能力、潜力和表现。

全球化以来，特别是冷战后，经济领域的国际竞争成为主流。1990年，哈佛商学院教授迈克尔·波特（Michael E. Porter）在其著作《国家竞争优势》中提出："国际竞争力指一个国家或地区的公司在全球市场中能够有效竞争的能力，这通常是通过创新、效率和生产力的提升来实现的。"[①] 1994年，诺贝尔经济学奖得主保罗·克鲁格曼（Paul Krugman）认为："国际竞争力更多是指国家经济政策如何影响其企业在国际市场上的表现，而不是简单地看作国家之间的竞争。"[②] 2023年，世界经济论坛（World Economic Forum，WEF）在《全球竞争力报告》中发布了衡量各国竞争力的全球竞争力指数（Global Competitiveness Index，GCI），具体指标包括基础设施、宏观经济环境、健康与初等教育、高等教育与培训、商品市场效率、劳动力市场效率、金融市场发展、技术准备度、市场规模、商业复杂性和创新能力等，并将国际竞争力定义为："一国能够在全球市场中提供高质量的生活水平和持续增长的能力。它涉及制度、政策和其他因素，这些因素共同影响国家生产力的水平。"[③] 2023年，经济合作与发展组织（Organization for Economic Co-operation and Development，OECD）也给出国际竞争

---

① Porter, M. E. The Competitive Advantage of Nations. New York：Free Press，1998.
② Krugman, P. R. Competitiveness：A Dangerous Obsession. Foreign Affairs，1994，73（2）：28-44.
③ World Economic Forum. The Global Competitiveness Report 2023. https：//www.weforum.org/. 2023.

力的定义："一个国家或企业在全球市场上生产和销售商品和服务的能力，同时能够在国际市场上保持或增加其市场份额。"① 同年，瑞士洛桑国际管理发展学院（IMD）也发布了世界竞争力年鉴（World Competitiveness Yearbook），从经济表现、政府效率、商业效率和基础设施四个方面衡量各国竞争力。②

基于大卫·李嘉图的比较优势理论③、迈克尔·波特的竞争优势理论和"钻石模型"，比较研究日本、德国、美国等国际竞争得失，一国的国际竞争力可从三个层面理解：一是国家层面，也就是一国在世界经济领域内的综合竞争力，具体评估指标有GDP增长率、贸易顺差或逆差、外汇储备等；二是行业层面，即特定行业在国际市场的地位和影响力，具体评估指标有市场份额、出口额、技术创新能力等；三是企业层面，指有代表性的公司在全球经济中的表现和潜力，具体评估指标有生产效率、成本控制、品牌知名度、技术创新能力、市场扩展策略等。此外，政府政策也是提升国际竞争力的要素之一，如通过补贴、税收优惠、保护性关税等措施支持特定产业的产业政策，增加对劳动力的教育和培训，改善交通、通信等基础设施以提高生产和物流效率的基础设施投资，自由贸易协定、关税政策、非关税壁垒等保护国内经济竞争力的贸易政策。④

现实主义认为，国家是国际竞争的主要行为体，国际政治是权力斗争

---

① Organization for Economic Co-operation and Development (OECD). Economic Outlook. https://www.oecd.org/. 2023.
② International Institute for Management Development (IMD). World Competitiveness Yearbook 2023. https://www.imd.org/. 2023.
③ 比较优势是一个经济学概念，指一个生产者以低于另一个生产者的机会成本生产一种物品的行为。如果一个国家在本国生产一种产品的机会成本（用其他产品来衡量）低于在其他国家生产该产品的机会成本的话，则这个国家在生产该种产品上就拥有比较优势。也可以说，当某一个生产者以比另一个生产者更低的机会成本来生产产品时，我们称这个生产者在这种产品和服务上具有比较优势。曼昆. 经济学原理：微观经济学分册. 梁小民，梁砾，译. 北京：北京大学出版社，2012：30-91.
④ Gray, P. H. International Competitiveness: A Review Article. The International Trade Journal, 1991, 5 (4): 503-517.

的场域，国家行为主要由生存和权力最大化的动机驱动。现实主义强调国际物质力量对比，但缺少权力多样性和无形性视角，国际关系中，权力通过话语、知识生产和规范等发挥作用，而不限于军事或经济手段，所以权力的非物质维度也是影响国家行为和国际体系的重要因素。① 此外，现代国际关系理论认为，权力平衡是国际竞争的理想状态，因此在国际体系中各个国家需要通过相互制衡来防止任何一个国家过于强大，从而威胁到整体的和平与稳定。② 在强调市场自由、减少政府干预、推动自由贸易和资本流动的全球新自由主义下，各国政府在制定和实施独立经济政策时的灵活性和自主权进一步减少，如财政政策、货币政策和社会政策等，重建了一种被称为"向下竞争"（race to the bottom）的全球竞争环境，也就是一国为吸引投资和提升竞争力而采取削减社会福利、降低工人权益保护标准等措施，这有可能促进经济增长，但也会造成收入不平等加剧、社会保护削弱和经济不稳定等问题。③ 为应对上述困境，欧盟与其他国家或国际组织签订的国际协议中通常包含竞争条款，旨在确保双方市场竞争公平性，并防止跨国公司利用国际贸易和投资机会进行垄断、卡特尔（cartel）以及其他反竞争行为，但这并不能完全解决问题，因为不同国家对竞争政策的理解和执行存在差异，并导致协议执行中的摩擦和冲突。④

（二）国际竞争视域下的国际传播

虽然国际传播在人类文明现阶段更多表现为交流与合作，但其底层逻

---

① Paolini, A. J. Foucault, Realism and the Power Discourse in International Relations. Australian Journal of Political Science, 1993, 28 (1): 98–117.

② Gertken, M. C. The International Balance of Power in Swift's Discourse of the Contests and Dissensions. The Explicator, 2015, 73 (4): 243–247.

③ DeMartino, G. Global Neoliberalism, Policy Autonomy, and International Competitive Dynamics. Journal of Economic Issues, 1999, 33 (2): 343–349.

④ Nováčková, D., Vnuková, J. Competition Issues Including in the International Agreements of the European union. Juridical Tribune-Tribuna Juridica, 2021, 11 (2): 234–250.

辑依然是国与国之间、文化与文化之间与生俱来的竞争性。① 也就是说，国际传播是国际竞争的一个维度，近代以来，随着交通和通信技术发展，它的重要性与日俱增。信息传播的国际竞争力为国家综合实力的关键组成部分，涵盖了信息的生产能力、传播能力以及对国际社会的影响力这三个核心要素，涉及生产要素、需求条件、相关产业、同业竞争、传播渠道、内容要素和政府行为七个核心指标。② 因此，国际传播不仅体现着国家意志和国家战略，还反映着国家整体利益，因此它会随着国际关系和国际舆论格局的变化而变化。③

当今世界正面临百年未有之大变局，各种矛盾交替出现、不断升级，对全球化与多边合作带来前所未有的冲击与影响，在此进程中，当代外交事务已超越传统政治领域的范畴，更多地依赖于媒介的力量④，"传媒实力"即一个国家传媒体系渗透力和影响力的总体水平，作为国际传播的关键力量日益凸显，各国"传媒实力"竞争不仅体现在传媒技术、内容创新、市场开拓等方面，还体现在对国际舆论场的影响力和话语权争夺上。⑤ 传媒国际竞争力既有硬实力的一面，"主要表现在传媒的基础设施和产业功能上"，还有软实力的一面，如传媒的"表达力、吸引力、影响力和竞争力"。⑥ 在全球化的传播背景下，跨国信息技术公司和文化传媒集团正在主导信息传播领域的国际竞争，为了获得更多的竞争优势和话语权，中国必须采取传媒产业的大公司战略，培育传媒企业成为信息传播的主导力量，最终提升

---

① 李娟. 权力与价值的博弈：国际传播战略模型研究. 西安交通大学学报（社会科学版），2024，44（3）：156-165.
② 丁和根. 生产力·传播力·影响力：信息传播国际竞争力的分析框架. 新闻大学，2010（4）：136-142.
③ 程曼丽. 逆技术潮流与新媒体外交：大变局下国际传播的演进趋势与特征规律. 传媒观察，2022（9）：5-10.
④ 隋岩. 国际传播的软实力及媒介外交功能. 当代传播，2012（1）：31-32.
⑤ 胡鞍钢，张晓群. 中国传媒迅速崛起的实证分析. 战略与管理，2004（3）：24-34.
⑥ 喻国明，焦中栋. 中国传媒软实力发展报告. 北京：同心出版社，2009：37.

国际整体竞争力。[①]"竞争一般要具备四个基本要素：竞争主体、竞争对象、竞争场所、竞争结果"，因此，理解全球化推动国际传播变迁可从这四个方面进行。首先，竞争主体由民族国家单一主体变为政府组织、媒体机构、跨国公司以及非政府组织等多元主体；其次，竞争对象从以政治和文化影响为主要目标转向以经济利益为核心；再次，竞争场所由局限于国与国的政治对抗扩展至全球范围；最后，竞争结果也从执行对外宣传任务转变为提升传播竞争力。[②]

近年来，逆全球化和单边主义盛行，全球经济治理陷入僵化、扭曲、低效和赤字增多的境地，面临着迫在眉睫的变革，其中，提升新兴国家制度性话语权是一个关键维度，但新兴国家与发达国家的博弈将是曲折而漫长的过程。[③]中东动荡局势中，美国、欧盟、俄罗斯等主要国家及国际组织十分注重通过媒体、外交手段、文化交流等方式开展国际话语权竞争，以求提升传播信息、塑造国际舆论和影响政策决策的能力。中国在中东地区有重要的经济和战略利益，因此需要进一步加强与中东国家的双边和多边合作，利用现代传播技术和平台提升在中东的媒体、文化影响力和话语权，从而保护和增进国家利益。

数字时代，文化话语权之争更多地体现为文化产业话语权之争，但我国出版产业国际传播中还存在四个方面的问题：一是，未建设起完善的数字出版长期保存体制机制和基础设施工程；二是，中国文化经典、世界语言、国际表达的图书和作品相对较少；三是，文化自信和文化自觉在中国道路、中国理论、中国学术的出版和传播中有待进一步提升和加强，中国

[①] 丁和根，林吟昕. 试论中国传媒业国际竞争的大公司战略. 国际新闻界，2011, 33 (1): 71 - 75.
[②] 丁和根. 全球化与传播内容生产：国际竞争的视角. 中国出版，2011 (21): 26 - 30.
[③] 林跃勤. 全球经济治理变革与新兴国家制度性话语权提升研究. 社会科学，2020 (11): 16 - 28.

价值、国际价格的商业模式缺失；四是，资源集中度不高，出版企业的国际化发展缓慢。① 人工智能已成为衡量国家实力，提升国际传播力、国际话语权和影响力的重要指标，各国正通过政策和战略争夺人工智能领域的领先地位。现下，美国在人工智能企业数量、融资规模、人才储备和商业化等方面处于领先地位，日本聚焦人工智能技术应用，欧盟非常重视人工智能发展的法律法规和伦理原则，而中国在大数据、市场需求和应用场景开发等方面具备明显优势；未来，中国应该从创新生态、共享平台、标准制定、数据安全、隐私保护、国际治理等方面入手，化解外部挑战、占领人工智能国际竞争和国际传播制高点。②

二、文明冲突与国际传播

（一）文明冲突论

16 世纪以来，世界被分为核心、半边缘和边缘地区：核心地区指经济和军事力量有着极大优势的国家，通常科技领先并高度工业化；半边缘地区是介于核心和边缘之间的国家，有一定的工业基础但没有明显优势并依赖核心地区；边缘地区是经济、军事和政治等各方面相对较弱的国家，在国际分工中供应原材料和劳动力。核心地区通过经济剥削和军事、政治控制等，掠夺或榨取半边缘和边缘地区的资源和财富，持续维系和加固其领导地位。现代世界体系内不平等和依赖关系具体表现为资本主义扩张、殖民主义、工业革命以及经济全球化等。③

---

① 张纪臣. 数字时代中国文化国际话语权研究：论我国出版产业国际传播能力建设. 中国出版，2020 (2)：18 - 25.

② 刘晓麒. 中国在人工智能国际竞争中所处地位与优势塑造. 陕西师范大学学报（哲学社会科学版），2023，52 (5)：152 - 167.

③ Wallerstein, I. World-Systems Analysis: An Introduction. Durham: Duke University Press, 2004.

1918年，德国哲学家奥斯瓦尔德·斯宾格勒（Oswald Spengler）在其重要著作《西方的没落》中提出了"文明有机体"理论，即文化如同生物一般，有诞生、成长、衰落和死亡的生命周期；文化是有机的、充满生命力的，而文明则是文化的成熟和僵化阶段；全世界有八大高等文化：埃及文化、巴比伦文化、印度文化、中国文化、古典（古希腊—古罗马）文化、阿拉伯文化、墨西哥文化和西方（浮士德式）文化（Western "Faustian" Culture）；西方文化正处于从文化向文明转变的阶段，进入了衰落的过程，科学和艺术的创造力正在萎缩，而新的文化将会诞生，延续人类文明。[①] 由此看来，文明（文化）的兴起、衰落及文明之间存在的差异等必有其内在规律。

1988年，弗朗西斯·福山在"历史的终点"讲座中错误地指出，意识形态斗争偃旗息鼓，自由民主将成为全球唯一可行的政府形式，因为人类历史是一个不断进步的过程，尽管面临诸多挑战，但终点就是包括宗教、民族主义和文化多样性的自由民主；虽然它可能在经济和政治上是最优解，但在文明或文化高度上而言，如认同感和归属感等，自由民主也可能导致新的冲突和不稳定。[②]

无独有偶，1993年，亨廷顿（Samuel P. Huntington）在《外交政策》(Foreign Affairs)杂志发表《文明的冲突？》("The Clash of Civilizations?")一文，提出了"文明冲突论"这一极具"西方中心主义"的观点，不仅罔顾世界人民向往友好和平的强烈愿望，还进一步为国际争端、纠纷甚至恶性竞争提供了理论基础。"文明冲突论"认为，未来的冲突主要源于文化、宗教等有着差异的不同文明——西方文明、伊斯兰文明、儒家文明、日本文明、印度文明、斯拉夫—东正教文明、拉美文明、非洲文明——之

---

① Spengler, O. Der Untergang des Abendlandes. Munich: C. H. Beck, 1918: 11-156.
② Fukuyama, F. The End of History and the Last Man. New York: Free Press, 1992.

间的冲突，而非传统的国际经济或政治利益。首先，文明是文化实体的最高层次，可在宗教、语言、历史、习惯和制度等方面进行区分；其次，文明之间的差异是真实且基本的，随着全球化和现代化推进，文明间互动增多也会引发更多冲突；再次，冷战期间的意识形态冲突是浅表的、暂时的，所以冷战结束会进一步凸显文明差异；最后，西方文明的价值观并不被其他文明接受，这成为冲突的主要和潜在的原因。①

1996 年，亨廷顿在其著作《文明的冲突和世界秩序的重建》（*The Clash of Civilizations and the Remaking of World Order*）中详细论述了"文明冲突论"。他认为，认识和理解世界秩序和国际关系需要新的范式，多极世界（multipolar world）是其中之一，也就是没有任何一个国家能够单独主导全球事务，而是多个大国互相竞争；经济全球化也是一个可能的范式，但因为它忽略了文化和政治等因素而无法完全解释国际关系；相对而言，文明冲突是一种有效范式，因为文化和宗教差异深刻且持久，并且在全球化背景下日益凸显，传统上因为资源和领土等国家间发生的战争和竞争将不再成为国际关系的首要驱动力，即便上述冲突在形式上出现，背后也更多是文明因素。② 其实，塞缪尔·亨廷顿的文明冲突论中"两个世界"的二分法继承了 19 世纪以来西方"野蛮"与"文明"的二分传统，否认了其他文明具有明显的多样性。③

21 世纪，国际政治风云变幻使人们不得不再次激烈讨论"文明冲突论"，如"9·11"事件、特朗普在 2016 年总统竞选及任期内的不当言论，

---

① Huntington, S. P. The Clash of Civilizations and the Remaking of World Order. New York: Simon & Schuster, 1996.
② 同①28 – 256.
③ 索尔特. 国际关系中的野蛮与文明. 肖欢容，等译. 北京：新华出版社，2004：182.

具体到西方文化与其他文化的冲突上，"文明冲突论"范式应该有两个相互联系但可以区分的维度，即安全维度或文化和价值观维度。实证分析表明，冷战后，不同文明比同一文明成员发生冲突的可能性高 63.6%，因为冷战期间类似冲突被意识形态和超级大国阵营对立所掩盖，但文明冲突最重要的原因是具有最大解释力的语言而非亨廷顿认为的宗教。[①]

民族国家利益计算逻辑与个人主义逻辑一致，因此国家间所谓"文明冲突"实际上是个人主义绝对竞争形态的一种表现。[②] 在对"9·11"事件的研究中，"文明冲突论"受到强烈质疑，"反抗美国中东霸权论"却得到强烈支持，这在一定程度上证明了有些文化敌视美国源于美国政策带给其的压力和不适，而非由于文明差异。

把世界划分为具有本质差异且相互排斥的不同文明过于简单粗糙，因为文明是一个持续的过程，所以不能将它视为结构或事物，而要把它当作过程和关系来思考。[③] 文明并非一种文化实体，而是动态的、充满内部政治论争的过程，多元性和多维性是当今文明的主要特征，如果确有文明冲突，那它更可能发生在文明内部而不是外部。[④] 文明冲突论基于可疑的本体论，服务于特定的政治利益，这在某种程度上揭示出文明冲突并不是不可避免的，而改善跨文化关系首先需要批判性地审视人文社会科学，摆脱不同文明各自视角的狭隘方法论，我们不能为文明冲突论添砖加瓦，而应该抵制它。[⑤] 文明

[①] Gokmen, G. Clash of Civilizations Demystified. European Journal of Political Economy, 2019, 60.

[②] 韩喜平，王晓兵. 国际关系问题中视域的主体自觉："文明冲突论"的前提批判. 中国矿业大学学报（社会科学版），2021，23（5）：1-10.

[③] Hall, M., Jackson, P. T. Civilizational Identity: The Production and Reproduction of "Civilizations" in International Relations. New York: Macmillan, 2007: 8.

[④] 卡赞斯坦. 世界政治中的文明：多元多维的视角. 秦亚青，等译. 上海：上海人民出版社，2012：34-43.

[⑤] Adib-Moghaddam, A. A (Short) History of the Clash of Civilizations. Cambridge Review of International Affairs, 2008, 21 (2): 217-234.

间对话应该替代文明冲突，成为新的世界秩序。① 此外，将国际关系完全归结为文明关系和宗教关系的文明冲突论是一种"还原主义的简化"，体现出西方学界的"片面"或"偏见"。②

总而言之，"文明冲突论"在很大程度上是冷战思维的延续，试图为后冷战时代的美国寻找或制造一个新的假想敌以取代苏联的位置。当代世界需要文明多样性并构建"人类命运共同体"的国际新秩序，而基于中华优秀传统文化与马克思主义文明观相结合的"人类文明新形态"是中国为人类和平与发展贡献出的"中国智慧、中国方案、中国力量"。③

（二）文明冲突视域下的国际传播

近代始，平等观念在国际关系和国际传播领域长期缺失，因此文明对话、文明交流和文明互鉴也无从开展④，不仅频繁引发文明冲突，还使得20世纪末以来"文明冲突论"大行其道。文明冲突论具有严重的文化中心主义和美国中心主义，不利于不同文化平等相处。⑤ 而"单边主义""种族主义""地方民族主义"都是文明冲突与社会偏见之果，可能造成人类文化遗产消亡殆尽。⑥ 全球化启动后，跨文化传播困境一直困扰着西方与非西方之间的互动，存在因果不分、视野狭隘、认识不清、情绪放纵等问题以及西方对自身霸权的担忧，其中的文化距离不容忽视，因为它与政治、经济问

---

① Petito, F. Dialogue of Civilizations as an Alternative Model for World Order//Civilizational Dialogue and World Order: The Other Politics of Cultures, Religions, and Civilizations in International Relations. New York: Palgrave Macmillan, 2009: 47 - 67.
② 段德智. 宗教学. 北京: 人民出版社, 2010: 376.
③ 刘文明, 西方国际关系理论中的"文明"话语: 基于中国视角的回顾与反思. 江海学刊, 2024 (1): 176 - 185.
④ 李安山. 论国际关系史中的平等观念与文明互鉴. 世界社会科学, 2024 (1): 44 - 62, 243.
⑤ 李霞. 一种跨文化传播视角: 塞缪尔·亨廷顿的文明冲突理论. 国际新闻界, 2010 (3): 47 - 50.
⑥ 吴飞. 以和平的理念重塑国际传播秩序. 南京社会科学, 2013 (4): 101 - 108.

题密不可分。①

随着数字化技术不断发展，不同国家、地区和文化圈层之间的交流越发频繁，媒介帝国主义正在向"新媒介帝国主义"演化，从传统的"核心－边缘"模式转变为分散、多元和浮动的"全球联动－区域主导"的多级市场模式。新媒介帝国主义有三点新特征："媒介所有权高度集中化，平台型媒介快速发展；信息殖民主义活动隐形化，新技术加速帝国主义形态转换；媒介环境市场化，资本利益最大化原则助推全球扩张。"② 受信息技术进步、跨文化差异、文明冲突、国家间权力博弈、西方霸权主义、集体自尊、集体情结以及心理认知误区等方面影响，国家自塑形象与他塑形象之间的鸿沟出现扩大化趋势。③ 虽然亨廷顿的文明冲突论是自上而下的分析，但从社交媒体自下而上的分析也部分证实了这一论断，因为社交媒体的普及并没有创造一个完全跨越文化差异的"地球村"，尽管文明间的联系密度较低，但这并不一定预示着冲突，而只是表明了跨文化交流模式。④ 此外，在当前复杂国际形势下，文化帝国主义不断强化，呈现出"特定对象＋技术＋叙事"的新特点、新趋势。⑤

与"文明冲突论"不同，中国在改革开放数十年后的价值观念出现两种发展趋势，一是表层的"文化同步"现象，随着全球化不断推进，中国加快与世界接轨，二是中国传统价值观传承有序、树大根深。⑥ 在中国历史

---

① 张中雷，张晓未. 全球化与跨文化传播的"矛盾互动". 东岳论丛，2022，43 (11)：89-96.
② 熊澄宇，郑玄. 冲突与融合：从媒介帝国主义到"新媒介帝国主义". 新闻与传播评论，2022，75 (1)：5-16.
③ 叶淑兰. 权力·文化·心理：国家自塑与他塑形象鸿沟的生成动力. 探索与争鸣，2023 (8)：96-108，179.
④ State, B., Park, P., Weber, I., et al. The Mesh of Civilizations in the Global Network of Digital Communication. PloS One, 2015, 10 (5).
⑤ 马忠，达雅楠. 国际传播背景下文化帝国主义的叙事话语批判及中国应对. 探索，2022 (4)：158-170，2.
⑥ Herdin, T., 郑博斐，李双龙，等. 全球化背景下中国的价值观变迁与跨文化差异传播. 新闻大学，2015 (1)：43-48.

上，消解文明冲突的案例比比皆是，比较典型的是代表儒释道三种文化和谐、融合的"三家合一"，它从释为内、儒为外，到"以佛修心，以儒治世，以道养身"，构建了一种基于差异之上的文化秩序，因此不同文化在跨文化传播中应将差异转化为功能，形成嵌套关系的文化秩序，从而化解文明冲突，增进文明交流和理解。[1]

国际传播视域下，"中国弘扬全人类共同价值应以建设人类文明新形态为基本框架，以构建人类命运共同体为根本道路"[2]，以"文明共生论"回应"文明冲突论"[3]，积极倡导国际人文交流合作，进一步凸显文化在促进国际交流合作与服务人类共同利益中的重要作用[4]。中国崛起是多元现代性成功的历史实证，它不仅是民族国家的崛起，也是一种轴心文明的复兴，为世界秩序的重建提供了更多的可能性。基于文明视角思考，中国应通过文明对话，使现实道德崛起，从而使其成为中国崛起的根本支撑。[5] 要大力构建中国特色国际传播理论，将价值论纳入观照视野、超越文明冲突，吸收儒家文明、东正教文明、日本文明等不同文明形态的传播观，超越线性传播模式，并采用融通文化研究的混合方法。[6] 此外，通过分析《中国日报》在脸书主页上发布的"中国文化"系列短片发现，外国青年以主我身份创作的短片建构出了"文化历史悠久、地域辽阔；民族文化繁荣、丰富有活力；和平发展、注重相依相生；文化融合与文明冲突的现代化国家等

---

[1] 赵立敏. 跨文化传播理解的实现路径：以中国儒释道文化沟通为例. 宁夏社会科学, 2019 (5): 194-198.

[2] 杨礼银. 弘扬全人类共同价值的科学内涵、基本路径和实现机制. 马克思主义研究, 2023 (11): 75-84.

[3] 谢清果. 文明共生论：世界文明交往范式的"中国方案"：习近平关于人类文明交流互鉴重要论述的思想体系. 新疆师范大学学报（哲学社会科学版）, 2019, 40 (6): 72-83.

[4] 杨启光, 王帅杰. 文化国际主义与国际交流合作：一种理想类型的历史考察. 国际观察, 2023 (6): 127-154.

[5] 姚志文. 中国崛起与文明对话：中华文化全球传播的历史意义. 浙江社会科学, 2020 (4): 13-17, 36, 155.

[6] 吴瑛, 贾牧笛. 国际传播：本体论、认识论与方法论. 现代出版, 2022 (2): 48-57.

四种中国国家形象",实现了陌生"他者"呈现中国国家形象更亲切、丰满、有活力的传播效果。①

对外传播中,中国应积极准确地使用"中国模式"概念,讲述基于长时段反映人类文明传播史实质的中国故事,突破短时段的西方近代霸权话语困境,讲清"现代中国"的历史方位和价值追求,体现出中国文明自信,避免陷入大国竞争和文明冲突陷阱,塑造良好大国形象。② 在相互平等、开放包容的基础上,有目的、有计划、有组织地持续深化与他国的人文交流和合作,促进中华文明"走出去"、世界优秀文明"迎进来",让人类命运共同体意识在世界各国落地生根,为中外文明交流构筑坚实的民意和社会基础。③ 比如,在对非洲的国际传播中,需要秉持中非命运共同体的核心价值取向,超越西方媒体对非国际传播的"二元对立"和"文明冲突"等狭隘的民族—国家价值取向,调整传统情感价值取向,呈现中非共享的全新价值特质。④

---

① 沈霄. "看"中国:作为"他者"的国家形象建构:基于 Facebook "中国文化"系列短片的文本分析. 西安交通大学学报(社会科学版), 2019, 39 (5): 146 - 154.
② 白文刚. 文明传播视野中的"中国模式"与"中国故事". 新闻与传播评论, 2019, 72 (6): 5 - 16.
③ 杜俊华, 龚宇, 索海杰. 新时代中外文明交流的内在意蕴、时代价值与实践进路. 重庆大学学报(社会科学版), 2023, 29 (5): 125 - 135.
④ 李玉洁. 习近平新时代中国特色社会主义思想对非国际传播探索. 马克思主义研究, 2022 (5): 69 - 79.

第二章

与时俱进的内涵与外延：再辨国际传播概念

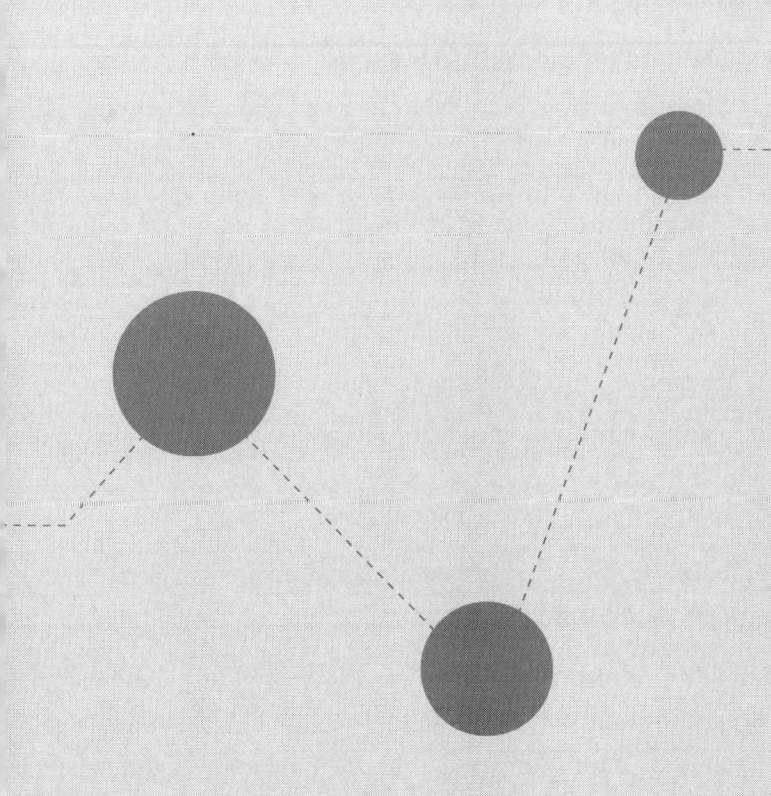

本章要点

- 国际传播的基本概念：明确"国际"与"传播"的概念，并探讨它们如何共同构成国际传播的基础。
- 全球化与技术革命的影响：分析全球化和技术革命如何塑造现代国际传播的面貌。
- 国际传播与重要相关概念的比较分析：比较国际传播与其他相关概念，如战略传播、跨文化传播、公共外交和全球传播，以理解其独特性及概念间的相互关系。
- 国际传播的核心特征：探讨国际传播的建设性、理智竞争性、系统性及合人类性等核心特征。

第一节　国际与传播：两个构成国际传播的基本单元

认识国际传播这个概念，首先要剖析国际和传播这两个基本单元：它们各自的含义是什么？两者的关系及构成后的特殊性如何？

一、国际

国际，即国与国之间。国家的雏形即城邦产生于古希腊，现代国家起源于文艺复兴以来的西方政治实践与理论研究。亚里士多德认为，人是政治的动物，其本质具有合群性与社会性，因此城邦（Polis）自然而然地产生了；城邦由公民组成，即一定数量的有权参加议事和审判的自由人组成了能够维持正常运行的公民集团；城邦的目的是促进德行，实现人类最完满的生存状态。[①] 可见，城邦的出现是人类天性使然，其核心价值和理想为道德，终极目的是整体福祉。16世纪，马基雅弗利（Machiavelli）首次将政治从宗教和伦理中剥离出来，认为权力才是国家（lo stato，state）的本质、法律的基础，开创了现代国家理论。同一时期，国家概念的契约论学派也展开了激烈辩论，指出国家的合法性来自民众同意，因此保护民众天赋权利是其根本目的。

国家是人类历史发展的必然结果，是"政治动物"繁衍生息的理性形式。黑格尔曾经指出，国家是普遍物，也就是贯穿并包含一切特殊性的东西，"它的现实性在于，整体的利益是在特殊目的中成为实在的。现实性始

[①] 亚里士多德. 政治学. 吴寿彭，译. 北京：商务印书馆，1965：7-121.

终是普遍性与特殊性的统一"。① 国家是历史不断向前、人类文明不断发展的阶段性结果，因此具有客观性和规律性。由于容纳和制约了个体差异性，所以它也具有广泛性这个特征，并全面渗透于内部的文化、权力、法律、制度和习俗之中，它不是简单的个人利益特殊性的集合，而是整体的共性、诉求、团结、统一和对外独立。针对国家的概念，恩格斯也指出："国家是社会在一定发展阶段上的产物；国家是承认：这个社会陷入了不可解决的自我矛盾，分裂为不可调和的对立面而又无力摆脱这些对立面。而为了使这些对立面，这些经济利益互相冲突的阶级，不致在无谓的斗争中把自己和社会消灭，就需要有一种表面上凌驾于社会之上的力量，这种力量应当缓和冲突，把冲突保持在'秩序'的范围以内；这种从社会中产生但又自居于社会之上并且日益同社会相异化的力量，就是国家。"② 恩格斯一针见血地批判了人类内在的矛盾性，即生物性与理性的对立统一。一方面，纵观整个进化历程，人类与生俱来的天性常常害人害己、两败俱伤，并且这种情况随着人类能力提升愈演愈烈，从石块、青铜、铁、钢、火器、生化武器、原子弹，直到当前的人工智能，我们庆祝伟大发明的同时却忘了它们同样是悬在头顶的达摩克利斯之剑；另一方面，在持续面对同室操戈的惨痛教训后，人类不得不暂时遏制翻涌不已的贪婪和仇恨，用并不十分强大的理性构建了所谓的社会秩序，但这种平衡是脆弱的、无法信赖的和难以持续的。而国家就是这个"不可解决自我矛盾的历史条件"下的妥协产物。著名德国法学家卡尔·施密特（Carl Schmitt）认为，主权是现代国家的本质规定性和最高权力，即独立自主处理对内对外事务的权力，法治国家行使主权受立法、司法和行政制衡。③ 因此，国家是享有主权的政治组织。

---

① 黑格尔. 法哲学原理. 范扬, 张企泰, 译. 北京: 商务印书馆, 1961: 212-280.
② 马克思恩格斯选集: 第 4 卷. 北京: 人民出版社, 2012: 186-187.
③ 施米特. 宪法学说（修订译本）. 刘锋, 译. 上海: 上海人民出版社, 2016: 179.

一般意义上，国与国的区隔强调地理因素。国际传播意义上，国际主要指主权国家对外发生的一切关系，也就是说，国家的内涵没有变化，可国际不仅指跨越主权国家的地理界限，还包括国内的外国大使馆、领事馆、外资合资企业、国际组织、外国公民和国外的非主权组织及不受任何主权组织管辖的个人等，但除去主权国家驻外的分支机构、企业和个人等。可见，在国际传播语境下，国际的核心在主权而非地理，主权国家的传播对象囊括所有非主权或主权受限范围内的组织和个人。

二、传播

传播（communication）一词来自拉丁文 communis，本义指"普遍"[1]，它的起源众说纷纭，可查证的最早定义为"广而告之或传授"。

传播的传统定义是物理性的，即传播的传递观（transmission view of communication），也就是信息的告知（imparting）、传达（sending）、传送（transmitting）、给予（giving）和运输（transportation）等，在空间中发布和传递信息从而控制人和距离的活动。[2] 基于上述，在微观层面上，霍夫兰认为，传播是传递语言符号等刺激以改变对象行为的过程[3]；施拉姆指出，传播是观念协调、态度一致的过程。[4] 可见，传播的传递观仅关注传播行为及传播行为与传播对象（尤其是个体）的关系，而基本不涉及在宏大背景中的分析，比如它与文化、社会和其他人类实践的紧密联系等。

传播的"有机性"定义是传播的仪式观（ritual view of communica-

---

[1] 威廉斯. 关键词：文化与社会的词汇. 刘建基，译. 北京：生活·读书·新知三联书店，2005：73.

[2] 凯瑞. 作为文化的传播. 丁未，译. 北京：华夏出版社，2005：3-19.

[3] Hovland, C. I. Social Communication. Proceedings of the American Philosophical Society, 1948, 92 (5)：371-375.

[4] Schramm, W. How Communication Works//McGarry, K. J. Mass Communications: Selected Readings for Librarians. London: Clive Bingley, 1972：20.

tion），即在广义文化中认识传播的本质和意义。传播是人类存在和繁衍的必要条件，贯穿其生物性和社会性特征。生物性意味着我们获取存续资源、维持自身正常运转不得不进行的内外部信息互动；社会性指信息交流是人与人关系的基础要素。也就是说，没有传播，人类文明甚至人类物质形态都无法想象。抛开生物性考量，传播无疑是广义文化的重要组成部分，它不仅与其他人类实践联系紧密，还与社会整体内在地形成互动互构关系。可以说，广义文化因传播而出现，传播因广义文化而发展。詹姆斯·凯瑞（James W. Carey）认为，传播的传递观缺乏洞见且十分狭隘，远远不足以阐明传播的本质，并提出传播的仪式观，也就是在信仰一致（possession of common faith）的友好关系（fellowship）中分享（sharing）、参与（participating）、联合（associating）、创造（creating）、修改（modifying）和转变（transforming）共享文化的活动。此时，传播凸显共同（commonness）、共享（communion）、共有（community）等特性，并非在空间中扩散信息而是在时间上维系社会，所以传播就人类学而言是仪式和神话，就历史学和文学批判而言是艺术和文学。[1] 当然，詹姆斯·凯瑞的观点基于微观文化，缺乏更全面的视角去探讨传播与人类身体存在、文明进步的关系，但其注意到传播对人类社会性的重要意义，值得肯定也深受后来研究者推崇。

　　此外，还有学者将传递观与仪式观进行融合，隐喻传播为容器（container）、导体（conduit）、控制（control）、传递（transmission）、战争（war）和舞蹈—仪式（dance-ritual）。[2] 前四者为传递观，后两者为仪式观。至于战争隐喻，不得不承认，它不仅是传递信息的终极形式和暴力手段，还是反映某个群体的文化及自我与他者交往的准则和规范之一。

---

[1] 凯瑞. 作为文化的传播. 丁未，译. 北京：华夏出版社，2005：3-19.
[2] Krippendorff, K. Major Metaphors of Communication and Some Constructivist Reflections on Their Use. Cybernetics & Human Knowing，1993，2（1）：3-25.

第二节　现代国际传播：全球化与技术革命的结合

国际传播，顾名思义，指跨越国界的传播行为。广义上，它指权力主体间的信息互动，如部落、城邦、国家等；狭义上，它指国家出现后的国际信息交换。

现代国际传播源于文艺复兴期间古腾堡活字印刷机的发明，经历了报纸和广播等大众传媒的迅速崛起、工业革命的机械力加持，其规模、手段和范围均有了划时代的提升，特别是在第一次世界大战时期，它以对外宣传的形式在主要国家的外交工作中担任越来越重要的角色。至第二次世界大战，现代国际传播成为国际竞争和战争的重要一极，并且在之后的冷战中发挥了出乎意料和不可或缺的作用。随着全球化演进，国际传播逐渐弱化服务战争和政治的目的，而更多关注经济、文化、科技等领域。20 世纪 60 年代，国际传播成为传播学的重要研究方向。

总体上，国外国际传播研究集中在政治领域，如控制、话语和地区等，但人文主义诉求也逐渐引起广泛关注。此外，新的历史事件也开发出国际传播研究新焦点和新领域，如风险全球化、健康传播、知识权力共同体、全球网络空间安全治理等。

20 世纪 90 年代，屠苏（Thussu）[1]、福特纳（Fortner）等研究者认为，国际传播指跨越国家边界的传播。[2] 21 世纪初，麦克菲尔（Thomas L.

---

[1] Thussu, D. K. International Communication: Continuity and Change. London: Arnold, 2018.
[2] Fortner, R. International Communication: History, Conflict and Control of the Global Metropolis. Belmont: Wadsworth Publishing, 1993；福特纳. 国际传播：地球都市的历史、冲突及控制. 刘利群，译. 华夏出版社，2000.

McPhail）在其著作《全球传播：理论、利益相关者和趋势》中将国际传播定义为从经济、政治、文化、技术、社会等角度分析跨越国家疆界或民族国家之间的传播行为、媒介模式及传播效果[①]，因此，研究国际传播离不开清晰地认识世界政治经济、国际传播环境及现代传播科技。

当前，随着传播科技飞速发展，一方面，国际传播的可能性和重要性日益凸显，国家形象建构成为核心议题；另一方面，国际传播的主体已从国家官方扩展到社会组织、跨国企业和公民个体，形成了组成多元、利益多样的新格局，并且还有超越民族国家的跨国企业、民间团体和"世界公民"等在国际传播中扮演着传播主体和传播媒介的双重角色。

首先，国际传播已成为国际政治的重要平台和手段。它有助于不同国家的文化系统相互适应，推动做出一致决议[②]，在此进程中，如果涉及政治问题，各方应尽可能保持客观[③]。从布迪厄社会学概念出发，国际传播国际化可以使新观点、新知识更容易被学科前沿感知。但是，伴随着冷战发生和结束，全球化精神消亡、地缘政治冲突回归和"新帝国主义"理论兴起，国际传播新秩序建立在资本主义和"领土帝国主义"相互作用之上。[④] 正是基于上述背景，有学者认为，国际传播研究应该区分亚洲和欧洲两个价值观领域[⑤]，可从硬实力、软实力、锐实力和战略叙事四个方面分析权力结构与国际传播的关系[⑥]。

[①] McPhail, T. L. Global Communication: Theories, Stakeholders, and Trends. Malden, MA: Blackwell Publishing, 2006.

[②] Weilenmann, A. Communication and Control in International Politics. Journal of Communication, 1966, 16 (4): 322-332.

[③] Goitein, H. Objectivity in an International Communicative System. Annals of the New York Academy of Sciences, 1971, 184 (1): 349-351.

[④] Ampuja, M. Four Moments of International Communication Research in the Cold War and Beyond. Javnost-The Public, 2019, 26 (4): 347-362.

[⑤] Chitty, N. Mapping Asian International Communication. Asian Journal of Communication, 2010, 20 (2): 181-196.

[⑥] Manfredi-Sánchez, J. L. Globalization and Power: The Consolidation of International Communication as a Discipline. Profesional de la información, 2020, 29 (1).

其次，随着科技能力提升，国际传播边界逐渐模糊，国家非传统安全面临着日益严峻的挑战。一方面，现代国际传播在提升信息传播效率的同时也表现出"负外部性"。对于一国安全而言，国际传播情境中的虚假信息不仅是外部威胁，而且已成为内部现实，它不是原因，而是当前公共领域转型的后果，因为在不断增强的外部破坏力与内部行动力的合力下，事实与观点越来越混淆不清。这一点集中体现在对互联网自由的破坏和施压，对不同意见的打击和迫害。[①] 另一方面，民主和独裁国家都存在众多审查。开放社会中，各类监管手段充斥于日常生活的方方面面，如限制商业行为多样性、阻碍公众获取信息、维护"好品位"价值观等，对信息自由流通、专业独立性、国家安全等造成相当影响。

再次，修辞、话语和文化是认识国际传播的基本切入点。1974年，国际传播和跨文化传播中的修辞问题就引起了研究者的注意。[②] 在《三脚架上的分析镜头：国际传播的去西方化、国际化和去殖民化国际交流》一文中，作者回顾和总结了去西方化、国际化和去殖民化三种批判性分析话语，认为必须通过新的、替代性的非西方（特别是全球南方）的研究成果变革国际传播理论和研究，最终使国际传播更加"国际化"[③]，而不是一直以来的西方化的延伸。当今，国际传播应该以文化问题的核心关注为基础，构建理解这种新趋势的认识论模型，因为文化问题包含着后现代主义、现代主义、后殖民主义、资本主义和民族主义等，并广泛存在于

---

① MacKinnon, R. Consent of the Networked: The Worldwide Struggle for Internet Freedom. New York: Basic Books, 2013.
② Okabe, R. The Rhetoric of Distance Reduction in International and Intercultural Communication: A Methodology for Analysis and Its Application. Columbus: The Ohio State University, 1974.
③ Madikiza, D. An Analytical Lens Resting on a Tripod: De-Westernising, Internationalising, and Decolonising International Communication. Communicatio-South African Journal of Communication Theory and Research, 2023, 49 (3-4): 63-87.

国际传播实践中①。全球化背景下，国际传播理论需要与媒介民族志相结合，对后者的重视和融入不仅有助于正确认识全球化进程中内在权力结构的重组、语境变化和人类社会复杂性的增强等，还可以弥合国际传播理论中缺失的价值和意义探讨。②

最后，地区性问题也是国际传播面临的困难之一。长久以来，学术界存在西方主导国际传播研究的结构性不平等，尽管非洲在国际传播中具有重要地位，并且对相关研究做出了一定贡献，但非洲学者在研究经费获取、国际学术交流和研究成果发表等方面有着诸多困难。实际上，非洲学者始终处于边缘化状态，这导致非洲的国际传播学术贡献多停留在原始数据积累层面上而少有认识论层面上的知识。无论如何，非洲视角是国际传播研究多样性不可或缺的部分，也是反映非洲实际情况和主体经验的保障。③ 随着科技迅速发展，国际传播的重要性不断增强，在线侨民媒体成为连接非洲侨民和祖国的桥梁，它们不仅传播新闻和信息，还是社会互动平台，在传承非洲文化、语言和传统方面起到了十分积极的作用，也使得非洲的公共空间被重新定义。④ 上述状况不仅发生在非洲，还同时困扰着拉丁美洲的国际传播研究。由于西方中心主义，拉丁美洲关于国际传播的观点和经验一直被忽略，现有国际传播理论的主要框架和范式在很大程度上没有考虑拉丁美洲的文化、历史和社会背景，而拉丁美洲在政治经济学、文化研究、

---

① Kavoori, A., Chadha, K. The Cultural Turn in International Communication. Journal of Broadcasting & Electronic Media, 2009, 53 (2): 336-346.

② Murphy, P. D., Kraidy, M. M. International Communication, Ethnography, and the Challenge of Globalization. Communication Theory, 2003, 13 (3): 304-323.

③ Gondwe, G. Can African Scholars Speak? Situating African Voices in International Communication Scholarship. Media, Culture & Society, 2022, 44 (4): 848-859.

④ Bogui, J. J., Atchoua, J. Communication internationale, média diasporique en ligne et espace public en afriqueinternational communication, diasporic media online, and public space in africa. Communiquer Revue de communication sociale et publique, 2019, 25 (25), 5-21.

批判理论等方面对国际传播理论有着重要影响。

随着世界权力格局变动，通信技术取得划时代进步，国际交往复杂化、国家利益多元化，仅用西方中心主义下的理论和范式去解释和研究当前的国际传播现象，显得捉襟见肘、难以为继。与此同时，媒介帝国主义和文化殖民主义的扩张也引起全世界，尤其是发展中国家的广泛关注。面对这一挑战，国际传播学术界开始探索"国际化"和"在地化"，中国观点和中国主张逐渐崭露头角。

在中国，国家形象是国际传播研究的核心议题和经典议题，它既指一个国家的整体形象，也分别就政治、经济和文化等维度进行论述。国家形象建构是国际传播的主要目标，因为随着全球化进程加快，国家形象成为国家软实力的重要组成部分，对一国的国际地位和外交政策有着深远影响。当前，西方依然在国际传播中对其他国家的形象塑造提出了根本性挑战；国家形象包括政治、经济、文化和社会等多个方面，是一个国家在国际社会中的综合印象，新闻媒体报道、国际事件应对和国家宣传策略都是影响国家形象的重要因素，而加强国际传播能力建设、积极开展公共外交和文化交流、利用新媒体平台等可以帮助国家更好地管理和提升其国际形象。[1] 国际传播中，国家形象建构有其规律性，如果传播失当将会造成国家形象危机，影响国际社会对国际传播主体的认知与评价。[2] 要构建美好国家形象，首先要提升中国传媒国际传播力，可从主体、诉求、渠道、类型四个维度入手，增强中国传媒的自主性、话语权和在国际舆论场中的影响力，通过明确和精确诉求达到预期目标，有效利用多种渠道，扩大中国传媒的国际传播覆盖面，根据不同传播类型制定针对性策

---

[1] 徐小鸽. 国际新闻传播中的国家形象问题. 新闻与传播研究, 1996（2）: 35-45.
[2] 程曼丽. 国家形象危机中的传播策略分析. 国际新闻界, 2006（3）: 5-10.

略，最终提升传播效果。[1] 进入新时代，我国国际传播的顶层设计必须统筹兼顾，通过综合交流互鉴的目标系统、行政主导的主体系统以及平台化的运行系统共建国际传播。[2] 此外，讲好中国故事也是维护国家形象的重要路径，比如中国国际电视台新闻频道对于云南野生象群迁移热点事件的报道，整个叙事立足中国现实，并很好地阐释了人与自然和谐的全人类共享的主题。当然，国际传播的议题不仅包括国家形象的媒介呈现，还包括国际政治、经济与文化格局。总而言之，全球化背景下，新媒体技术推动的国际传播变革必将深刻影响国际关系和跨文化交流。[3]

在现代国际传播的萌生和发展中，科学技术起到了决定性作用，因此传统媒体和新兴媒体成为相关研究的焦点。基于"媒介时空"、"代际关系"和"身份认同"三维度分析框架可发现，华裔新生代受众在全球化背景下具有独特的媒介消费特征，佐证了华语电视在国际传播中的重要性，特别是在维护文化认同、促进跨文化交流方面的作用，因此华语电视的国际传播策略应重点关注节目内容的本土化和全球化平衡、跨文化传播能力与文化软实力提升等。[4] 新兴媒介环境下，国际传播主体日益多元化，一国的国际传播能力建设已不再是媒体或媒体网站单方面的事情，而为多元主体共同承担。[5] 在新兴传播手段、语境下争夺话语权，政府部门、主流媒体有其职责，但所有公民都可以从国家利益角度发出自己的声音，这种声音有时

---

[1] 胡智锋，刘俊. 主体·诉求·渠道·类型：四重维度论如何提高中国传媒的国际传播力. 新闻与传播研究，2013，20（4）：5-24，126.
[2] 蒋东旭，胡正荣. 系统思维与顶层设计：新时代国际传播布局的逻辑与实践. 当代传播，2022（2）：25-28.
[3] 吴飞，等. 国际传播的理论、现状和发展趋势研究. 北京：经济科学出版社，2016：1.
[4] 刘燕南，王亚宁. 华裔新生代受众的三维建构：媒介时空、代际关系、身份认同：基于华语电视国际传播的思考. 现代传播（中国传媒大学学报），2022，44（4）：57-64.
[5] 程曼丽. 国际传播能力建设的实践研究与意义：兼评《新媒体跨文化传播的中国实践研究》. 新闻与传播评论，2019，72（1）：123-128.

更响亮、更有效。① 全球化和数字化时代，讲好中国故事对国际传播意义重大，评估当前社交媒体对于中国故事的国际传播效能（受众覆盖率、互动性和影响力等传播效果，以及内容质量、传播策略、平台特性等影响因素）得知，国际传播要超越传统媒体，实现中国故事在社交媒体上的创新传播，加强利用新技术（如人工智能、大数据分析）提升传播效能，进一步跨平台整合发布主体、用户生成内容（UGC）和关键意见领袖（KOL）的重要作用，因此有效的中国故事传播策略为强调内容创作质量，充分利用社交媒体互动特性，最终与国际受众建立更紧密的联系和更畅通的沟通渠道。② 这方面比较成功的例子有油管平台上的李子柒频道，一定程度上代表了短视频时代讲好中国故事的跨文化传播策略。③ 当下，国际传播格局迎来新的变革。人们表现出了对新兴媒介趋势的期待，认为视频语言④和智能媒介⑤将助力于全新的——均衡、公正、公平的——全球传播格局和秩序的建立。人工智能应用的快速发展更是加剧了这一趋势，如ChatGPT技术可能颠覆现有国际传播范式，具体表现为数字殖民主义与互联网精神的张力、后发国家的"中等强国困境"和地缘政治中的"人工智能竞赛"。⑥

---

① 田智辉. 论新媒体语境下的国际传播. 现代传播（中国传媒大学学报），2010（7）：39-42.
② 陈先红，汪让. 评估·建构·超越：中国故事社交媒体国际传播的效能研究. 现代传播（中国传媒大学学报），2023，45（11）：55-65.
③ 冯薇，任华，吴东英. 短视频时代怎样向世界讲好中国故事：李子柒在YouTube平台上的跨文化传播策略研究. 传媒，2022（16）：65-68.
④ 廖祥忠. 视频天下：语言革命与国际传播秩序再造. 现代传播（中国传媒大学学报），2022，44（1）：1-8.
⑤ 方兴东，钟祥铭. 国际传播新格局下的中国战略选择：技术演进趋势下的范式转变和对策研究. 社会科学辑刊，2022（1）：70-81.
⑥ 任孟山，李呈野. 从电报到ChatGPT：技术演进脉络下的国际传播格局史论. 新闻与写作，2023（5）：38-50.

第三节 比较分析国际传播与重要相关概念

不得不承认，当前国际传播与战略传播、跨文化传播、公共外交、全球传播等重要相关概念存在界定不明晰甚至使用混乱等情况，制约了国际传播的实践应用与学术研究。因此，比较分析上述概念，进一步明晰国际传播的内涵与外延十分必要。

一、交流合作与价值调适：国际传播的时代要求

首先，现代国际传播始于全球化进程带来的通信需求和情感交流，成于科技进步和理论推动。第一，第一次世界大战前后，由于移民国家性质，美国迫切需要通过国际邮政、电报等与世界连接以实现商业目的，并满足民众与故国的情感沟通需求，加之其联邦共和政治体制决定了州与州、州与中央政府的独立性和协作性，所以大大促进了传播科技的发展，推动了国际传播。罗杰斯（Rogers）在1922年发表文章指出，国际传播服务于国家利益，国际通信网络是世界一体化的关键基础，信息自由流通是世界和平必不可少的支撑。[①] 第二，古腾堡活字印刷机这个"不经意""不起眼"的技术集成最终成为现代国际传播的技术基础和开端。第三，在此期间，以美国为主的国际传播逐步发展出一套"改变受众态度和行为、注重传播效果"的理论范式，并紧密结合国际关系的框架和范畴。第四，20世纪90年代，互联网逐步向商用、民用等领域普及，并且通信卫星网络为"几乎所有国家，尤其是发展中国家带来了一场革命，它使得国际传播高速增长，

---

① Rogers, W. S. Interactional Electrical Communication. Foreign Affairs, 1922, 1 (2): 144-158.

并不断催生新的、越来越先进的卫星和传播技术"。①

其次，地理或主权是界定现代国际传播概念的基本标准。1912年，涂尔干（Émile Durkheim）在《宗教生活的基本形式》（*The Elementary Forms of Religious Life*）中指出，国际传播最初形态是土著部落之间的关系。② 现代民族国家出现后，随即成为国际传播的主体和对象。随着媒介和传播越来越虚拟化，主权国家政府仍旧控制着跨越国界的传播。③ 由上述可知，地理区隔是传统国际传播定义的核心，但随着传播科技发展和人类社会复杂化，国际传播概念逐渐突出主权界定。

最后，现代国际传播与战略传播、宣传战、心理战等有着本质差别，但一直由于技术路径趋同而混为一谈。现有世界经济结构依然是不平等交换，中心国家的支配性与边缘国家的依赖性相对应，国际传播格局如出一辙，它是个等级体系，是一整套核心文化与媒介糅合的产物辐射其他地区，因此信息交换的动力来自空间的多层次与非均匀。④ 20世纪末，人们在肯定国际传播普惠性的同时也发现了相关资源分配不均引发的发展不平衡，随即提出"文化霸权主义"等概念进行文化、政治和经济视域下的跨国信息互动研究。冷战结束后，对比失败和成功案例，美国认为单凭资本等硬实力已无法确保在国际竞争中胜出，如何将资本能力（硬实力）转化为信息能力（文化能力）也是重中之重，即硬实力与软实力匹配的系统效应，所以国际传播应聚焦软实力建设，从而低成本、多方位、长周期地助力其维持世界霸主地位。总而言之，由于技术层面相通性、传播意图隐秘性、传

---

① Jefferis, A. K. International Communications Satellites: Global and European. Philosophical Transactions of the Royal Society of London: Mathematical and Physical Sciences, 1984, 312 (1519): 27-32.
② 涂尔干. 宗教生活的基本形式. 渠敬东, 汲喆, 译. 北京: 商务印书馆, 2011: 56-258.
③ Thussu, D. K. International Communication: Continuity and Change. London: Arnold, 2000.
④ Braudel, F. La dnamique du capitalism. Paris: Arthaud, 1985: 84-87.

播效果随机性，虽然理论界一直尝试用不同称谓将国际传播与其他传播领域的准战争形态进行区分，但在实践中，业内人士和普通受众并没有易理解和可操作的标准，最终产生相当程度上的混淆和错乱。

本书认为，国际传播是主权政治组织对外的一切信息交互活动，具有合人类性[①]、建设性和理智竞争性等特征。媒介和传播没有固定领地，其运行机制被国家政府掌控。[②] 因此，国际传播蕴含各种意义上的"外部"并关注战争与和平等重大问题。[③] 地理界限之所以不准确，是因为全球化下国家之间你中有我，我中有你；文化界限之所以不准确，是因为大多数国家是多民族国家，内部存在多种文化，如儒家文化、基督教文化、伊斯兰文化、佛教文化、犹太教文化和其他亚文化。

二、战略导向与竞争为本：战略传播的本质规定

早在相关概念提出以前，战略和战略传播实践已频繁出现于各古老文明中，也就是统治阶层混合运用神话、宗教、教育、礼节、仪式、宣传等，以实现对内合法化统治和巩固权力、对外征服或防御，如古希腊、古埃及、古印度、古中国、古巴比伦、古罗马等。

与现代国际传播相伴相生，在美国主导下，现代战略传播高速发展于两次世界大战期间，"9·11"事件后，它进入第二次集中发展直至当前，需要特别关注的是，战略传播的形式和内涵随着国际竞争的变化而调整、扩充和升级。第一次世界大战期间，为参战制造有利舆论，美国设立"公

[①] 合人类性指遵循人类性规律，也就是有利于人类存续、发展的价值观念和实践活动之共性，因此它同样是支撑不同群体相互交流、合作的根本原则。

[②] 屠苏.国际传播沿袭与流变（第三版）.胡春阳，姚朵仪，译.上海：复旦大学出版社，2022：1-39.

[③] Chitty, N. International Communication: Continuing into the 21st Century as an Academic "Commons". Gazette, 2005, 67 (6): 555-559.

共信息委员会",开启了动用国家力量,通过传播获取战争优势的新兴"事业",现代战略传播浮出水面。1942 年,格雷森·柯克(Grayson Kirk)在《中东地区战略传播》中首次提出战略传播,认为应通过它增强中东地区的战略影响力,为最终战胜轴心国发挥积极作用。[1] 冷战期间,美国整合国防、国安、外交和新闻媒介等各方面力量,全面向苏联开展宣传战和信息战等。与此同时,战略传播理念也被企业管理采用,目的是帮助企业获得竞争优势,打败竞争对手。1969 年 11 月,"战略传播"一词出现在美国陆军司令部的《战略传播指挥员手册(战区)》中,但其内涵与当前相差甚远。1982 年,马迪亚斯(Mathias)首次提出"战略传播管理"。1987 年,布鲁克(Block)首次在公共关系学中采用战略传播概念。2001 年,"9·11"事件爆发,美国朝野迅速掀起激烈讨论,广泛、深入反思对外工作得失,重建外交理念、战略和策略,从而推动战略传播再次进入快速发展期。基于上述变化,美国国防科学委员会特别工作组强调:"军民信息传播能力可制造外交机会、缓解紧张局势、遏制冲突,并应对非传统威胁,是保护美国安全的关键资源。"[2] 2002 年,美国国防部联合参谋部信息政策与战略高级顾问萨韦拉斯(Tzavellas)首次定义战略传播,即"在共同目标并相互协作下,公共关系、公共外交、信息作战等专业人士可在各自领域独立进行相关实践"[3]。2004 年,约瑟夫·奈在《软实力:世界政坛成功之道》中指出,仅靠软实力无法取得成功,它还必须得到公共外交实践的配合。而美国国防科学委员会认为,战略传播是一国政府通过各种途径掌握他国态度和文化,推动国际对话,并为决策者提供咨询,最终采用各类传播影响他

---

[1] Kirk, G. Strategic Communications in the Middle East. Foreign Affairs, 1942, 20 (4): 762 – 766.

[2] Althuis, J. How U.S. Government Fell in and out of Love with Strategic Communications. Defence Strategic Communications, 2021, 10 (10): 71 – 110.

[3] Farwell, J. P. Persuasion and Power: The Art of Strategic Communication. Washington, DC: Georgetown University Press, 2012: xviii.

国民众的态度与行为。2006 年，美国国防部在《四年期国防报告——战略传播执行策略》(Quadrennial Defense Review—Execution Roadmap for Strategic Communication) 中将战略传播定义为："统筹信息、计划、项目和行动等相关资源，并协调其他权力要素，从而理解、带入关键受众，维护、强化符合国家利益的环境。"① 2007 年，《国际战略传播学刊》创刊，最早提出战略传播的学术定义："它是某个组织有目的地通过传播达成使命，涉及学科领域有技术传播、政治传播、管理、公共关系、市场营销、信息或社会营销活动。"② 2009 年，美国国防部在《战略传播联合融合概念》中强调，战略传播指政策施行、公共关系、军事行动、信息交互的一致性，不仅有信息收发，还包括具体行动等物理传播。2010 年，在美国《国家战略传播构架》中，战略传播的定义进一步细化为："通过信息与行动的一致性让目标受众理解我们，并基于公共事务、公共外交和信息传播等提升对目标受众的沟通和影响效果；它具体有三项内容，一是在利益共识下对外传播，二是使受众认同美国在国际事务中的关键角色，三是使受众与美国结为共同应对全球挑战的伙伴关系。"2016 年，在《美国国防部军事术语词典》中，美国国防部明确了战略传播的官方定义，即"政府将项目、计划、主题、信息和产品协调一致，理解并影响关键受众，从而维护、强化或创造符合美国利益、政策和目标的环境"③。

美国战略传播的主要特征可以概括为：聚焦目标、关键受众、协调共力、言行一致、无所不用。首先，战略传播的内在动力来自对国家利益的

---

① 美国《战略传播路线图四年防务评估》(Quadrennial Defense Review—Execution Roadmap for Strategic Communication) 第 3 页，2006 年 9 月 25 日公布，原文见 http://www.defense.gov/pubs/pdfs/QDRRoadmap20060925a.pdf。

② Hallahan, K., Holtzhausen, D., Van Ruler, B., et al. Defining Strategic Communication. International Journal of Strategic Communication, 2007, 1 (1): 3-35.

③ Department of Defense. Department of Defense Dictionary of Military and Associated Terms. Washington: The Joint Publication (JP), 2016: 226.

维护或增进，因此有明确的长、中、短期目标。其次，美国战略传播的最高决策者是总统，组织协调单位为国家安全委员会，涉及机构有国务院、国防部、情报部门、国家反恐中心、广播理事会、国际发展署等，路径有国际传播、公共外交、官方外交、信息战、心理战等，强调各部门配合、避免相互干扰、最大化传播效果，最终影响受众态度和行为而实现战略目标。再次，强调信息传播与具体行动"一致"，持续优化传播效果。又次，资源稀缺性决定成本可接受性，战略传播应重点关注那些对其战略目标影响较大的受众，而不能像国际传播那样在普遍意义上促进国际交流合作。最后，从路径上可以看出，美国的战略传播是准战争策略，也就是说，它为了打败对手会调动一切资源，采用任何手段。

为应对美国战略传播，提升国际竞争优势，北约、英国、日本、俄罗斯等国家和组织也大力发展各具特色的战略传播。战略传播具体内容属于各组织和国家的机密，公开信息有限，但也可从中略知一二。2009年，北约将战略传播定义为：科学运用包括公共外交、公共事务、军事相关行为、心理战、信息战等，推动自身政策、军事及其他目标的达成，具体原则包括话语与行为一致、理解信息环境、以战略传播理念开展行动、协调运用各传播主体、注重传播效果。2011年，英国国家安全委员会将战略传播定义为："统筹使用各种传播方式，从而影响目标个体、群体和国家的态度和行为，实现国家安全目标。"[1] 2015年，日本在《开发合作大纲》中定义了具有本国特色的战略传播："重点宣传日本对国际社会的贡献，打造友好国际空间，扩大朋友圈，建立对外传播的综合信息平台。"[2] 俄罗斯直接称战

---

[1] Cornish, P., Lindley-French, J., Yorke, C. Strategic Communications and National Strategy. Chatham House，The Royal Institute of International Affairs，2011：5.

[2] Ministry of Foreign Affairs of Japan. Development Cooperation Charter. Tokyo：Ministry of Foreign Affairs of Japan，2015. http：//www. mofa. go. jp/files/000067701. pdf.

略传播为信息战,而西方国家则用"锐实力"描述俄罗斯的战略传播能力,并承认它在相当长一段时间内取得了十分显著的效果,增进了俄罗斯的国家利益。当前,随着国际局势变化,俄罗斯的战略传播出现相当程度上的硬实力与锐实力不匹配现象,导致自身陷入被动,国际形象受损。

本书认为,战略传播指一国以实现国家利益最大化为宗旨,整合所有传播类竞争资源,制定长、中、短期目标,并根据目标完成性和成本经济性选择路径,最终通过行动与话语一致的逻辑和情感影响受众,尤其是关键受众的认知、态度和行为。宗旨的聚焦性、实践的长期性和深入性、运行机制的协调性、目标受众的针对性、路径的不受限性为战略传播的主要特征。

三、他者视角与自我观照:跨文化传播的根本宗旨

大航海时代以来,跨文化交往逐渐成为人类的经常性活动;至第二次世界大战后期,美国在其全球战略的驱使下积极推动跨文化传播实践并开创了相关研究领域。1492年、1493年、1498年、1502年,西班牙王室赞助意大利人哥伦布多次远航至巴哈马群岛、古巴、海地、多米尼加、特立尼达等,发现了美洲新大陆,开启了全球化,使得人类进入世界史时代。1497年,葡萄牙国王派遣葡萄牙人达伽马开辟了欧洲连接亚洲的海上航路。1519年,西班牙国王资助葡萄牙人麦哲伦完成了人类历史上第一次环球航行。无论自愿还是被迫,日益频繁的跨文化交往替代了过去大陆间基本独立的生存状态。至第二次世界大战,旨在理解敌人从而取得战争胜利,与土著建立更具建设性的关系等,美国政府和军方全面利用近代以来的多种现代通信科技长足发展,持续推动跨文化传播成长为解决上述问题的重要方法之一。1944年,美国政府委托文化人类学家鲁思·本尼迪克特(Ruth Benedict)研究日本,预期从跨文化和跨文化传播角度认识、影响敌人。可

以说，这项工作取得了出乎意料的成绩，为美国打败和战后管理日本提供了理论依据，也产出了享誉世界的跨文化研究经典著作——《菊与刀》。在上述历史转折进程中，跨文化传播从无到有、欣欣向荣，最终由于其重大现实意义和学术价值被确立为传播学的八大分支之一。

初期，跨文化传播的主要目标为消解资本及美国文化对外扩张时难以跨越的价值屏障，当前，它更多寻求不同文化交往、交流、交融的本质和路径，促进跨文化理解、包容和共处。第二次世界大战后，美国一跃成为对抗苏联的西方国家领导，在世界各地大量部署军事基地，主导建立联合国、世界银行、世界卫生组织等国际机构，积极实施马歇尔计划（Marshall Plan）等对外军事、经济和外交项目，与此同时跨国公司也迅速发展于第一次全球化浪潮。20 世纪 50 年代，主持选拔和训练美国国际政治和国际贸易专业人员的文化人类学家爱德华·霍尔发现，由于跨文化传播缺失或低效，美国的海外项目和规划面临巨大风险，并且相当程度上损害了国家形象。1959 年，在上述问题的指引下，他出版了《无声的语言》并首次使用跨文化传播概念，因此成为这个研究领域的奠基人之一。文化是个极其广泛的概念，是多种要素有机组成的复杂体，包括知识、信仰、艺术、道德、法律、习俗，以及使社会成员获得能力和习惯的缘由。[1] 爱德华·霍尔认为，跨文化传播如出一辙，必须从空间、时间、历史、种族、民族、语言、行为、艺术、宗教、政治、经济、教育、法律等不同维度进行系统性考察，以求理解"他者"，然后通过信息互动促进交往。[2] 20 世纪 70 年代，美国"言语传播协会"（Speech Communication Association）成立了"国际传播与跨文化传播委员会"（Commission on International and Intercultural Communication），"国际传播协会"（International Communication

---

[1] 泰勒. 原始文化. 连树声, 译. 上海：上海文艺出版社, 1992：17 - 132.
[2] 霍尔. 无声的语言. 何道宽, 译. 北京：北京大学出版社, 2010：27 - 65.

Association）成立了"跨文化传播部"（Intercultural Communication Division）。1974 年，"国际跨文化教育、培训和研究会"（Society for Intercultural Education, Training and Research International）成立，《国际跨文化传播年鉴》（*International and Intercultural Communication Annual*）出版。1977 年，《跨文化关系国际期刊》（*International Journal of Intercultural Relations*）正式发行。1989 年，古狄昆斯特（Gudykunst）等编辑出版了《国际传播与文化间传播研究手册》（*Handbook of International and Intercultural Communication*），较为全面地梳理了已有的跨文化传播研究成果。1991 年，"欧洲跨文化教育、培训和研究会"（Society for Intercultural Education, Training and Research Europa）成立。1994 年，"德国跨文化教育、培训和研究会"（Society for Intercultural Education, Training and Research Deutschland）成立。随着相关领域不断拓展和深入，学者们从各自视角论述了跨文化传播的内涵、要素和外延等。古狄昆斯特指出，跨文化传播可进一步细分为人际跨文化传播（intercultural communication）、跨文化传播（cross-cultural communication）、国际传播（international communication）和大众传播比较研究（comparative mass communication）。跨文化（cross-cultural）是文化人类学的领域，比较研究不同文化的差异性，人际跨文化（intercultural）关注不同文化及所属个体之间的交流；跨文化传播的研究方向有三：一是用传播理论解释文化与传播现象，二是描述或解释跨文化差异，三是描述或解释不同文化背景下人们之间的传播。[1] 如果从"马克思的论断——人是社会关系的总和"来理解，人首先是传播关系的总和，因为人际关系的发生离不开传播，其性质由人际传播形式界定，其发展存在于

---

[1] Gudykunst, W. B. An Anxiety/Uncertainty Management (AUM) Theory of Strangers' Intercultural Adjustment. Theorizing about Intercultural Communication. Thousand Oaks, CA: Sage Publications Ltd., 2005: 419-457.

人际协商谈判之中。① 因此，跨文化传播主要研究不同文化背景下人们如何通过互动建构和理解意义系统②，以及不同文化符号和认知系统中人们之间的信息交互活动。③ 还有学者从跨文化传播视域下研究好莱坞电影，认为其作品突出种族、性别的差异性，使观众对"文化他者"形成刻板印象，力图消解殖民者与被殖民者之间的张力，在构建后者"低级"的同时，确立前者的统治合法性。④

在中国，跨文化传播对外推动交流合作，对内聚焦多民族现实。跨文化传播指不同文化背景下人们之间的信息交流过程；主要研究面对面人际传播，注重阻碍传播的文化因素，其研究重点是"两种文化的异同、两种文化的冲突点、科技对交流的影响、文化的延续与变迁、文化和交流的控制、文化依附和文化自立"六个方面。⑤ 而具有中国特色的跨文化传播应该"包括两种完全不同的交往：国际的和国内的。国际交往发生在不同民族和文化的人之间。在此之外，同一种文化也包含很多亚文化和特殊文化"⑥。总而言之，跨文化传播虽然在国内起步较晚，但其重要价值已充分显示于安全、发展、外交等不同战略议题，并且其研究内容也多与国际传播、战略传播等重合，甚至难分彼此。

本书认为，跨文化传播的关键词为文化，主要指群体或组织间因文化要素殊异而进行的有其独特规律的传播活动。一方面，这里的文化不是一个整体概念，而是能够引起传播特殊性的任何文化要素；另一方面，文化

---

① 小约翰. 传播理论. 陈德民, 叶晓辉, 译. 北京: 中国社会科学出版社, 1999: 451.
② Hubbert, K N, Gudykunst, W. B., Guerrero, S. L. Intergroup Communication over Time. International Journal of Intercultural Relations, 1999, 23 (1): 13-46.
③ 萨默瓦, 波特. 文化模式与传播方式: 跨文化交流文集. 麻争旗, 等译. 北京: 北京广播学院出版社, 2003.
④ Bhabha, H. Location of Culture. London: Routledge, 1994: 35-79.
⑤ 关世杰. 谈传播学的分支: 跨文化交流学. 新闻与传播研究, 1996, 3 (1): 64-69.
⑥ 单波. 跨文化传播的问题与可能性. 武汉: 武汉大学出版社, 2010: 255-256.

要素对传播实践的影响必须是重要的、无法忽视的。其具体内容有：跨文化与传播的关系、在跨文化背景下考察传播、在传播意义上理解跨文化等。跨文化传播不仅要研究人际，更需关注不同文化的整体，因为从整体上剖析个人才是全面的、系统的，从个体认识整体方能是细致的、有机的，双向进路可最大程度上弥补分析视角的局限。虽然跨文化传播特别关注跨文化语境下传播效果的变化，但相较战略传播实质的、具体的目标，它聚焦不同文化的共享性与通融性，从而实现有意义的传播。跨文化传播的宗旨是合人类性价值共识下的文化多元与朝气蓬勃，而"文化霸权主义"或"文化殖民"是其批判的主要对象。[1]

四、虚有其表与声誉不佳：公共外交的历史进路

冷战期间，在相互毁灭的压力下，美苏将公共外交视为"非传统总体战"的重要组成部分。第二次世界大战结束后，美苏对抗的世界格局确立。为避免两个核大国热战导致同归于尽，从敌人内部滋生反对力量，最终"不战而屈人之兵"，美国另辟蹊径，大力开发非传统战争形态，并将目光投向不限于苏联的、有利于其战略目标实现的普通受众和民间机构。1953年，美国新闻署成立，专门从事其支持政客对外宣称的"公共外交"，但它的真实活动却是尽可能协调一切资源，使用任何手段，通过非直接战争和非传统路径削弱、瓦解和击败对手。与之相反，也有学者认为"传统外交是过程保密的政府间互动，而公共外交是公开活动，诉诸公众并希望得到反馈和理解"[2]。1963年，新任美国新闻署署长的爱德华·默罗（Edward

---

[1] 李娟. 中华民族共同体意识的历史逻辑. 西北师大学报（社会科学版），2022，59（4）：67-75.

[2] Hans, N. T. Communicating with the World: U. S. Public Diplomacy Overseas. New York: St. Martin's Press, 1990: 3-4.

Murrow）强调，公共外交不同于传统外交，它包括政府间互动（传统外交），但更重视与目标个人和非政府组织之间的交往，除了涉及官方观点外，还有很多非正式沟通。[1] 它包含三个方面的内容：一是常规交流，包括解释对内对外的决策及背景、应对危机、防范攻击；二是战略交流，主要是国际政治活动；三是通过奖学金、交流、培训、研讨班、会议等与关键对象保持长期关系。[2]

公共外交实则是宣传战、心理战、信息战和情报战的混合物，是战略传播的原始或未完成形态，力求实现竞争目标，无关竞争手段。西方文化语境中，宣传战是通过故事、谣言、图片、新闻等符号或其他社会传播形式控制公众意见，常常被彼此敌对的社会精英大加利用，但其效果也就是公众态度和行为的变化与整体社会形势息息相关。[3] 在军事实践中，情况变得更加糟糕，宣传战成为不择手段操纵舆论和意识形态的代名词，惯用欺骗、辱骂、恫吓、误导、标签化等方式，最终在精神层面打击或奴役受众。第二次世界大战期间，纳粹德国元首希特勒和宣传部部长戈培尔将宣传战的破坏力发挥至极致，给西方受众造成重大且持久的负面影响。心理战指通过信息传播、舆论控制等，影响受众心理，从而达到军事、政治或社会目标，是一种非直接使用武力的准战争行为。[4] 信息战是信息权之战，也就是通过一系列活动争取信息的获取权、控制权和使用权，它有三个假设：

---

[1] Leonard, M., Stead, C., Smewing, C. Public Diplomacy. London: Foreign Policy Centre, 2002: 1.

[2] Nye, J. S. Soft Power. The Means to Success in World Politics. New York: Public Affairs, 2004: 107-110.

[3] 拉斯韦尔. 政治学：谁得到什么？何时和如何得到？. 杨昌裕，译. 北京：商务印书馆，1992：32；拉斯韦尔. 世界大战中的宣传技巧. 张洁，田青，译. 北京：中国人民大学出版社，2003：22-143.

[4] Narula, S. Psychological Operations (PSYOPs): A Conceptual Overview. Strategic Analysis, 2004, 28 (1): 177-192.

首先，信息是一种武器，可预测未来；其次，受众容易被信息战影响，具有脆弱性；最后，有效的信息战能控制对方的意识形态。[①] 公共外交一直试图披着"公共"和"外交"的"合法外衣"，秘密进行打击"敌人"、控制受众的活动，相较宣传战、心理战和信息战，它在表面上"遮遮掩掩"，但实质上如出一辙。2001年，美国知名外交官理查德·霍尔布鲁克在《华盛顿邮报》上指出，毋庸讳言，我们认为公共外交、公共事务、心理战和宣传战是一种活动的多个称谓。2002年，美国外交官埃利奥特在《纽约时报》撰文认为，公共外交是当前对外宣传的较温和表述。"9·11"事件后，一方面，毫无顾忌、倒行逆施的行动使它声名狼藉；另一方面，软实力理念转向和信息技术持续突破为其被重构奠定了思想和技术基础，公共外交迎来发展转折点，逐渐向战略传播过渡。

本书认为，公共外交是主权组织为扩大竞争优势，将对方普通民众和非官方组织视为主要目标受众，通过宣传战、心理战、信息战和各类渗透等，自下而上地进行意识形态同化，甚至是煽动、破坏和颠覆，从而最大程度打击、削弱或消灭对手。也有学者认为，宣传战与公共外交的背景和目的不同，前者是在战争中、秘密状态下欺骗、迷惑和胁迫敌人，是获得胜利的重要工具；后者是开放的全球互动传播，是一国与外国受众建立信任、争取支持、实现国家利益的有效外交工具。其实，这个语境下的两者并没有本质差别，只不过应用情景和外在形式有所不同而已。宣传战更多是战争中公开、直接、迅速的不择手段，因为战机稍纵即逝；而公共外交是和平状态下隐蔽、含蓄、深远的机关用尽，因为它谋求的是更小的代价和更长久的利益。

---

① Szostek, J. What Happens to Public Diplomacy during Information War? Critical Reflections on the Conceptual Framing of International Communication. International Journal of Communication, 2020, 14: 2728-2748.

五、世界理想与现实困顿：全球传播的抱负与期待

全球传播源于国际传播，本质上是人类主义，或者说，全球传播是人类主义高度上的国际传播，但它目前还无法跨越人与人和国与国之间的利益冲突而持续徘徊在理论探讨层面。有学者认为，随着渠道多样化和实践增加，国际传播和全球传播促进了不同文化和地域的人们互相理解，使其可以共享知识、思想和信念。[1] 全球化时代，全球传播比国际传播解释力更强[2]，前者是后者的新范式、新阶段、新路径[3]。全球传播指个人、群体、民间组织、政府、信息传播实体跨国传递数据、意见、态度和价值的一系列活动[4]，有信息共时性流动、传播主体多元化、受众指向相对泛化等特点，以求实现不同社群和族群之间的意义和价值共享。[5] 当前，全球传播与国际传播在使用时有很多混为一谈的现象，但两者概念确有不同之处。如果说国际传播更具政治性、目的性和利己性，那么全球传播则更凸显自由性、价值性和包容性。从历史必然性角度而言，国际传播始于人类不同群体间的竞争，现代国际传播始于第二次世界大战中普遍运用现代通信技术的宣传战、心理战和信息战，而全球传播萌芽于互联网等全球化硬件的出现。可以看出，这个漫长进程在我们不断反思人性弱点下呈现文明进步的内在逻辑，并试图勾画出追求全体福祉的未来蓝图，但不得不承认

---

[1] 屠苏. 国际传播沿袭与流变（第三版）. 胡春阳，姚朵仪，译. 上海：复旦大学出版社，2022：5.

[2] Tehranian, M. Global Communication and International Relations: Changing Paradigms and Policies. International Journal of Peace Studies，1997，2（1）：39-64.

[3] 崔远航. "国际传播"与"全球传播"概念使用变迁：回应"国际传播过时论". 国际新闻界，2013，35（6）：55-64.

[4] Frederick, H. H. Global Communication and International Relations. Belmont, CA: Wadsworth, 1992：61.

[5] 戴佳，史安斌. "国际新闻"与"全球新闻"概念之辨：兼论国际新闻传播人才培养模式创新. 清华大学学报（哲学社会科学版），2014，29（1）：42-52，159.

的是，截至目前的全球传播依然处于设计和规划状态，喻示着其发展不可能一蹴而就，而需要全人类长期、坚定和智慧的努力。

本书认为，全球传播是国际传播的愿景蓝图和理想主义形态，主要特征为主体多元化、受众广泛化、规则公约化、路径自由化、权利民主化、内容共享化和目标合作化。主体多元化指一直由政府主导的国际传播向非政府组织和主要是个人参与的全球传播转变；受众广泛化指在基础设施发展和上层建筑重建下，全球传播覆盖了历史上最广泛人群，并且传受双方融为一体；规则公约化指最大化共识建立最普遍的全球传播行为法规，从而约束主体实践；路径自由化指使用者发布和获取信息的渠道多样且基本不受法规之外的东西干预；权力民主化指全球传播的权力格局更为扁平，权力分布更为离散，由寡头垄断走向全球共治，事实上促进世界共识、世界协作、世界和平；内容共享化指放弃特殊性偏执，着眼于人类共同性，用自我与他者的价值共识消解长久以来的各执一端[①]；目标合作化指人类存续依靠合作，人类发展依靠竞争，但竞争应该是理智的、有底线的、与合作一体两面的、基于人类福祉的，而非相反，比如各种形式的战争，因此包括全球传播在内的人类未来必须基于更高水平的合作。

六、对比分析

一方面，国际传播与重要相关概念不是非此即彼的关系，而是互有重叠、联系广泛；另一方面，比较研究是揭示概念特殊性的有效路径之一，因此从内涵、起源、目标、受众、主体等方面剖析它们的共同性和差异性十分必要（见表2-1）。

---

① 李娟. 权力与价值的博弈：国际传播战略模型研究. 西安交通大学学报（社会科学版），2024，44（3）：156-165.

表 2-1 对比分析国际传播与重要相关概念

名称	国际传播	战略传播	跨文化传播	公共外交	全球传播
内涵	基于价值共识，通过建设性和理智竞争性路径，不断改善对外交流合作环境	战略目标压倒一切，系统性配置活动资源，行动与话语相协调	文化间消解隔阂、怀疑和对立，建立理解和信任的信息互动	隐藏在"公共和外交面纱"下的宣传战、心理战和信息战等	全球化视域下国际传播的下一阶段和理想状态
起源	最早的实践来自人类不同群体（家族、部落等）间互动，现代国际传播源于古腾堡印刷机的发明和地理大发现	发端于文明时代的国际冲突或战争，正式出现于两次世界大战期间	始于葡萄牙殖民马德拉群岛和亚速尔群岛的殖民主义时期，快速发展于第二次世界大战末期美国全球扩张战略	冷战时期美苏两大阵营的对抗	概念起源于20世纪90年代初，但进展十分缓慢，甚至有倒退现象
目标	促进国际交流、达成共识、合作、情感融通和良性竞争	助力国家战略实现	跨文化交流、包容和互鉴	侧重从对方内部引发骚乱，进而破坏或瓦解	基于人类福祉的共识、共享、合作、和平
受众	国际传播目标受众	关键受众	国际、国内跨文化目标受众	主要面向对方的非政府组织和个人	全世界最广泛的受众
主体	政府主导，相关机构配合	政府和军方组织和实施，调动一切有助于目标实现的组织和机构	有跨文化交流需求的政府、企业、民间组织和个人	政府、军方和相关机构	主体多元化、分散化

第四节 国际传播的核心特征

本书认为，基于文明发展趋势和当前历史条件，国际传播指主权国家之间的信息互动，其核心特征为建设性、理智竞争性、系统性及合人类性。建设性指它的基本路径和根本目的为合作与双赢；理智竞争性指其竞争理念和行为是积极的、正面的、控制在一定限度内从而避免恶性竞争的；系统性指广义国际传播的内在广泛性、复杂性和协调性，表面上看，它是大众媒介传播，但实际涉及国家综合实力各个重要方面，如经济、军事、文化、政治、外交等，并且它由主权国家统筹规划、引导运作；合人类性指遵循人类性规律，其宗旨为服务人类福祉。恶性竞争与国际传播的竞争内涵截然相反，典型的就是战争——不择手段、不惜代价，以战胜、消灭或奴役敌人为目的的非理智人类活动。所以国际传播排斥消极性或破坏性，不涵盖"兵不厌诈"与"零和博弈"式的信息互动，如心理战、信息战、宣传战等，因为它们都属于非热战形态战争，是战略传播等的研究领域。[1]

如同理解任何重要概念，剖析国际传播必须从历史、时代和未来三个维度入手。历史维度指国际传播从无到有、不断发展的（理智）竞争性；时代维度指人类文明进步至今，国际传播不断增强的系统性和建设性，即近代以来科技迅猛发展和世界各国汲取历史教训、改弦更张的努力；未来维度指国际传播理想和规划必须贯彻合人类性理念并实践。也就是说，人类在反思过往、计议方向时一定要立足整体的根本利益，不能被一己私利或愚昧诱惑、蒙蔽，从而走向对立、冲突，甚至共同毁灭。因此，国际传播既不能无动于衷，更不能堕落为任何形式的恶性竞争。

一、建设性

在不同历史阶段，国际传播的主要目标随之变化，总趋势呈现从野蛮走向节制、从激烈走向温和、从竞争为主走向合作导引。

---

[1] 李娟. 自我与他者：国际传播认识论的内在理路. 现代传播（中国传媒大学学报），2023，45 (12)：55 - 65.

第一，原始状态下，从已有考古证据可推出，国际传播始于人类不同群体开始经常性的信息交换。这个阶段，它的主要目的是生存竞争，因为双方或多方互动的主要内容为冲突、掠夺、战争和土地侵占等。

第二，初入文明时代，国际传播以竞争为主、合作为辅，既有跨国和跨文化互动需求，也有庞大帝国内部的相关活动，如行政管理、商品贸易、宗教传播、文化传播、战争征服等。

第三，近代以来，在现代传播技术推动下，国际传播成为国与国的日常实践，深刻改变了国际关系和国际政治。20世纪初，无线电报发明，音频广播普及，国际贸易和国际邮政受此影响而加速发展。在庞大移民群体对这些应用的强烈需要下和充足科研人才储备的基础上，美国成为现代国际传播的先驱者，这不仅大大助力商业活动，还在利益和情感上将其与相关国家连接起来。[1] 可以说，除了竞争与科技因素以外，现代国际传播萌生的最大动力是贸易和通信，因此合作与双赢自然为其内在需求。那时的传播学者们认为，国际通信网络的建成，大大加深了国与国之间的了解，促进了贸易，消除了一些因信息障碍造成的争端和冲突，为全球化、国际和平、世界发展贡献了不可替代的力量。

第四，第二次世界大战期间，国际传播在战争的推动下进入技术和理论高速发展期，充分展示了其双刃剑属性，迫使人类必须改变。

第五，第二次世界大战结束后，作为反思两次世界大战的重要举措之一，国际传播将主要目光转向经济、社会和民生等建设性议题。此时，饱受战争摧残的欧亚大陆百废待兴，面临着艰巨和紧迫的重建任务，而已取得相当成果的现代传播科技成为推动此项事业的重要力量。一方面，在促

---

[1] Clark, K. International Communications: The American Attitude. New York: Columbia University Press, 1931.

进区域经济和社会发展上，国际传播发挥着越来越重要的作用；另一方面，借鉴先发国家的成功经验和模式可以有效避免后发国家付出更大代价。由此，国际传播逐渐由消极走向积极，成为美国加强对外合作，输出经济、科技和文化影响，从而反哺自身发展的重要路径。当然，它并非毫无瑕疵的，其隐含的西方中心主义尤其是强烈的美国化倾向受到很多人质疑和批评，因为这不仅回避了对现有不完善的讨论，还实质上用经济利益掩盖了背后的政治和文化野心。也就是说，美国积极推动国际传播助力其全球商业霸权和军事干涉主义，在援助他国物资的同时通过先进信息技术大规模输出文化及意识形态等。[①] 与此相伴，其他西方国家对发展中国家的国际传播也远不是前者宣称的稳定、富裕、民主和自由。[②]

第六，全球化成为人类共存的最满意方案，而建设性国际传播是全球化的底层架构之一，也就是人们呼吁的真正意义上的国际传播——促进国际合作与良性竞争、彻底挣脱野蛮愚昧的束缚。在这个阶段，学术界也开始反思战争中助纣为虐的国际传播，转向挖掘和构建其建设性内涵和价值。传播学创始人威尔伯·施拉姆（Wilbur Schramm）在其著作中预言，交叉共建的传播学将继续整合其他领域理论，创设一个涉及领域更加广泛的学科；拉扎斯菲尔德指出，国际传播会成为新兴的、令人振奋的、待研究问题众多的学术领域；1962年，埃弗雷特·罗杰斯（E. M. Rogers）的创新扩散（Diffusion of Innovations）理论发表；等等。学术研究不断探索和解决当时涌现出的重要相关问题，如传播对人类的积极意义，国际传播如何加强国际合作、消除贫困和冲突等。最终，在施拉姆、罗杰斯、丹尼尔等人

---

① Schiller, H. Mass Communications and American Empire. Boulder, CO: Westview, 1992: 6-38.

② Mattelart, A. Mass Media, Ideologies and the Revolutionary Movement. Atlantic Highlands, NJ: Humanities Press, 1980: 32-95.

的共同努力下，一个传播学新方向——发展传播学正式确立。

第七，当前国际传播的核心任务是在发掘或建构国际价值共识的基础上，保护或改善国家形象，维持或创造更加友好的国际环境，也就是不断完善其建设性宗旨。毋庸置疑，国与国之间的传播在冷战结束后已从形式上变得"温文尔雅"，但仍未出现本质性改观，只不过由"热战"转向"非传统战"。当前，国际局势错综复杂，地区冲突此消彼长，"逆全球化"愈演愈烈，国际传播正在被战略传播替代，越来越多的不确定性因素冲击着世界和平。面对上述困境，有识之士痛心疾首、大声呐喊，呼吁人类切莫重走手足相残的老路，国际传播必须回归应有之义。对抗和冲突一定不可持续，否则最终将导致两败俱伤，如果国际传播有未来，那它只能是人类文明进步的助推器，各国共建共守和平与共赢之域。

二、理智竞争性

长期以来，由于技术特性重合，国际传播与宣传战、意识形态渗透、文化霸权、文化殖民、颜色革命、文明冲突、地区动乱等恶性竞争缠夹不清。从古至今，国际传播虽产生了巨大的积极意义，但事实上更多被用于群体和国家间的冲突和战争。从古代社会的生存战和扩张战，到近代以来的掠夺战和殖民战，第一次世界大战兵不厌诈的宣传战，第二次世界大战无所不用的总体战和心理战，冷战时期无孔不入的外交战、渗透战和策反战，到当前"不战而屈人之兵"的信息战、系统战和超限战，国际传播一直在其中扮演着重要角色，也最终因发展方向不同而分离出公共外交、战略传播、跨文化传播、发展传播等多个领域。总而言之，如同文明进步历程，国际传播的历史充斥着破坏性色彩，但它的当下和未来无疑需要彻底地反思和改进。

人类繁衍面临着不可承受之重，理智竞争必然成为国际传播的基本属性，也是文明可持续发展的关键条件之一。首先，由于个体力量和智慧的微薄，人类要战胜其他物种、统治地球就不得不合作。其次，竞争性与合作性是生物活动和社会实践的基本特征。再次，竞争是文明存续的重要基础，为人类自我更新和持续进步提供根本动力。丧失了竞争就没有了活力，意味着灭亡近在眼前。又次，人类天性和历史可鉴，人类的竞争容易失控。近代以来，随着理性发现和科技发展，我们终于发明出可毁灭世界多次的大规模杀伤性武器，使得所有理性人追悔莫及，如同爱因斯坦那幅著名肖像照一样，咀嚼着现代物理学的滥用，面如枯槁，神情黯淡。最后，在必要共识和妥协下，核心国家设计和维护、所有国家协商和遵守的国际竞争框架是当前长期、逐步解决竞争失控的最满意方案，也就是说，人类必须携手将彼此竞争约束在自身核心利益之内。

三、系统性

随着国际传播在国际竞争中的作用日益增强，主权国家不得不调动、协调、激励一切有助于目标实现的资源和力量。早在第一次世界大战期间，因为战争压力，现代国际传播就部分具备了"协调相关组织完成战略使命"的系统性。1917 年 4 月，为制造有利于参战的舆论，美国总统组建"公共信息委员会"，分别设立国际部与国内部，统筹新闻审查和战时动员。第二次世界大战时期，1941 年 7 月，美国成立信息协调办公室（Office of Coordinator of Information）。1942 年 7 月，战时信息办公室成立，统一组织报纸、图片、广播等进行战时宣传。进入冷战后，1953 年，由总统直管的美国新闻署成立，负责整合媒体及相关机构，进行对外（特别是对苏联）意识形态渗透。20 世纪末，互联网技术全球普及，国际传播原有模式被颠覆，普通民众获得了前所未有的话语权，但好景不长，随着各方权力强势进入，国际传播的"民主时期"迅速结束。2001年9月11日,"9·11"事件爆发。在这个背景下,国际传播被更强调系统性、聚焦战略目标的战略传播所替代。总而言之,科技大发展和全球化日益深入对国际传播提出了更高的要求,也就是有机调动和运作更多资源,不断提升传播效果的整合能力。

由于对象多元、传播效果难以精确评估,国际传播必须根据不同种族、民族、文化、国家的受众分别行事,并兼顾使命的完整度和完成度。有学者认为,广义国际传播指个人、群体和政府跨越地理、政治或文化边界,进行价值、态度、观念等信息传递活动。[①] 可见,国际传播受众情况复杂且意识形态多元化显著,主体对此必须有深刻认识,才能因人、因时和因事制宜,通过科学路径取得较为满意的传播效果。首先,重视受众差异性,包括国际传播主体与对象的差异、不同受众群体之间的差异等,其中广义文化差异最值得关注。比如,一部在基督教文化中大为成功的好莱坞电影,有可能在其他文化中遭到强烈抵制。其次,防止针对差异的"过犹不及",即不能因为解决这个问题而偏离核心传播目标,导致产生传播效果降低甚至整体失败的风险。最后,差异性引发复杂性,因此传播效果动态评估只能诉诸系统性方案,而不能简单化。

四、合人类性

真正意义上的国际传播必须基于国与国之间的合人类性价值共识,否则要么流于形式,要么跌落至各类恶性竞争中。传播始于人类自身存续和内外交流。国际传播是以主权国家为单位、以生存发展为核心目标的信息

---

① Markham, J. W. International Communication as a Field of Study. Iowa: University of Iowa Press, 1970: preface; Mowlana, H. International Communication Research in the 21st Century: From Functionalism to Postmodernism and beyond//Hamelink, C. J., Linne, O. Mass Communication Research: On Problems and Policies the Art of Asking the Right Questions. New Jersey: Ablex Publishing Corporation, 1994: 353-354.

互动，是竞争与合作的统一体，但过度竞争会导致两败俱伤甚至更为极端的情况，而只有合作没有竞争将失去激励和活力。因此，建设性国际交往一定要找到竞争与合作的平衡点，即合人类性价值共识。首先，合人类性是国际传播的底层逻辑之一。合人类性指遵循人类性规律，也就是有利于人类存续、发展的价值观念和实践活动之共性，因此它同样是支撑人类不同群体相互交流合作的根本原则；人类性包括自然属性和精神属性，强调人类不同于其他物种的特性，即追求生命意义和终极关怀的理想信念和专属形式。由于国际传播主体组成复杂且文化差异显著，为谋求相互交流、宽容和理解，从人类性这个最根源处入手最为可行，也相对容易达成共识。其次，合人类性价值共识是国际开展建设性交流和合作的必要条件，因此也是国际传播的重要基础。文明冲突本质上是价值观悬殊，而不是简单的物质利益纷争，因此国际传播基于彼此生存发展的基点才更有可能往好的方向发展。最后，没有合人类性价值共识的国际传播等于否定了真实、稳定和长期的国际合作，并很容易转向意识形态渗透和心理战等。近代以来，人类非理性竞争触目惊心，国际传播难辞其咎，第二次世界大战后，它终于改弦更张，虽然变化不尽如人意，但一定程度上说明国际社会已认识到只有多方宽容、互信和协作，包括国际传播在内的国际交往、人类文明才有未来。

第三章

权力与价值的博弈：
国际传播战略模型研究

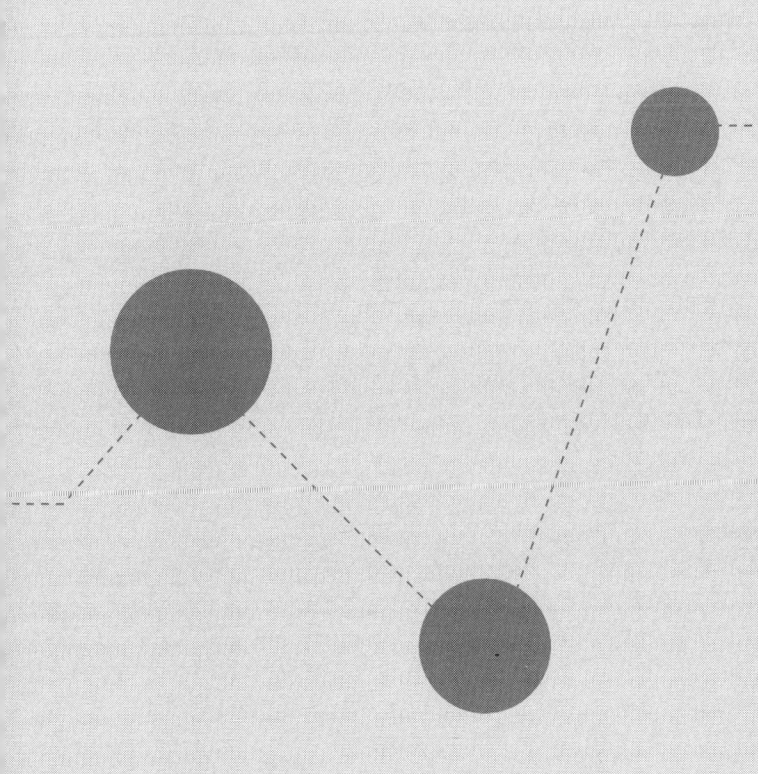

本章要点

- 国际传播的历史与文化基础：探讨广义文化视域下的国际传播，理解人类实践如何重塑国际交往。
- 国家战略与战略传播的关系：分析国家综合实力如何支撑系统性的战略传播建构。
- 战略的多维视角：从深刻性、长期性、全局性的角度审视战略的制定与实施。
- 国际传播战略模型的构建：基于国家综合实力与广义文化共力，分析国际传播战略模型的变量，并探讨不同战略的选择。

人类社会发展到现阶段，国际传播的本质依然为国际竞争，它的表现形式是国际各类信息的交互，主要目的是影响传播对象的认知、态度和行为。其实，竞争与合作都是相对概念，竞争不否认暂时的互利，合作也不能忽视竞争这个永恒主题。生存压力使然，人们以竞争为主、合作为辅；发展需求推动，人们以合作为主、竞争为辅。同理，国际传播虽然多有合作的表现形式，但本质却是国与国、文化与文化之间与生俱来的竞争性。理想状态下，国际传播应该由"聚焦共同利益和价值"向共享文化过渡，也就是传播主体和传播对象在文化融合意义上的"赞赏式交流"，即自我与他者共建共守一个有共同意义、关怀所有成员的精神家园，类似于某种文化共同体。当然，对于文化差异较大的不同人类群体，这需要一个漫长还可能是困难的过程，但此处止是国际传播的终极价值所在。不过，理想终归是理想，现实中的生存和发展压力提醒我们切忌陷入战略幼稚，而应该在自我与他者视角下深刻分析当前国际传播的功利性、政治性和博弈性。

国际竞争是参与者在资源和机会稀缺条件下的生存权与发展权之争。在能够考证的人类历史中，人际、群际、族际、国际的竞争与合作此消彼长、杂糅并行，总体趋势由竞争导向往竞合平衡发展。截至目前，我们的博弈动机与结果一直呈现零和为主、双赢稀缺的特征。决定竞争走向的主观因素是核心竞争力，但在更宏观的视角下偶然性也不容忽视。虽然竞争关系依据外部环境变化而变化，但毫无疑问，竞争是基础，合作在很大程度上也是为了取得竞争优势，或者可将之视为下一个竞争的准备期。如在冷战中，以美苏为核心的两个政治、军事集团进行了长期对抗，与直觉相反，这造就了很长一段时间的国际稳定状态，其原因就是双方达成了一系列为避免竞争失控的暂时合作，如慎重使用核武器、避免直接军事对抗、不干涉对方势力范围、保持行为可预测性、不谋求破坏对方的领导等。①

战争是国际竞争的极端，是一国调用所有可用资源和可能手段，以击败敌人为根本目的，因此它很容易造成双方无法承受的毁灭性后果。近代以来，大国间激烈竞争形成了一个动荡的、多极化的世界格局，虽偶有调节各方行为的临时协议，但整体上基本处于丛林状态，这些竞争以军事冲突为主，也有经济、社会和文化形式，但前者一直起决定性作用。由于非理性特质及现代科技破坏力，工业革命后的国际战争一步一步向我们证明此路不通，并最终用美国核轰炸日本这一历史惨剧毫不留情地给人类文明画下红线。进入冷战时期，美苏等世界强权逐渐建立"确保可以毁灭地球的军事实力"，然后用仅剩的一丝理智尽量避免热战，即便出现"无法遏制的疯狂"，也是代理人形式的，如越南战争、阿富汗战争等。在生死攸关的压力下，国际竞争主流由硬竞争转向软竞争，也就是避免热战，转而以科技、政治、经济、文化等形式为主，正如亨利·基辛格（Henry Kissinger）研究中美竞争时指出的，"美国与中国之间的决定性竞争更可能是经济竞争、社会竞争，而不是军事竞争"②。进入信息时代，基于现代科技的国际传播迅速成长为软竞争的主要载体和场域，其关键性与日俱增。

在国际交往日益频繁、国际竞争持续深入的当下，国际传播成为各国取得竞争优势的重要一极。与传统意义上以大众媒介为主要场域不同，广义国际传播包括主体和对象之间一切因为互动引发的信息交换行为，深刻作用于参与者的国际权力地位和文明影响能力。因此，国际传播战略制定的意义重大，必须反映国际竞争的全局性、系统性和长期性。基于此，从现实主义和建构主义出发，将国家综合实力与广义文化的近似程度确定为国际传播战略模型（受众矩阵）的横纵坐标，从而区隔出四个象限，各自

---

① 加迪斯. 长和平：冷战史考察. 潘亚玲，译. 上海：上海人民出版社，2019：309-314.
② 基辛格. 论中国. 胡利平，等译. 北京：中信出版社，2012：513.

衍生出一种国际传播战略。首先是综合实力强、广义文化相近的"同源与责任战略",强调和突出国际传播主体与对象同文同种的"自我认同",渲染强大前者在同一文化圈内领导或核心的负责任的国家形象;其次是综合实力强、广义文化相异的"标杆与说服战略",即文化相异、综合实力较强的国际传播主体应努力跨越文化鸿沟,示范和说服国际传播对象明确认识和接受这一事实并开展建设性交流和实质性合作;再次是综合实力弱、广义文化相近的"共情与跟随战略",也就是在"同文化、弱实力"的比较条件下,主体通过国际传播强调双方广义文化的近似程度并清晰表达"跟随"的战略意图,引发受众共情,从而最大化保护国家安全和其他重要利益;最后是综合实力弱、广义文化相异的"互利与展演战略",即以普适性利益为交流合作切入点,展演不同文化共鸣之处,弱势方通过国际传播使强势方认可其国家形象并接受合作诚意。

第一节 古老人类实践及国际交往重塑: 广义文化视域下的国际传播

国际传播古已有之,但其规模、手段、范围发生质变始于第一次工业革命前后的机械力爆发。现代国际传播于两次世界大战时期崭露头角,至冷战已产生出"远超预期"的效果。国际传播"是以民族、国家为主体而进行的跨文化信息交流与沟通"[①],"对发生在民族国家之间或跨越民族国家疆界的传播与媒介模式及其效果的文化、经济、政治、社会与技术分析"[②]。它试图建构一个世界政治和文化融合的图景,并与提升软实力之间有着密

---

① 程曼丽. 信息全球化时代的国际传播. 国际新闻界,2000 (4):17-21.
② McPhail, T. L. Global Communication: Theories, Stakeholders, and Trends. Malden, MA: Blackwell Publishing, 2006.

切关联，因为文化必须经由它并得到认同后才能转化为软实力。在此领域处于霸权地位的国家，依赖大众媒体充当软实力的合法性裁判，并且将其用作塑造国家形象的重要工具。① 很久以来，美国依靠这种优势不断将其意识形态、价值观向他国渗透，某种程度上，这种力量已超过其维护自身身份的需求。②

国际传播是国家精神的反映，其主要内容是文化和价值观。因此，广义文化就成为国际传播研究的底层问题。

一方面，"文明冲突论"认为"文化和文化认同（它在最广泛的层面上是文明的认同）形成了冷战后世界上的结合、分裂和冲突模式"，文化价值不同于物质利益，因为后者可以通过谈判和妥协加以解决，前者却不行。③ 同理，国际传播中也体现着主体的民族性与全球性冲突，其不仅反映民族国家的利益，还代表民族的文化和价值观。④ 当前，互联网平台中的国际舆论博弈成为上述现象的焦点，有技术主导、平台操控等特征，和泛政治化、平台寡头化、技术智能化等趋势。⑤ 在这个格局中，从"公共外交"到"全政府战略传播"等政策，延续着"对立—竞争"的战争性思维，更加深了当前国际传播面临的愈趋激烈的话语权争夺。⑥ 未来，美国可能将舆论战更多地和心理战、政治战相结合。⑦ 美国国际传播机制的四个重要特征分别

---

① 奈．巧实力．李达飞，译．北京：中信出版社，2013：18-33.
② 嘉戴尔斯．全球媒体时代的软实力之争．何明智，译．北京：中信出版社，2010：64-129.
③ 亨廷顿．文明的冲突与世界秩序的重建．周琪，等译．北京：新华出版社，2010：8-109.
④ 沈国麟．表达共同体：国际传播中的全球民族性．上海交通大学学报（哲学社会科学版），2022，30（3）：11-21.
⑤ 张志安，杨洋．互联网平台对国际舆论博弈的影响：机制与趋势．新闻与写作，2023（2）：25-34.
⑥ 李明德，乔婷．中国国际传播：历史演变、现实背景与前沿问题．西安交通大学学报（社会科学版），2022，42（5）：123-135.
⑦ 张文宗，胡畔．中美舆论战与中国的国际传播．和平与发展，2022（1）：1-15，136.

为：战略传播观念服从国家战略利益、全政府式运作与全社会式舆论动员、意识形态包裹战略传播目标、持续性议程设置。① 对美传播是中国国际传播的关键一环，对中国国家安全意义重大。

另一方面，文化认同意义上，全球社会创建了超越国家边界的情感共同场域，在此，作为"机动的知识倍增器"的大众传媒赋予了所有参与者"移情性格"，也就是现代性人格的特有组成部分②，"发明"了一种本土文化和外域文化杂陈的特殊社会文化形态——"混合文化"（hybrid cultures)③。所以，国际传播研究的跨文化转向十分重要，在这种差异的融合过程中，建构是核心。④ 要加强当代中国价值观的国际传播，因为它是中国立足世界民族之林的安身立命之本，也对推动人类文明繁荣发展具有独特的价值。⑤ 通过"信息传播理论的范式构建、跨文化传播能力的全面提升、社会责任体系的系统再造"⑥ 三种举措，切实提升中国国际传播人才培养质量，并在构建国际中文教育传播体系时注重语言所承载的文化底蕴和所代表的文化身份⑦。新时代，增强中国国际传播能力应从主体、诉求、渠道、类型四个维度着手⑧，具体策略有三：一是消除模糊、建立共识，传播中国

---

① 李格琴. 美国"锐实力论"的战略传播与中国应对. 社会主义研究，2022（1）：163-172.
② Lerner, D. The Passing of Traditional Society: Modernizing the Middle East. New York: Free Press, 1958：52.
③ Canelini, N. G. Hybrid Cultures, Strategies for Entering and Learning Modernity. Minneapolis: University of Minnesota Press, 2005：xi - xvi.
④ 吴飞，等. 国际传播的理论、现状和发展趋势研究. 北京：经济科学出版社，2016：45.
⑤ 项久雨，雷洲. 当代中国价值观国际传播的多向进路. 社会主义核心价值观研究，2021，7(6)：32-41.
⑥ 廖祥忠. 媒介与社会同构时代国际传播人才培养必须着力解决的三大问题. 现代传播（中国传媒大学学报），2021，43（1）：1-6.
⑦ 段鹏. 历时、共时及经验：国际中文教育及传播应用研究. 西北师大学报（社会科学版），2022，59（4）：76-84.
⑧ 胡智锋，刘俊. 主体·诉求·渠道·类型：四重维度论如何提高中国传媒的国际传播力. 新闻与传播研究，2013，20（4）：5-24，126.

制度优势[1]；二是"受众化和平民化"[2]；三是他者叙事[3]。

革故鼎新，中国应以 TikTok 风靡全球为鉴，改进传播理念、传播方式、传播技巧并增强传播效果，将过去符号式的、脸谱化的僵硬传播，改变成个性化的、消费型的柔性传播。[4] 搞懂国际传播系统的特性与规律，吃透共同协作、协调同步和合作互惠的层次内涵，做到量"度"划"界"、定"度"守"界"、以"度"为"界"[5]，在国际传播中大力应用最新通信和传播技术。当前，数据话语权是国际传播的战略博弈工具和战略竞争焦点[6]，人工智能技术正在从传播者、渠道、内容生产链条上颠覆国际传播格局，信息生产正在由农业社会的手工生产转变为信息社会的智能生产，国际形象建构与国际舆论正在转变为技术之间的博弈，国际传播参与主体经历由人到人机协同再到以机器为主的转变。[7] 聚焦受众需求，增强影视传播力，从而提升文化软实力，打造影视强国。[8] 此外，随着生成式人工智能等高新技术快速发展，视频语言[9]和智能媒介有望推动全新的——均衡、公正、公平的——全球传播格局和秩序的建立，媒介技术与相应的国际政治、

---

[1] 胡正荣，姬德强. 由内而外的传播智慧：对外传播学的现实与未来. 对外传播，2013（7）：37-40.

[2] 郭镇之. "讲故事"与"讲道理"：中国的新闻报道与话语创新. 新闻与写作，2018（2）：27-31.

[3] 胡泳. 互联网国际话语权构建的三个维度. 对外传播，2012（11）：35-37.

[4] 陈圣来. 后疫情时代中华文化的国际传播. 现代传播（中国传媒大学学报），2021，43（10）：11-16.

[5] 胡正荣，王天瑞. 系统协同：中国国际传播能力建设的基础逻辑. 新闻大学，2022（5）：1-16，117.

[6] 陆小华. 数据话语权：国际传播的战略性竞争焦点. 现代传播（中国传媒大学学报），2020，42（10）：1-6.

[7] 张洪忠，任吴炯，斗维红. 人工智能技术视角下的国际传播新特征分析. 江西师范大学学报（哲学社会科学版），2022，55（2）：111-118.

[8] 胡智锋，杨宾. 传播力：中国影视文化软实力提升的重要保障. 清华大学学报（哲学社会科学版），2018，33（3）：140-147，193.

[9] 廖祥忠. 视频天下：语言革命与国际传播秩序再造. 现代传播（中国传媒大学学报），2022，44（1）：1-8.

经济、文化事件相结合也成为有效的国际传播路径,"数字公共外交"[①] 和全民国际传播[②]应运而生。

第二节 助力国家战略的系统性建构:
国家综合实力视域下的战略传播

虽然两者在很多方面差异显著,但是战略传播研究与国际传播战略研究确有不少相通之处,特别是在系统性、长期性、全局性和历史性等方面对比研究价值突出。

"9·11"事件后,美国反思对外交往理论和实践,提出"战略传播"概念,即综合运用影像、话语、行动,影响目标受众认知与改变其行为,促进与实现国家战略利益[③],它涉及管理、市场营销、公共关系、技术传播、政治传播、信息或社会营销活动六个学科领域[④]。因此,"战略传播"是一个跨学科概念[⑤],以"告知"为底色,以改变受众行为为目标,将价值观与标志性符号紧密结合并基于专业知识[⑥]强调传播信息与实际行动的一致性,其最重要的两个特性为目标导向与整合导向,前者指有针对性地开展

---

① 史安斌,杨晨晞. Web3.0时代的国际传播与公共外交:趋势与愿景. 青年记者,2022 (15):93-97.
② 钟新,蒋贤成,王雅墨. 国家形象的跨文化共情传播:北京冬奥会国际传播策略及效果分析. 新闻与写作,2022(5):25-34.
③ Farwell, J. P. Persuasion and Power: The Art of Strategic Communication. Washington, DC: Georgetown University Press, 2012: xviii-xx.
④ Hallahan, K., Holtzhausen, D., Van Ruler, B., et al. Defining Strategic Communication. International Journal of Strategic Communication, 2007, 1 (1): 3-35.
⑤ 吴瑛,乔丽娟. 战略传播的概念、内涵与中国特色战略传播体系构建. 西北师大学报(社会科学版),2023,60(2):36-48.
⑥ 郑华,侯彩虹. 战略传播理论渊源与在美国外交中的应用:基于里根对苏外交的分析. 西北师大学报(社会科学版),2023,60(2):59-69.

传播活动，即传播对象主要为"关键受众"，如各领域专家、政府官员及"关键意见领袖"，后者指对多元主体与多种资源的最大化协调利用。①

在信息时代，战略传播与国家安全联系紧密、互动频繁，它不仅直接作用于政治安全、文化安全、经济安全、意识形态安全、军事安全等传统国家安全，还间接深刻影响着数据安全、生态安全、网络安全等非传统国家安全。近年来，美国炮制了"锐实力"等理论，通过"创造新概念进行问题界定、利用学术话语增强可信度、运用意识形态批判获取道德共情"等传播策略，在全政府、全社会式的传播路径下持续恶化目标国家的国际舆论环境。

当前，中国需大力建设战略传播体系，即从顶层设计到执行力建设的全过程重构，逐步形成同我国综合国力和国际地位相匹配的国际话语权，为我国改革发展稳定营造有利的外部舆论环境。② 对比美英各国战略传播体系建设，中国特色战略传播体系需要从理念、机制、执行机构及评估四个层面着力③，需要对现有的外宣制度和理念进行全方位革新，从整合优化议题与渠道、信息与行动、传者与受众、规划与评估四对辩证关系入手，推动从国际传播到战略传播的语境适配和路径创新。④ 首先，以人类命运共同体理念和文明交流互鉴观作为价值基础，以建构公平公正平衡的全球传播新格局为目标⑤；其次，从提升专业化程度、加强前期调研和主动策划、强化过

---

① 毕研韬，王金岭．战略传播纲要．北京：国家行政学院出版社，2011：20-51.
② 赵周贤，刘光明．构建具有鲜明中国特色的战略传播体系．人民论坛·学术前沿，2021 (24)：107-117.
③ 吴瑛，乔丽娟．战略传播的概念、内涵与中国特色战略传播体系构建．西北师大学报（社会科学版），2023，60（2）：36-48.
④ 史安斌，童桐．理念升维与实践创新：党的十九大以来国际传播与跨文化传播研究十大前沿议题．编辑之友，2022（4）：55-62.
⑤ 戴元初．底层价值战略目标实现路径中国特色战略传播体系的建构方案．人民论坛，2022 (19)：100-103.

程评估和效果评估三个方面强化我国国际传播战略传播思维[1]；再次，中国国际传播话语建设应由战术层面上升至战略层面，在构建人类命运共同体价值观引导下对话语资源进行组织建构，具备全球视野与价值观，形成超越语言范畴的、具有思想内涵的系统性陈述群[2]；又次，中华文化国际传播应以战略传播逻辑建立多层级的传播集群矩阵，通过多层次的互动打破单一渠道外宣所带来的隔膜与距离，实现国际社会对中华文化影响力的理解和认可[3]；最后，努力塑造"全球中国"话语体系、构建"全球中国"国际传播联动机制，并以"全球中国"带动国家战略传播[4]。

第三节 一项事业的深刻性、长期性、全局性视角和筹划：战略

国家战略和军事战略实践由来已久，广泛见诸各大古文明史料和遗迹，如古希腊、古埃及、古印度、古中国、古巴比伦、古罗马等。

在中国，始于夏、商、周时期，后于春秋战国群雄争霸的长期战争中加速发展，中国人的国家竞争战略思想日益成形。"兵者，国之大事"（《孙子兵法》），"国之大事，在祀与戎"（《左传·成公十三年》）。可见，长期以来军事一直是各国最重要的国事，如何运用战略思想赢得战争也成为当时诸侯和知识分子们考虑的头等大事。《尚书》《周易》中详细描述了商灭夏

---

[1] 张迪，刘畅，覃可儿. 国际传播实践与战略传播思维. 对外传播，2022（6）：34-37.
[2] 程曼丽. 新时代中国国际传播话语建设思考. 国际传播，2018（2）：1-7.
[3] 史安斌，刘长宇. 议题·思维·场景：2022年中国对外传播研究回顾与实践前瞻. 对外传播，2023（1）：11-14.
[4] 史安斌，盛阳. 探究新时代国际传播的方法论创新：基于"全球中国"的概念透视. 新闻与传播评论，2021，74（3）：5-13.

的鸣条之战和周灭商的牧野之战,并从军事角度讨论了其成功和失败的原因。进入春秋战国,诸侯间战争的规模、强度、时间不断增加,人们对国家竞争战略有了新的认识,逐渐发现军事背后的隐性因素,如政治、经济、文化、科技等,也产生一批深刻影响中国历史的战略实践,如"尊王攘夷""联秦制楚""合纵抗秦""连横破纵"和"远交近攻"等。与此同时,《孙子兵法》《孙膑兵法》《六韬》接连出现,为中国战略思想理论奠定了深厚基础。汉朝末年,中国进入第二个历史大动荡时期,群雄逐鹿推动竞争战略思想不断发展,其中最有代表性的是诸葛亮的"隆中对",它不仅准确分析了三足鼎立的时局,还详细规划了蜀国成就霸业、光复汉室的具体战略举措。此后,在五代十国时期、清代也出现了一些宏观视角下的军事战略讨论,如"夫权谋方略,兵家之大经,邦国系之以存亡,政令因之而强弱"(《旧唐书》),"不谋万世者,不足谋一时;不谋全局者,不足谋一域"(《寤言二·迁都建藩议》),等等。

在西方,战略(strategy)一词源于古希腊语"strategia",含义是"在军事上为获得胜利而施展计谋"[1],类似于战术策略的意思。当时研究国家战略的代表性著作有修昔底德的《伯罗奔尼撒战争史》,它以公元前431年至公元前404年发生在提洛同盟(以雅典为首)与伯罗奔尼撒同盟(以斯巴达为首)之间的战争为载体,对比研究了古希腊城邦的对外战略,并从国家整体实力、国家利益、国家荣誉等方面论述了国家战略选择的重要意义。近代以来,马基雅弗利在其著作《君主论》中特别强调了国家战略制定及君主战略素养的重要性。他指出,国家的主要基础是良好的法律和军队;君主的专业是战争、军事制度和训练,其若想获得和保持权力,既要有狮子般的武力,也要有狐狸般的计谋。[2]

---

[1] Grieksch, F. Woordenboek. Netherlands: Wolters Kluwer, 1920.
[2] 马基雅维利. 君王论. 徐继业, 译. 北京: 西苑出版社, 2004: 116.

战略的现代含义出自德国（普鲁士）军事理论家克劳塞维茨的经典著作《战争论》，即根据可调动资源及外部环境特点进行长期性和全局性谋划。[1] 随后，西方军事话语中出现了战略与战役、战术的区分，战略指动用国家全部军事力量维护国家安全，战役、战术指在战役层面或与敌人直接接触层面进行谋划和施行。[2] 第二次世界大战以来，尤其是冷战后，国际竞争不再限于军事领域，而是在政治、经济、文化、商贸、科技、国际传播等方方面面展开，战略思想得到快速发展，国家战略、国际传播战略、企业竞争战略等研究逐步深入。

国家战略这个概念最早由美国参谋长联席会议提出，它指不论平时或战时，组织并使用军事力量及政治、经济和影响对方心理的力量，以实现国家目标的艺术与科学；国家战略既指导国家发展和参与国际竞争，也统筹国家安全和维护国家利益，具有政治性、全球性与历史性，政治性指其服从国家意识形态体系和政治制度，全球性指其需具备全球视野和全球性的竞争目标，历史性指其基于一国历史，并且在一个相对稳定的历史时期进行指导；国家传播战略指一国政府对大众传播的全局性规划和指导，从受众的不同可划分为对内传播战略与对外传播战略，是国家外交战略的组成部分，具有动态性，其实施者是主权国家，与国家安全、和平、发展息息相关。[3]

从理论深度和应用范围两方面而言，除军事战略外，企业竞争战略研究对战略的基础理论贡献最大，影响最为深远。1980 年，迈克尔·波特构建了企业竞争的"五力模型"，认为容纳企业竞争的产业结构由五种基本竞争力

---

[1] 克劳塞维茨. 战争论. 中国人民解放军军事科学院，译. 北京：商务印书馆，1978：107-210.
[2] 斯奈德. 当代安全与战略. 徐纬地，等译. 长春：吉林人民出版社，2001：18.
[3] 臧具林，陈卫星. 国家传播战略. 北京：中国传媒大学出版社，2011：60-61.

（进入威胁、替代威胁、买方议价能力、供方议价能力、和现有竞争对手的竞争）相互作用而成，进而提出了"可供选择的三大竞争战略"。为应对复杂竞争环境、获取超常收益，企业制定竞争战略时除了剖析五种基本竞争力产生的深层次原因，还要识别自身在产业环境中的优势及弱点，从而选择进攻性或防御性战略，即总成本领先（overall cost leadership）战略、差别化（differentiation）战略或聚焦（focus）战略。[1] 本质上，企业竞争战略的制定和实施都是为了在产业结构中获得竞争优势，每一种基本竞争战略都是实现这个目的的不同路径和愿景。[2] 在迈克尔·波特的竞争战略理论之后，战略学家逐渐将研究重点转向对竞争主体的资源和能力分析，他们认为波特的理论全面分析了企业外部环境中的机会和威胁，但没能详尽、透彻地研究竞争主体本身，也就是竞争力。理论界关于竞争力的认识，大致可分为"核心能力"和"整体能力"两种，前者指"比起竞争对象，竞争主体具有的影响甚至决定竞争结果的优势和能力"；后者指"影响甚至决定竞争结果的各种能力综合表现"。总而言之，竞争主体的竞争力是不弱于竞争对手的满足市场需求的能力，20世纪末，企业竞争的宏观环境出现剧烈、频繁变动，快速应变成为上述能力的重要部分。[3] 随着相关研究不断深入，有学派集成了上述两种理论观点，认为竞争战略制定基于竞争主体掌握资源的数量和质量，并需要在外部环境中将之与竞争对象进行比较分析，从而判断其优势和劣势，奠定战略选择的理性基础。[4] 还有学者将研究目光聚焦顾客，也就是竞争参与者的服务对象和竞争力的检验主体，创建了"顾客矩阵"，即由可感

---

[1] 波特. 竞争战略. 陈小悦，译. 北京：华夏出版社，2005.
[2] 同[1]33-45.
[3] Stalk, G., Evans, P., Shulman, L. E. Competing on Capabilities：The New Rules of Corporate Strategy. Harvard Business Review，1992，70（2）：57-69.
[4] Montgomery, C. A., Collis, D. Competing on Resources：Strategy in the 1990s. Harvard Business Review，1995，73（4）：118-128.

知价格（perceived price）和可感知使用价值（perceived use value）两组变量构造的二维坐标矩阵，从而以此为分析竞争目的和竞争主体关键能力的新模型和新范式[①]等。

第四节　国家综合实力与广义文化共力：国际传播战略模型变量分析

从进化史和文明史来看，人类种群核心竞争力在不同时期的内涵有所不同，但其内在逻辑关系明晰：以十万年为跨度是进化能力和偶然性；以一万年为跨度是生存环境，也就是对其生存有重要影响的外部因素；以一千年为跨度是广义文化，也就是决定其认识世界、利用世界、发展自身的一切主观能动性的结果，此中最为重要的是认知能力和价值观；以一百年为跨度是制度和科技；以十年为跨度是经济、外交、军事、国际传播等。

国际竞争视角下，内外部分析是竞争主体制定竞争战略的理论依据和现实依据。20世纪末，美国哈佛大学商学院的安德鲁斯教授提出了企业竞争战略理论"SWOT"分析框架：S（strength）即企业的优势、W（weakness）即企业的弱点、O（opportunity）即外部环境提供的机遇、T（threats）即外部环境存在的威胁。[②] 它的出现影响深远，一直被理论界和企业界广泛采用和验证，获得了非常高的评价和赞誉。正是对企业竞争战略理论的认同和重视，美国著名战略管理学家、哈佛大学商学院的波特教授多次指出：

[①] 福克纳，鲍曼. 竞争战略. 北京：中国人民大学出版社，1997：9.
[②] Collis, D., Cynthia, A. Montgomery, Competing on Resources: Strategy in 1990s. Harvard Business Review, 1995, 73 (4): 118-128.

"理解产业结构永远是战略分析的起点,产业结构分析是确立竞争战略的基石。"① 因此,企业制定战略时,首先要进行内外部分析,然后辨析出影响企业竞争的关键要素,最后依此构建系统性、长期性和全局性的主动与被动策略。内外部分析就是微观与宏观分析,于内聚焦主体性,即核心竞争力视角下优势、劣势的分析;于外聚焦整体性,即系统论视角下影响主体竞争能力的外部要素分析。当然,这个分析框架基于企业视角,但就竞争意义而言,企业战略、国家战略和国际传播战略在本质上多有相通之处。因此,研究国际传播战略模型时,企业竞争战略理论值得借鉴。

权力分配和价值习俗是国际传播体系结构的关键要素,因此国家综合实力与广义文化近似程度成为国际传播战略内外部分析的两个基础性维度。一国的综合实力决定其在国际传播体系中的权力和地位;广义文化近似程度既是国际传播主体与对象合作或冲突的根源,也是决定国际传播效果的最重要因素。因此,本书将"国家综合实力"与"广义文化近似程度"确定为国际传播战略模型(受众矩阵)的横纵坐标(见图3-1)。

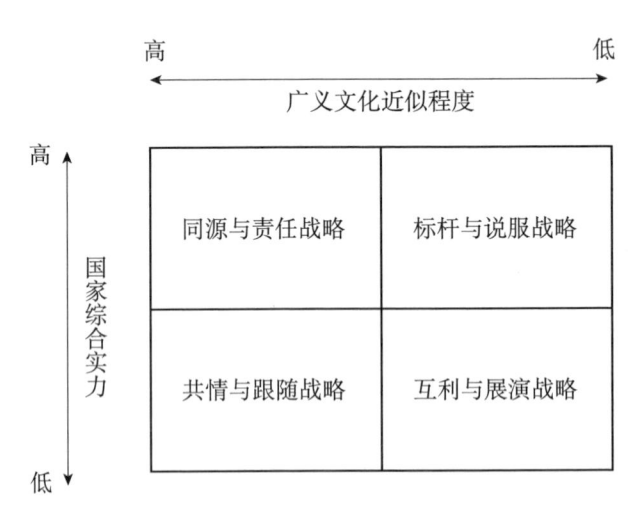

	广义文化近似程度 高 ← → 低	
国家综合实力 高	同源与责任战略	标杆与说服战略
低	共情与跟随战略	互利与展演战略

图 3-1 国际传播战略模型(受众矩阵)

---

① 波特. 竞争战略. 陈小悦,译. 北京:华夏出版社,2005:6,27-30.

一、国家综合实力：国际传播体系结构与国际权力博弈的基石

国际传播体系结构由国际传播主体权力制衡关系决定，即国际传播主体综合实力博弈后的相对稳定状态。国家综合实力指一国以资源禀赋和文化底蕴为基础，长期发展出的硬软实力综合水平。一国的综合实力虽不能完全与其国际传播体系权力地位等同，但毫无疑问，前者一般为后者的唯一基础。也就是说，一国在国际传播体系中获得的权力地位与自身综合实力成正比。哈佛大学教授格雷厄姆·艾利森曾经论述："国内事务比国际事务更重要，至少是同等重要。其中三个因素最重要：经济表现创造国家权力的子结构，治理能力让国家为达到目标调动资源，而国家的精神维持前两个因素。"[①] 国内事务之所以比国际事务更重要，是因为国内事务的治理水平是国际竞争主体综合实力和运筹国际事务的基础和来源，其三个关键要素为经济（经济表现）、政治（治理能力）和文化（国家精神）。相对权力（综合实力）增加的国家会谋求利益分配改革，从而推动当前体系的渐进性或革命性变化。国际传播体系结构的基础是国际体系权力结构，因此它的形成和变化出自各国综合实力博弈。

系统论视角下，一国的综合实力不仅指硬实力和软实力，还包括整体上发挥两者"最大化"效能的运行逻辑，从国际传播来看，就是主体将综合实力转化为文化吸引力和价值共情力的机制。国家综合实力是战略潜能，决定一国国际竞争力、国际传播力的上限和下限；竞争机制是战术潜能，在前述限度内决定国家综合实力转化为竞争力和传播力的水平和效果。硬实力主要指看得见、摸得着、可转化为支撑自身或影响他人的力量和潜能，如自然资源、人口、科技成果、军事组织等。"何谓软实力？它是一种依靠

[①] 艾利森. 注定一战：中美能避免修昔底德陷阱吗？. 陈定定, 傅强, 译. 上海：上海人民出版社, 2019：282.

吸引力，而非通过威逼或利诱的手段来达到目标的能力。这种吸引力源于一个国家的文化、政治理念和政策。当一个国家的政策被外界视为合理时，其软实力也会相应增强。"[①] 可见，软实力主要指广义上的文化，非实体但对人类有着特殊价值，如审美、道德、艺术、习俗、宗教、社会科学、文化产品等。约瑟夫·奈认为，只有建立在硬实力基础上，软实力才成为权力。[②] 其实，硬实力是软实力的基础和低级形式，软实力是硬实力的升华和高级形式，软硬实力在本质上如出一辙，但在表现形式上千差万别。一般情况下，人类文明意义上的事物发挥功效都是软硬实力的有机结合。此外，综合实力不等于权力，综合实力转化为权力不能没有竞争机制的参与，因此国家综合实力是个时间概念，竞争机制是个运动概念。比如第二次世界大战前期没有介入欧洲战场的美国，虽然拥有十分强大的科技、工业和军事实力，但并没有将之转化为国际竞争力，所以未获得与其综合实力相匹配的国际地位和权力。

国际传播能力是国家综合实力的重要组成部分，国家综合实力是国际传播能力的源头基础，两者关系为有机互构。国际传播能力包括六个方面内容，形成一个循环，具体为：文化比较能力、顶层设计能力、资源配置能力、"俘获"受众能力、危机应对能力和优化改进能力。[③] 文化比较能力是对国际传播主体和对象的广义文化进行比较研究，从差异的根源处认识两者，为后续流程打下深刻性和全面性的基础。地缘政治和经济因素固然重要，但从历史上看，能够打动和激励美国人民的是让他们认识到，维系其制度的原则受到了威胁。可见，经济和政治是广义文化的结果，因此从

---

① 奈. 软力量：世界政坛成功之道. 吴晓辉，钱程，译. 北京：东方出版社，2005：1-31.
② 奈. 巧实力. 李达飞，译. 北京：中信出版社，2013：88-89.
③ 李娟. 自我与他者：国际传播认识论的内在理路. 现代传播（中国传媒大学学报），2023，45（12）：55-65.

本质上理解国际传播对象既必不可少也难以忽略。"9·11"事件发生前，美国对中东地区的国际传播遇到困境，不仅没有在阿拉伯国家建立良好国家形象，还产生了一系列负面效果，究其原因，还是对其他文化理解得不深入、不透彻，态度不谦虚。顶层设计能力指基于现有资源（综合实力）将战略动机转化为战略目标，然后进行战术分解的过程；战略动机是传播主体因时代发展和国际局势而识别出的长远利益和短期利益，并在当前能力范围内全面论证其合理性和可行性。资源配置能力指调动可用国际传播资源并最大化地发挥出全局性功效，也就是基于顶层设计的执行力建设。"俘获"受众能力指构建受众视角下跨文化认同和国际传播主体的美好国家形象认知。危机应对能力指国际传播视域下及时、有效地应对损害主体利益的各类相关突发事件。优化改进能力指建立和完善科学的、动态的国际传播效果评估体系和机制，持续为优化改进提供依据和经验，不断在循环流程内修正国际传播战略策略，提升国际传播效果。因此，国际传播能力与国家综合实力内在联系紧密，两者既是局部与整体的关系，也互为因果。

国际传播主体与对象的国家综合实力比较分析是制定国际传播战略的两个重要支柱之一。首先，国际合作的基础是利益而不是文明（文化）。其实，人与人、宗族与宗族、种族与种族、国家与国家合作关系的基础无外乎利益，文明（文化）只不过是利益的高级形式而已。利益贯穿一国综合实力生成和发展全过程，也刺激和制约着国际交往的方方面面，此外，国际传播是基于竞争的合作，更加凸显互动双方的利益关系，所以制定国际传播战略必须侧重研究竞争双方的综合实力对比。其次，在国际交往中，行为主体有着所属体系的明显特征。除文化特质以外，国际传播主体行为方式的基准就是国家间综合实力比较。最后，国家综合实力比较与国际传播行为一直处于不断尝试、碰撞和妥协的过程。正如吉尔平指出的："当新大国在世界舞台上崛起的时候，美国在外交事务方面的基本任务就变成对它的世界地位的改变做出反应。"① 在国家间综合实力比较持续变动中，国际竞争主体包括国际传播在内的一切竞争行为也会随之调适。

二、广义文化：国际传播主体价值理念与行为规范的出处

广义上，文化指人类感受、认知、表达和改变自身与外界的主观能动性的结果，既有物质形态也有精神形态。首先，广义文化指人类的主观能动性。波兹曼（Postman）认为，文化包括"价值、规则、体制和在一个既定社会中历代人赋予了头等重要性的思维模式"②，这是个较为接近广义文化的概念。应该说，广义文化居于文明与"人化"之间。"人化"指一切与人类主观能动性有关系的事物；广义文化指人类主观能动性创造出的所有对人类有意义的事物，它包括人类意识到的，也包括人类意识不到但实质上影响人类的；文明强调主观能动性为人类创造的重大价值，特别是相较"野蛮"而言。其次，广义文化指物种、族群之间的区别性。文明既根据一些共同的客观因素来界定，如语言、历史、宗教、习俗、体制，也根据人们主观的自我认同来界定。人们所属的文明是他们强烈认同的最大范围。文明是最大的"我们"，在属于自我的文化里我们感到安适，因为它使我们区别于"各种他们"。③ 这个区别除了在语言方面表现突出外，也凸显于广义文化层面上的核心意识形态。它不仅是人们如何生活的依据，也是为什么生活的最高理想。最后，广义文化指特殊意义上的价值性。罗纳德·道尔（Ronald Dore）认为价值有两种，一种是普适性的，如领土、资源、贸易机会等，一种是特殊性的，不同文化形式不同。④ 广义文化是所属族群万

---

① 吉尔平. 世界政治中的战争与变革. 宋新宁，杜建平，译. 上海：上海人民出版社，2007：241-242.
② 亨廷顿. 文明的冲突与世界秩序的重建. 周琪，等译. 北京：新华出版社，2010：20.
③ 同②22.
④ Bull, H, Watson, A. The Expansion of International Society. Oxford: Oxford University Press, 1984: 410.

千年来反复验证和积累的生存、发展经验。它不是普遍意义上的、绝对的，而是面向自身的、特殊意义上的、相对的价值。

由于差异迥然的外部环境和历史传承，散居世界各地的人们创造了自认适宜的生存状态，形成了文化多样性，这个既成事实在异文化交往中特别关键，必须予以足够重视和深入研究。① 费孝通先生曾经就文化多样性及跨文化交流提出十六字箴言："各美其美，美人之美，美美与共，天下大同。'各美其美'就是不同文化中的人们对自己传统的欣赏。这是处于分散、孤立状态的人群所必然具有的心理状态。'美人之美'要求我们了解异文化的优势和美感，这是不同文化合作共存必备的相互态度。'美美与共'就是在'天下大同'的世界里，不同人群在人文价值上取得共识从而促进不同人文类型和平共处。"② 南半球、北半球，热带、温带、寒带，海洋、内陆，生态环境和生存资源差别巨大，使得彼此难见、相对隔离的人们世代繁衍出各自不同的文化形态。虽然多样性在美学和创新意义上有着决定性价值，但在国际交往、国际传播领域，它经常导致不理解、不认同、不合作。"美美与共，天下大同"应该是全人类共同努力的目标，与此同时，我们还应该为应对通往彼岸路途中的困难和挑战做好准备。

长期以来，人们夸大了文化中的理性成分，往往轻视、忽视其非理性的持续和巨大影响，这一方面是受人类的底层欲望束缚，另一方面是认知能力所限。"理性人"假设来源于古典经济学的"经济人"定义，但显而易见的是，人们不仅在做出各类重要决策时，在日常生活中也经常扮演被喜怒哀乐、潜意识和无意识支配的"复杂人"。格雷厄姆·沃拉斯（Graham Wallas）通过政治心理学研究认为，"理性人"假设是错误的，人们在政治

---

① 李娟. 中华民族共同体意识的历史逻辑. 西北师大学报（社会科学版），2022，59（4）：67-75.
② 费孝通. 跨文化的"席明纳"：人文价值再思考之二. 读书，1997（10）：3-9.

活动中往往被感情和本能驱使，很多时候的政治行为是非理性的，大多数人在大多数时候得出的结论并不是得到经验检验的推理结果，而是无意识或半无意识下的反应或习惯。[①] 所以，研究者和决策者必须充分认识人性中的非理性因素，从而保障结论和计划的科学性。广义文化视角下，理性更可能建立在非理性之上，人们往往先认同然后进行理性研判，认同一般充满了感情因素，也就是非理性的。国际传播无法回避跨文化障碍，需要特别重视异文化中的非理性特征，在理论研究和实践操作时将此作为一个关键因素进行剖析和权衡，更加全面和深入地掌握受众的心理结构和心理活动，最终更好地达成国际传播目标。

全球化以来，"西方中心主义"甚嚣尘上，威胁和破坏了世界文化多样性，不断引发冲突。对于非西方文化而言，西方文化不仅是强势的陌生人，而且是其千百年来生存智慧所拒绝的"不稳定因素"。时至今日，西方已向全世界输出了太多的文化内容，人们即便在最偏远的地方也可以看到其深深的烙印。但是，随着国际贸易、国际金融、现代通信和跨境旅游持续增长，全球化进程却迫使国家和族群的自我意识增强，增加了西方文化与区域文化之间的张力。一方面，从人性角度而言，西方文化善于运用个人机遇等诱惑因素，此时就无须动用大棒等胁迫因素。[②] 另一方面，西方文化所谓的普适性并不能完全包容区域文化的特殊性。著名管理学家吉尔特·霍夫斯泰德（Geert Hofstede）基于心理学研究指出，文化的四个维度分别为：个人主义—集体主义、权力距离、规避不确定性和男性化—女性化。[③] 由此可以推理，文化差异越大，爆发冲突的可能性越大，当今世界局势下

---

① 沃拉斯. 政治中的人性. 朱曾汶，译. 北京：商务印书馆，1995：15-66.
② 奈. 软力量：世界政坛成功之道. 吴晓辉，钱程，译. 北京：东方出版社，2005：5-6.
③ 霍夫斯泰德. 文化与组织：心理软件的力量（第二版）. 李原，孙健敏，译. 北京：中国人民大学出版社，2010：24-31.

的案例比比皆是，如"9·11"事件、非洲连续不断的部落及族群争执等。当然，这并不是说基督教文明与其他文明难以交流，但我们必须在国际交往、国际传播时清醒认识类似现象背后的根源。

严格意义上，国际传播即不同程度的跨文化传播，因此国际传播主体制定战略时受广义文化因素的强力约束。首先，人类存在的基本事实是各种地理、历史、宗教、语言和制度组合形成的不同文化形态，近代以来最典型的表现形式为民族国家。也就是说，既然民族国家是一系列要素的综合体，那么它的行为准则自然而然地系统反映了其所属的广义文化。其次，由于最广泛的环境制约，国际交流交融不得不面对双方或多方要素不一致的障碍和困难，这类"冲突的根源来自文化差异，冲突的结果则反映了权力关系的变化"①。本质上，冲突的根源来自竞争各方生存、发展的刚性需求，其中很大一部分是广义文化因素；冲突的过程和结果是双方综合实力的比拼，此时广义文化在大多数情况下扮演着幕后主角。最后，鉴于国际传播的内在竞争规律，国际传播主体制定战略时，除了基于国家综合实力以外，还需比较分析自身与国际传播对象的广义文化，并且其在国际传播中的重要性和决定性还在不断增强。

第五节　现实主义与建构主义桥接：国际传播战略模型

企业竞争战略模型理论揭示，竞争战略必须体现出竞争主体、竞争环境、竞争对手三者关系的系统性、有机性和现实性。比较分析国际传播战

---

① 亨廷顿.文明的冲突与世界秩序的重建.周琪，等译.北京：新华出版社，2010：202.

略与企业竞争战略，两者确有些许不同，如竞争主体的进入和退出机制等，但在很多维度上它们的内在规律一致。首先，现阶段，国际传播的本质是国际竞争，而且国际传播是国际竞争的显性和主流形式。其次，国际传播和企业竞争的目的都是满足或创造受众或消费者的需求。本质上，意识形态（国际传播承载的主要内容）就是人类为存续繁衍和追求意义而产生的精神需求。再次，如同企业竞争的内外部分析，国际传播战略制定既需要内在能力（综合实力）分析，也需要外部环境（广义文化）分析。针对内在能力而言，一国的综合实力具备全面性和系统性，相较核心竞争力在人类社会不同阶段有所不同的变量，它可以更为立体地测量国际传播主体。针对外部环境而言，本书重点关注突出时代价值的广义文化，因为它是宏观的人为环境，也是当前国际竞争的主要考量。最后，构建国际传播战略模型（受众矩阵）的两组变量是基于国际传播主体与对象的对比分析视角。

一、国际传播战略模型（受众矩阵）

广义文化与国家综合实力没有非此即彼的划分，而是存在着复杂的运动转化机制。普适性权力生产了普适性文明，世界权力格局也决定了世界主流文化的分布。[①] 人类社会大小群体内部，文化与生存发展能力（综合实力）同生共长。首先，在综合实力萌生和发展过程中，文化被创造、积累和改进，就综合实力而言，文化既是起因也是结果。其次，综合实力被有效运用后产生了权力，在施展权力的过程中所属文化得到进一步发展和伸张。最后，在这个可能的良性或恶性循环中，文化与权力相互建构，推动主体走向繁荣或衰败。因此，一国的广义文化是综合实力最基础、最重要的组成部分，综合实力是广义文化最系统、最直接的呈现，正如普遍联系

---

① 亨廷顿. 文明的冲突与世界秩序的重建. 周琪，等译. 北京：新华出版社，2010：72.

规律所阐释的，两者始终相互联结、相互依赖、相互影响、相互作用、相互转化。

国家综合实力是向内的现实主义视角，主要分析国际传播主体的优势、劣势。理想主义认为，"传播的起源及最高境界，并不是指智力信息的传递，而是建构并维系一个有秩序、有意义、能够用来支配和容纳人类行为的文化世界"[1]。但这与国际传播实践存在出入，或者说，在当前外部条件羁绊下，理想难成现实。现实主义认为，国与国之间综合实力的此消彼长不断重塑着国际权力结构，也就是说，一国的权力增长，必然引发国际规则和利益分配调整的诉求，其结果为国际体系变化。国际竞争现状使然，国际传播战略的制定者必须暂时摒弃理想主义，采用务实的反思视角，不断通过"认识自我"增加决策和行动的理性成分。因此，国际传播主体向内检视是为了测量和评估自身的综合实力，从而"量力而行"，即"能做什么""不能做什么""如何做"等。

广义文化近似程度是向外的建构主义视角，偏重比较分析国际传播主体与对象的广义文化差异，以及这些因素传导至宏观环境所产生的机遇和挑战。本尼迪克特·安德森（Benedict Anderson）认为，古腾堡活字印刷机发明后，进入流通商业化、生产机械化阶段的书籍，以及最重要的大众媒介——报纸，在民族国家意识生产过程中扮演了决定性角色，因此，民族国家是"想象的共同体"[2]。斯图亚特·霍尔（Stuart Hall）认为，英国广播公司是塑造不列颠群岛上各民族的工具，不仅反映其形成历史，还通过不同方式建构了人们对自己的认识。[3] 近代以来，大众媒介成为国际传播

---

[1] 凯瑞. 作为文化的传播. 丁未，译. 北京：华夏出版社，2005：7.
[2] 安德森. 想象的共同体：民族主义的起源与散布（增订版）. 吴叡人，译. 上海：上海人民出版社，2011：8-9.
[3] Hall, S. Writings on Media: History of the Present. Durham, NC: Duke University Press, 2021: 291.

的最重要工具和广义文化的最重要载体，在此基础上衍生出的建构主义理论也在相当程度上解释了国际传播、跨文化传播成为可能的原因。因此，研究跨文化差异和交流路径是识别宏观环境中国际传播机会和困难的必由之路。

综上所述，国际传播战略模型（受众矩阵）的两组变量分别为国际传播主体与对象的国家综合实力比较和广义文化近似程度（国与国都处于"同文化"与"异文化"之间，没有完全相同，也不可能完全不同），并在不同组合下衍生出四种国际传播战略。

二、国际传播战略选择

国际传播战略模型（受众矩阵）下，国际传播战略可划分为以下四种：综合实力强、广义文化相近的"同源与责任战略"；综合实力强、广义文化相异的"标杆与说服战略"；综合实力弱、广义文化相近的"共情与跟随战略"；综合实力弱、广义文化相异的"互利与展演战略"。

（一）同源与责任战略

国际传播对象视角下，综合实力较强代表着领导和利益的感召力，广义文化近似程度较高代表着亲切和合作的吸引力。"西方的生存依赖于美国人重新肯定他们对西方的认同，以及西方人把自己的文明看作独特的而不是普世的，并且团结起来更新和保护自己的文化，应对来自非西方社会的挑战。"[1] 首先，国家综合实力根植于所属的文化之中。以美国为例，它一边挣脱欧洲传统消极因素掣肘、迅速增强综合实力，一边在文化内核上与西方保持千丝万缕的联系、获得同文化圈领导地位。也就是说，美国同时具备综合实力强大和广义文化相近两个条件，自然而然成为整个西方依赖的对象。其次，综合实力是保护广义文化独特性和生命力的基础，人类历

---

[1] 亨廷顿. 文明的冲突与世界秩序的重建. 周琪, 等译. 北京：新华出版社，2010：5.

史长河中发生的文明消失和种族灭绝事件都可对此做充分说明。最后，广义文化是现阶段区隔人类不同群体的公认"标准"，如民族国家的出现和形成、美国的"熔炉文化"、东方和西方的划分等。

同源与责任战略强调和突出国际传播主体与对象同文同种的"自我认同"，渲染强大前者在同文化圈中领导或核心的负责任的国家形象。一方面，文化认同是最有意义的，它可能发展出了新的面向，但往往是在旧的旗帜下进行。[①] 对人类而言，广义文化大多数时间是潜移默化的存在，但极其深刻、广泛和宝贵，因为它是长期积累、调整和改进的结果，并时刻扮演规范我们行为、指导我们思维的角色。20世纪中后期以来，文化相同或近似的国家彼此合作的世界秩序逐步确立，领导或核心国家划分了同文化其他国家的身份归属，遗憾的是，不同文化之间转化的成功案例还未出现。[②] 可见，广义文化在区分自我与他者时有着特别重要的作用。另一方面，文化共同体的生命力来源于内在生产力和外在表现力，内在生产力指维持或推动所属群体生存和发展的隐性内生活力，外在表现力指保护自身核心特质免受异类侵蚀的显性综合实力。两次世界大战后，为更好保障自身安全、优化利益产出结构，综合实力强大的国家不得不抛弃近现代长期奉行的社会达尔文主义，将侵略、吞并、奴役和霸凌的行径转变为维持秩序和鼓励双赢的模式。此时，为增加自身的感召力和吸引力，综合实力强大的国家需要向同文化其他国家展示负责任、讲道理、爱和平的形象，从而在精神上凝聚、在行动上团结这些国家以制衡他者的"潜在挑战"。国际传播的同源与责任战略正是基于这个逻辑而产生的。

（二）标杆与说服战略

即便国际传播主体综合实力较强，也应慎重对待双方广义文化的较大

[①] 亨廷顿. 文明的冲突与世界秩序的重建. 周琪，等译. 北京：新华出版社，2010：4.
[②] 同①.

差距,否则容易将自身置于"危险陌生人"处境,导致国际传播负面效应。"陌生人"指时空上远离原生文化、移居其他文化的漫游者,其突出特征是与周围社会成员不同的思维和行为方式。① 国际传播中,由于彼此在广义文化各方面的差异,传播主体始终扮演着陌生人角色,稍有不慎就会在受众心目中变成某种威胁。正如英国社会学家齐格蒙特·鲍曼(Zygmunt Bauman)指出,对"我们"而言,陌生人是挑战,因为他们使我们不得不与之辩论、解释和证明原有的生活方式、安全感和舒适感。② 第一次工业革命以来,随着综合实力迅猛增长,西方主要强国开展全球资源掠夺和文化殖民,逐渐在世界范围内形成了"西方中心主义",直到第二次世界大战,西方主要强国始终保持相对其他国家的绝对优势地位。此阶段,由于力量悬殊,非西方国家要么任凭宰割,要么努力向西方学习,长期处于怀疑甚至丢弃自身文化的进程中。换句话说,在双方综合实力差距达到一定程度后,文化鸿沟既不是主要矛盾,也起不到决定性作用。第二次世界大战结束后,新的世界秩序确立,合作与发展成为国际交往主流,非西方国家综合实力获得显著提升。"文明之间的力量对比正在发生变化。西方的影响在相对下降,非西方文明正在重新肯定自己的文化价值。"③ 在"西方中心主义"初级阶段,西方与非西方的冲突基本上表现在领土、资源、市场等方面。随着非西方国家综合实力上升,西方国家在世界范围内推行的普遍主义(本质上还是西方中心主义)却把自己引向与其他文明的冲突之中。④ 也就是说,非西方国家与西方国家的实力对比变化实实在在地引发了"自我"与"他者"的再认识、再评估。因为,"自我"概念的出现源于我们对于他者

---

① 西美尔. 社会学. 林荣远,译. 北京:华夏出版社,2002:512.
② 鲍曼. 通过社会学去思考. 高华,吕东,徐庆,等译. 北京:社会科学文献出版社,2002:47.
③ 亨廷顿. 文明的冲突与世界秩序的重建. 周琪,等译. 北京:新华出版社,2010:4.
④ 同③19-146.

的归属，自我的意义在相当程度上是与他者互动而构建①。此时，广义文化差距变得特别重要，它不仅事关权力博弈，还昭示着人类意识最深处无法割舍世代传袭下来的情感和态度。如日本"明治维新"对原生文化的怀疑和摒弃与第二次世界大战后经济起飞对"自我"的溯源和发扬。

标杆与说服战略指文化相异、综合实力较强的国际传播主体应努力跨越文化鸿沟，示范和说服国际传播对象明确认识和接受这一事实并开展建设性交流和实质性合作。首先，综合实力较强的国家，特别是精英俱乐部的成员国，需要国际传播对象认可其国际优势地位。这一方面可通过贸易、金融、科技、军事、资源等硬实力进行"硬说服"，另一方面可由大众媒介传播、国际政治、外交、文化输出或交流等软实力达成。换言之，即"硬说服"与"软实力"的软硬匹配原则，国际传播路径必须与综合实力一致，传递信息必须与行为一致。一个国家的实力若在别国眼中合理合法，那么它在达到目标过程中遇到的阻力就会相应减少；如果一个国家的文化和意识形态具有吸引力，他国自然愿意效仿；如果一个国家能缔造出与别国利益和价值观一致的国际规则，那么在别国眼中其行为就更具合法性；当这些国家借助机制和规则鼓励别国按自己的意愿行事时，也就不需要那么多代价高昂的"胡萝卜"和"大棒"了。② 其次，国际传播主体需要让传播对象清晰认识到精英文化或精英俱乐部的可接近性和可渗透性，也就是精英圈的开放性，从而获得目标受众在心理和行动方面的支持。如"美国梦"宣传战略的成功就是使所有移民相信这个国家的机会向所有人公平开放，只要足够努力就能成功。最后，国际传播必须将受众可接受性放在重要位置。大众媒介时代以来，尤其是互联网视频内容大行其道的当下，国际传播、跨文化传播在相当程度上跨越了不同群体间的认知鸿沟，但受众可接

---

① 哈贝马斯. 交往行动理论：第1卷. 洪佩郁，蔺青，译. 重庆：重庆出版社，1994.
② 奈. 软力量：世界政坛成功之道. 吴晓辉，钱程，译. 北京：东方出版社，2005：10.

受性始终面临不少困难。有鉴于此，可理解和引发共鸣的叙事方式可能是解决问题的路径之一，因为高质量叙事不仅限于信息传达，还是生命经验的"活载体"，会带给受众舒适性与安全性。国际传播主体应该深刻理解受众偏好和心理结构，在其可理解、易接受的视角下建构"交流模式"，从而创造自我与他者之间可以共享的精神文化。

（三）共情与跟随战略

安全对个人和国家至关重要，它既有物质形态也有非物质形态，物质形态主要来自综合实力生产，非物质形态主要涉及广义文化影响。有关研究证明，个人追求认同的动因在于试图减少不确定性、归属的需求、被包括的欲望和判断的痛苦，这些需求都可以产生自我的满足感。社会认同理论（Social Identity Theory）认为，类化、认同和比较是社会认同的三个基本组成部分。类化指人们识别自己的所属社会群体；认同指确认自己具备所属社会群体的普遍特征；比较指从优劣和地位上将所属社会群体与其他社会群体进行对比。一般情况下，人们会在上述心理活动中提升自尊，产生群内偏爱和群外偏见，社会群体共有身份可减少成员间的威胁感，进而避免冲突。[1] 在国际关系和国际政治研究中，社会认同理论也推理出国际行为的三种战略，即社会流动战略、社会创造战略和社会竞争战略，也就是一国感受到威胁或其不满意所处国际地位时的战略选择。社会流动战略指一国为加入精英俱乐部而接受或效仿地位较高国家的价值观和制度规范。社会创造战略指虽然精英俱乐部可渗透，但相关价值和规范缺乏吸引力，一国会努力提升综合实力并且保留自身特殊性。社会竞争战略指如果一国认为当前的国际地位等级不合法、不可渗透，它就会在可行的情况下否认

---

[1] Rousseau, D. L., Garcia-Retamero, R. Identity, Power, and Threat Perception: A Cross-National Experimental Study. Journal of Conflict Resolution, 2007, 51 (5): 744-771.

或推翻现有领导体制。因此，无论个人还是国家，安全都是底层需求，而且处于相对弱势地位时这种需求更为强烈和迫切。与此同时，安全的最佳来源必然是同文化群体。国际传播场域中主要有文化安全、意识形态安全、话语体系安全及话语权安全等，它们不仅影响一国的软实力，还间接作用于传统国家安全，如政权安全、军事安全等。

共情与跟随战略是在"同文化、弱实力"的比较条件下，主体通过国际传播强调双方广义文化近似程度并清晰表达"跟随"战略意图，引发受众共情效应，从而最大化保护国家安全和其他重要利益。首先，"文化的共性和差异影响了国家的利益、对抗和联合"①。只要有他者存在，同文化群体就更容易达成合作，即使竞争也相对温和。其次，虽然文明内外的关系复杂，时常自相矛盾并经常变化，但两个文明交往时，文明内其他国家通常追随核心国家的领导。② 从历史经验来看，同文化内非核心国家（综合实力较弱）通常情况下会与核心国家积极合作而不是冲突或竞争，这里不仅有安全等现实考量，还有共同价值观念和行为规范的束缚和制约。最后，综合实力较弱的国家在国际传播时突出或夸大自身实力易招致负面效果。因为在国际竞争中，综合实力较强的国家会感受到更多竞争威胁，并倾向于在更广泛的领域扩大竞争。③ 综合实力较弱的国家在国际传播时应避免刺激综合实力较强国家，增加更多竞争压力，影响自身在国际社会的生存和发展空间，甚至威胁国内安全。总而言之，"同文化、实力弱"的国际传播战略应为对同文同种的强调加上对弱势跟随强势的明确表达，以求主体与目标受众产生共情，从而在国际交往中获得更加宽松和友好的宏观环境。

---

① 亨廷顿. 文明的冲突与世界秩序的重建. 周琪，等译. 北京：新华出版社，2010：7.
② 同①220.
③ Colaresi, M. P., Rasler, K., Thompson, W. R. Strategic Rivalries in World Politics: Position, Space and Conflict Escalation. Cambridge: Cambridge University Press, 2008：26.

(四) 互利与展演战略

互利与展演战略指以普适性利益为交流合作的切入点，展演不同文化共鸣之处，弱势方通过国际传播使强势方认可其国家形象并接受合作诚意。首先，有价值是利益的必要条件，普适性利益指人类公认的利益，如资源、领土、商品等，特殊性利益指不同文化情景中的特有利益。其次，安东尼·吉登斯认为，文化在本质上有民族（种族）中心主义（ethnocentrism）倾向。[①] 如果不同文化都以自己为中心并且用这个标准评价他者，那么跨文化交流及合作的难度可想而知。最后，在异文化合作中，弱势方的意愿更为迫切，最经济和最适宜的方式就是挖掘双方共同的普适性利益，并防止传播自身文化的独特性。

在国家综合实力较弱和广义文化近似程度低的双重压力下，共同利益成为国际传播主体与对象进行沟通和合作的现实选择，有时甚至是唯一可能。经济学的比较优势理论指出，当一个生产者（国家）可以用低于另一个生产者（国家）的机会成本（opportunity cost）生产一种物品（商品）时，他（它）就具备了比较优势。机会成本是指企业（国家）为从事某项生产经营活动而放弃另一项生产经营活动的机会，或利用一定资源获得某种收入时而放弃的另一种收入。[②] 也就是说，综合实力较强的国家即便能比相对弱势国家用更低成本生产更优质量的产品，它也会因为机会成本高，转而购买其他国家生产的同类产品。由此，在现代经济学意义上，强势国家与弱势国家合作的可能性产生了，当然，也可从这个经济学理论推理出政治和文化合作的可能性。如果说异文化之间的认同和尊重是非常细致、漫长的过程，那么比较优势下的共同利益（普适性利益）合作就是非常直

[①] 吉登斯. 社会学（第 4 版）. 赵旭东，等译. 北京：北京大学出版社，2003：246.
[②] 曼昆. 经济学原理：微观经济学分册. 梁小民，梁砾，译. 北京：北京大学出版社，2012：5-6.

接、迅速和一目了然的共赢。

弱势向强势的国际传播属于逆向传播，因此弱势方构建一个谦虚、友善、开放和亲和的国家形象对达成可接受传播效果至关重要。竞争本质使然，国际传播中强势方有主动权，甚至是赢者通吃，造成弱势方的相关实践尤其困难，因此我们将弱势向强势的国际传播称为逆向传播。全球化以来，随着区域文化意识唤醒、认同政治崛起，保护地方传统、拥抱文化多样性的呼声日渐升高。时至今日，上述趋势不仅没有停止或弱化，而且有越发增强的态势。在这个时代背景下，互利与展演战略特别关注跨文化问题，坚持展演自身优秀文化时聚焦双方的相通之处，而不能背道而驰。此外，国际传播或跨文化传播视域下，传播效果来自传播主体精准回应传播对象的程度，而不是传统认知中的"正确传播信息"。[①] 国际传播主体必须深刻理解传播对象的广义文化内涵，如宇宙观、世界观和价值观，因为这是其在特定环境中千百年来验证、筛选和积累下的族群繁衍经验，已经固化在其思维模式和行为规范之中，即便因环境剧烈变化需要调整也是个相对漫长的过程。一般情况下，绝大多数受众仅关注和主动记忆那些与自己喜好、态度、品位和观念一致的内容。为提升互利与展演战略效果，国际传播主体不仅需积极回避"自我与他者"的文化差异，而且要从广义文化非理性因素角度改进策略，从而达成预期目标。

[①] Edward, T. H., Mildeed, R. H. Understanding Cultural Differences: Germans, French and Americans. Maine: Intercultural Press, 1990: 4.

第四章

自我与他者：
国际传播认识论的内在理路

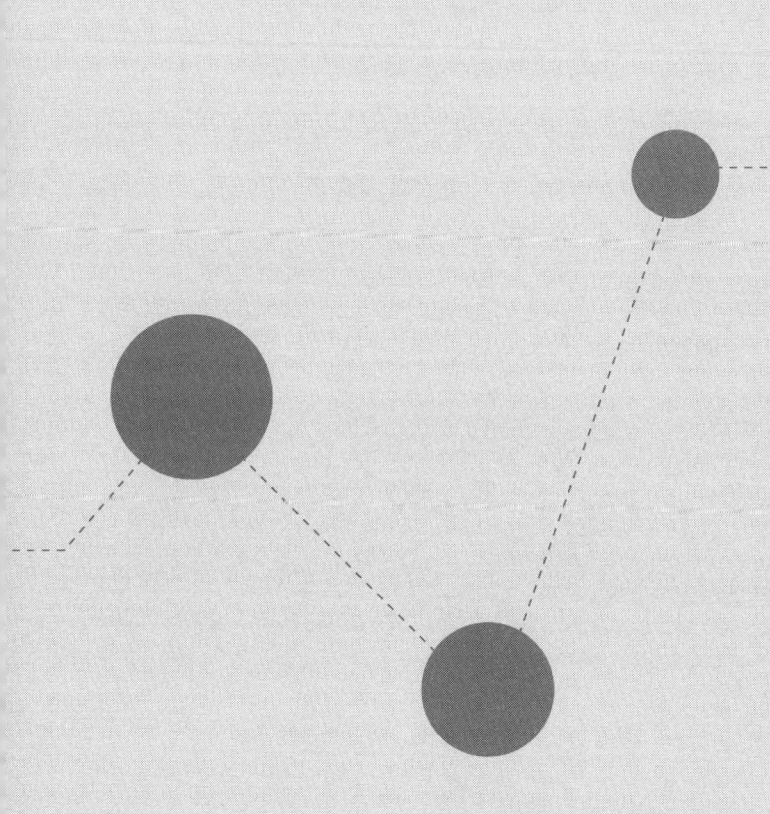

本章要点

- "自我与他者"观的历史：探索中国传统文化和西方文化中"自我与他者"概念的由来及其发展。
- 文化认同与国家形象建构：分析如何在国际交流中建构文化认同和国家形象，以及"自我与他者"在其中的作用。
- 国际传播中的主体性与适应性：讨论在国际传播中"自我"如何主动策略性地适应"他者"，以及这种互动的复杂性。
- "自我与他者"观的根源：从生理、心理和社会文化角度分析"自我与他者"观的来源，以及其如何影响国际传播。
- "自我与他者"的再阐释与共建构：在当前国际传播现实中，重新解释"自我与他者"的关系，并探索共同建构的新路径。

埃米尔·涂尔干指出，人类若无协作，社会不能存在。[①] 这个逻辑同样可以运行于国际社会，也就是说，不同国家互动的核心内容是协调合作，而国际传播就是达到上述目的的重要途径。长久以来，包括国际传播在内的很多专业人士认为，增加"曝光率"是获得话语权和占据合作优势的不二法则，但其"各色形式的表达和公关，却暴露着自身的迷茫、不适应、焦灼和不自信的自以为是"[②]。为什么会产生如此困境呢？究其根本，还是国际交往或国际传播主体未能深刻认识自身，更没有耐心去好好了解对方，由此造成话语表达和交流合作的失败。正如威廉·亚当斯（William Y. Adams）所言："只有人类学家敢于宣称通过研究他者能够比仅仅限于研究自己更深刻地认识自己"[③]。这个观点虽然有局限性，但是在相当程度上揭示了国际传播领域对"自我与他者"这个概念的研究不足。

认识国际传播离不开讨论"自我与他者"问题，因为"人们总是试图把人分成我们和他们，集团中的和集团外的，我们的文明和那些野蛮人。学者们曾根据东方和西方、南方和北方、中心和外围来分析世界"[④]。自我与他者的划分除了经济标准（富或穷、发达或发展中），还有种族标准、民族标准等，但文化标准最为重要，也就是对信仰、价值观、生活方式差异的强调。自我与他者意识源于人类与生俱来的竞争性，既是竞争的起源也是竞争的结果。因此，（包括国际传播在内的）国际关系中的竞争也就不足为奇了，它虽然针锋相对，但彼此双方不排除对共有或普遍利益的认同。[⑤]

当前，国际传播已在中国的对外交往中发挥着越来越重要的作用，为获得战略主动，再审视"自我与他者"这个核心概念十分必要，也就是对

---

① 涂尔干.社会分工论.渠东，译.北京：生活·读书·新知三联书店，2017：235.
② 贝尔廷.现代主义之后的艺术史.苏伟，译.北京：金城出版社，2014：486.
③ 亚当斯.人类学的哲学之根.黄剑波，李文建，译.桂林：广西师范大学出版社，2006：1.
④ 亨廷顿.文明的冲突与世界秩序的重建.周琪，等译.北京：新华出版社，2010：10.
⑤ 加迪斯.长和平：冷战史考察.潘亚玲，译.上海：上海人民出版社，2019：314.

自我、他者以及两者关系的认识。"自我与他者"观念的形成不仅来源于生理基础、进化心理和社会文化，还必然应外部环境变迁而调适。文艺复兴始，西方中心主义逐渐成为国际交往中"自我与他者"的主要内容，并对国际传播格局产生决定性和持久性影响。近二十年来，随着新兴国家综合实力大幅提升、积极参与国际事务，国际以往的"自我与他者"理念和实践出现一定变化，为更具建设性的国际传播创造了可能。时代使然，中国国际传播的指导思想应聚焦自我与他者的共同利益和价值，在软硬实力匹配的原则下通过理念更新与顶层设计、汉语推广与受众为本、以理服人与以情动人、技术投入与渠道建设等科学提升软硬实力，完善对外话语体系，树立美好国家形象，不断为构建人类命运共同体贡献中国智慧和中国力量。

第一节 "凝视"与"反思"：
"自我与他者"观的由来

"人之所以为人"的社会性意味着自从"人"出现以来，认识"自我与他者"伴随始终，但正式将"自我"与"他者"对立起来并进行学术研究，中国源自春秋战国，西方起于古希腊。

一、中国传统文化中的"自我与他者"

先秦时期，华夏大地逐渐涌现出儒、道、法、墨等一大批学派，开始讨论涉及"自我与他者"的相关内容，大体上形成"强调两者平等并以个人修养为本"的朴素的"自我与他者"观，影响后世至深至远，直到近代西学传入中国。追本溯源，中国史料记载最早的"自我"与"他者"出自

夏商周三代："古帝命武汤，正域彼四方。"（《诗经·商颂·玄鸟》）

（一）儒家学派的"自我与他者"

春秋战国以降，儒家学派认为道德是世间根本，其最高境界就是"仁"，也就是自我对他者"视若己出"的平等之爱。孔子指出，"爱人"是人人关系和谐的基础，"泛爱众"是君子奉持的道德准则。"仁者爱人"（《孟子·离娄下》），"泛爱众而亲仁"（《论语·学而》），有爱近仁，仁者之爱面向全天下之人，不应局限于血缘、姻亲之爱。孟子在孔子思想的基础上，进一步拓展了"仁"的深度和广度，将人人和谐的重要性提升至新高度——"仁者，无不爱也。"（《孟子·尽心上》）程朱理学将抽象化的"仁"分解为具体化的个人修养准则，向全天下有抱负之人发出了"为天地立心，为生民立命，为往圣继绝学，为万世开太平"（《横渠语录》）这般振聋发聩的使命召唤。[①]

（二）道家学派的"自我与他者"

道家学派认为"道法自然"，人生的意义莫过于体验"大道如是"，超越"生命有限"。"天之道，利而不害。"（《老子》第八十一章）"既以为人己愈有，既以与人己愈多。"（《老子》第八十一章）"以道观之，物无贵贱；以物观之，自贵而相贱；以俗观之，贵贱不在己。"（《庄子·秋水》）一切事物存在和发展的根本是道，始于混沌、融于天地，故万物皆平等。从宇宙规律的高度而言，自我与他者的区别和优劣都是庸人自扰、俗不可耐。

（三）法家学派的"自我与他者"

法家学派首先提出了"不别亲疏，不殊贵贱，一断于法"的观点，强

---

① 李娟. 中华民族共同体意识的历史逻辑. 西北师大学报（社会科学版），2022，59（4）：67-75.

调律法平等下的自我与他者。"祸福生乎道法，而不出乎爱恶。"(《韩非子·大体》)在群雄逐鹿的时局中，自我与他者转换频繁，狭隘地聚焦差异性无助于平乱治世，诉诸律法显然行之有效。可见，中华传统文化自发端之时没有在"自我与他者"之间划出明晰界限，自我以平等、包容和开放迎向外部世界。正是在这个意义上，"自我与他者"可以转化和交融，从而极大地丰富了中华文明的内涵与外延。①

(四) 当代中国学界对"自我与他者"的研究

目力所及，当代国人对"自我与他者"的学术研究大体发力于 20 世纪末，主要集中在哲学、人类学、民族学、教育学等领域。一是反思类研究，即从现有重要理论出发，辨析"自我与他者"。亚里士多德在其伦理学著作中指出，"对一个善的人来说，和朋友的关系就等于和自身的关系。因为友人就是另一个自我"，所以"自我与他者平等"是最基本的道德品质，不仅意味着友爱，还决定正义。②从老子的"自然"和"无为"两个重要概念可得出，"自我"的正确"他者观"是"无所作为"，也就是"他者"的自己而然。究其本质，老子的"自然"就是在真正意义上承认和尊重"他者"的合理性和合法性，由此限制"自我"的"妄为和干涉"。③而西方哲学对"自我与他者"的研究经历了从自我走向他者的过程。以胡塞尔（Husserl）、哈贝马斯（Habermas）、列维纳斯（Levinas）等为代表的主体间性理论推动了对"他者"的发现和重视。④当前，跨文化研究范式迅速发展，它承认"自我与他者"的吊诡共生关系，为两者融合带来希望，与此同时批判"中

---

① 许倬云. 我者与他者：中国历史上的内外分际. 北京：生活·读书·新知三联书店，2010：1-119.
② 熊野纯彦，龚颖. 自我与他者. 哲学译丛，1998 (4)：45-52.
③ 王庆节. 老子的自然观念：自我的自己而然与他者的自己而然. 求是学刊，2004 (6)：41-50.
④ 孙庆斌. 从自我到他者的主体间性转换：现代西方哲学的主体性理论走向. 理论探索，2009 (3)：35-38.

心主义",肯定文化的混杂本质。① 二是以"自我与他者"理论解释中国实践。"自我与他者"是当代人类学、文学乃至文化研究的核心命题,对异文化不宜区分为"主体与客体",而应是"自我与他者"式的对话、交谈和聆听。② 不同的文化有不同的"自我与他者"观,牵涉政治时,"自我"与"他者"更可能面临激烈冲突。仅仅依靠中国文化不能完全"解决中国今日的问题。若仅仅肯定中国文化,且将无以防止中国文化本身所发生的流弊"③。近代以来,中国融入国际社会进程中始终面对强大的"他者"——欧美发达国家,一直处于传统与现代、自我与他者冲突的双重困境,因此"促成了近代中国民族认同矛盾品格的形成"④。

二、西方文化中的"自我与他者"

(一) 文艺复兴前西方文化中的"自我与他者"

公元前 5 世纪左右,为将自我与他者进行区别,古希腊人开始用"barbarian"称呼"非我族类"。一开始,"barbarian"是象声词,模拟古希腊人听不懂的外族人语言,也因此指代外族人,并无其他意思,后随着两者不友好交往频繁,这个词逐渐被赋予了"处于不文明状态的""未开化的""野蛮的"等内涵。在《对话录》中,柏拉图(Plato)首先使用了"自我与他者"(the same and the other)概念,认为自我相对于他者的差异性而存在,从此开启了西方文明"自我凝视他者,从而反思、不断认识自我"的思想旅程。也有学者将"the same"翻译成同者,其实从柏拉图的解释中可

---

① 彭小妍. 何谓"跨文化":自我与他者的吊诡共生. 探索与争鸣,2022 (6):132-138,179-180.
② 户晓辉. 自我与他者:文化人类学的新视野. 广西民族学院学报(哲学社会科学版),2000 (2):14-15,26.
③ 徐复观. 儒家精神之基本性格及其限定与新生//李维武. 徐复观文集:第 2 卷. 武汉:湖北人民出版社,2002:36.
④ 吴玉军. "他者"之镜中的"自我":全球化语境下的中国近代民族认同. 山东社会科学,2006 (5):9-12.

以得知，它指的就是"自我"，只不过随着研究不断深入，后来人将自我进一步细分为"我和你""个体和群体"等。进入中世纪，基督教教廷不断加强对西方世界的残酷统治，开始在宗教观上严格区分"自我"与"他者"，并不惜将后者异化为"邪恶、丑陋和令人恐怖的"[1]，以证明自身的绝对正确性和较之"他者"的优越性。

（二）文艺复兴后西方人眼中的"自我与他者"

近代以来，由于经济、文化、科技、政治、外交等方面得到突破性发展，欧美地区在各个领域涌现出一大批划时代的自然科学家和人文社会科学家，对"自我与他者"展开了多维度研究。黑格尔（Hegel）通过"主奴辩证法"（dialectics of master and slave）阐释了自我与他者的辩证关系，认为两者对立统一，没有他者的承认，自我也就失去了存在的基础。胡塞尔和海德格尔（Heidegger）等现象学哲学家认为，"他者是主体建构自我形象的要素。他者是赋予主体意义的个人或团体，其目的在于帮助或强迫主体选择一种特殊的世界观并确定其位置在何处"[2]。法国的精神分析学家雅克·拉康（Jacques Lacan）的"镜像阶段论"（mirror phase）指出，尽管自我始于"以自我为中心"，但却是"在认同他者的异化过程中"建立的，所以自我是分裂的、非纯粹独立存在的。简而言之，自我形成于对他者的认识而产生的想象。[3] 斯图亚特·霍尔认为，不同的文化体现不同的表征系统，因此产生不同的意义，"他者"被"自我"所建构，所以是上述众多差异性的集合。[4] 爱德华·沃第尔·萨义德（Edward Wadie Said）指出，"他者"是"自我"确立的参照物，这一点在东西方交往中展露无遗，揭示了近代以来西方价值观和社

---

[1] 张旭鹏. 想像他者：西方文化视野中的非西方. 史学理论研究，2005（3）：81-92，160.
[2] 卡瓦拉罗. 文化理论关键词. 张卫东，张生，赵顺宏，译. 南京：江苏人民出版社，2006：129.
[3] 拉康. 拉康选集. 褚孝泉，译. 上海：上海三联书店，2001：89-96.
[4] Hall, S., etc. Representation: Cultural Representation and Signifying Practice. California: Sage Publications, 1997：201-242.

会制度优越感的来源。从文化冲突的角度来看,"他者"因"自我"有威胁感的主观性而"出现"。它的建构有深层的社会文化因素,受意识形态严重制约,其中宗教的影响最为深远和持久。当前,在西方社会,宗教已失去信仰功能,但始终作为一种文化身份符号构建着"自我与他者"。① 在国际关系中,自我与他者由社会边界划定,其是在交往群体中的角色定位,而不是心理因素,这需要从多重视角去认识,不能单一化处理。②

第二节 文化认同与国家形象建构:"自我与他者"的国际交流

国际传播古已有之,国与国之间任何形式的互动都有它的存在,如信息交流、商业贸易、人口迁徙、战争冲突等。其始于文艺复兴,尤其是工业革命以来,机械力使国际传播的规模、手段、范围有了前所未有的提升,大众传媒方兴未艾。第一次世界大战期间,英、德、美借助国际传播进行对外宣传。第二次世界大战期间,国际传播对战争走向起到了举足轻重的作用。至此,这个传播学的重要方向开始在美国蓬勃发展,并于冷战中取得"出乎意料"的效果。在传播技术和理论的迅猛发展下,"西方中心主义"(文化帝国主义)以全球化的名义不断扩张,运用吸引、胁迫、强制、贿赂等手段,对非西方的价值观和社会制度进行与之适应的改造③,最终符

---

① Kilp, A. Religion in the Construction of the Cultural "self" and "other". KVÜÕA toimetised, 2011, 14 (2): 197 – 222.
② Neumann, I. B. Self and Other in International Relations. European Journal of International Relations, 1996, 2 (2): 139 – 174.
③ Schiller, H. I. Communication and Cultural Domination. White Plains, NY: International Arts and Sciences Press, 1976: 9; 孙晶. 文化霸权理论研究. 北京: 社会科学文献出版社, 2004: 6.

合西方利益并冠以现代性要求的名号。进入21世纪,伴随着后发国家崛起,国际传播的"国际化""多元化"成为传播学界关注的重要话题。

20世纪90年代,福特纳[①]和屠苏[②]等学者认为国际传播是"发生在国家边界之上的传播"。21世纪初,麦克菲尔将国际传播定义为:"对发生在民族国家之间或跨越民族国家疆界的传播与媒介模式及其效果的文化、经济、政治、社会与技术分析。"[③] 2000年,中国学者程曼丽指出:"国际传播是以民族、国家为主体而进行的跨文化信息交流与沟通。"[④] 从上述国际传播定义可以看出,对这个领域的研究不断发展,其研究路向大致可分为以下三种:

一是从文明冲突或文化认同视角下认识国际传播。"文明冲突论"认为"文化和文化认同(它在最广泛的层面上是文明的认同)形成了冷战后世界上的结合、分裂和冲突模式"[⑤]。文化价值不同于物质利益,因为后者可以通过谈判和妥协加以解决,前者却不行。[⑥] 可见,文化或文明是国际传播研究的底层问题。在文化认同意义上,国际社会创建了超越国家边界的情感共同场域,在此,作为"机动的知识倍增器"的大众传媒赋予了所有参与者"移情性格"——现代性人格的特有组成部分。[⑦] 正是在这个时代背景下,国际传播与跨文化传播"发明"了一种本土文化和外域文化杂陈的特

---

① Fortner, R. International Communication: History, Conflict, and Control of the Global Metropolis. Belmont: Wadsworth Publishing, 1993;福特纳. 国际传播:全球都市的历史、冲突及控制. 刘利群,译. 北京:华夏出版社,2000.
② Thussu, D. K. International Communication: Continuity and Change. London: Oxford University Press, 2000.
③ McPhail, T. L. Global Communication: Theories, Stakeholders, and Trends. Malden, MA: Wiley - Blackwell, 2010: 2.
④ 程曼丽. 信息全球化时代的国际传播. 国际新闻界, 2000 (4): 17 - 21.
⑤ 亨廷顿. 文明的冲突与世界秩序的重建. 周琪,等译. 北京:新华出版社, 2010: 4.
⑥ 同⑤109.
⑦ Lerner, D. The Passing of Traditional Society: Modernizing the Middle East. New York: Free Press, 1958: 51.

殊社会文化形态——"混合文化"。① 所以,国际传播研究的跨文化转向十分重要,它的议题不仅包括国家形象的媒介呈现,还包括国际政治、经济与文化格局。② 跨文化传播是国际传播的重要隐含命题,两者研究的融合体现了国际传播的隐含目标:追求和谐交流的状态。③ 在这种差异的融合过程中,建构是核心,它超越了传统的物质层面合作,而着眼于意识领域,因为只有文化认同才能保障国际规则得到普遍遵守。④

二是从国家形象建构维度探讨国际传播。国际传播研究在国内学术界兴起之初,有学者认为国际新闻是打造国家形象的主要因素,大众传媒建构的国家媒介形象在某种程度上等同于国家政治形象。⑤ 在这个预设前提的基础上,学者们从政治、经济和文化等不同方面进行讨论,相关主题十分丰富,如"武术""中医""汉语国际教育""孔子学院""一带一路""云南野生象群迁移"⑥ 等。为更好提升国家形象,需要聚焦顶层设计,即运用综合交流互鉴的目标系统、行政主导的主体系统以及平台化的运行系统共建国际传播的系统。⑦ 从主体、诉求、渠道、类型四个维度着手,切实增强中国传媒的国际传播力。⑧ 近年来,我国的国际传播研究进一步凸显"讲好中国故事"和构建"中国化"话语体系⑨,也引发了很多健康传播的

---

① Canclini, N. G. Hybrid Cultures: Strategies for Entering and Leaving Modernity. Minneapolis: University of Minnesota Press, 2005: xi-xvi.
② 吴飞, 等. 国际传播的理论、现状和发展趋势研究. 北京: 经济科学出版社, 2016: 1.
③ 程曼丽. 信息全球化时代的国际传播. 国际新闻界, 2000 (4): 17-21.
④ 吴飞, 等. 国际传播的理论、现状和发展趋势研究. 北京: 经济科学出版社, 2016: 45.
⑤ 徐小鸽. 国际新闻传播中的国家形象问题. 新闻与传播研究, 1996 (2): 35-45.
⑥ 钟新, 蒋贤成, 崔灿. 构建可信、可爱、可敬中国形象的媒体传播策略: CGTN 云南野生象群迁移热点事件报道分析. 电视研究, 2021 (9): 20-23.
⑦ 蒋东旭, 胡正荣. 系统思维与顶层设计: 新时代国际传播布局的逻辑与实践. 当代传播, 2022 (2): 25-28.
⑧ 胡智锋, 刘俊. 主体·诉求·渠道·类型: 四重维度论如何提高中国传媒的国际传播力. 新闻与传播研究, 2013, 20 (4): 5-24, 126.
⑨ 李均. 全球化视阈下抗疫纪录片的国际传播问题与对策研究. 中国广播电视学刊, 2022 (5): 99-102.

相关研究。① 值得注意的是，国际传播中的国家形象建构应讲究方式方法，若传播失当会造成相反效果，影响国际社会对传播主体的认知与评价。②

　　三是从传播科技分析国际传播。随着传播和新兴媒介技术快速发展，新闻传播格局出现革命性变化。我们应深刻把握"互联网这个最大变量"的内涵，建立健全事实核查机制，保障充分而多元的信息供给，力求舆论监督与舆论引导的有机统一，创新舆论引导观。③ 新闻传播格局的变革孕育了一种新的国际传播方式，也就是超越地缘以及时间空间的国际传播。视频语言④和智能媒介⑤可望推动全新的"均衡、公正、公平"的全球传播格局和秩序的建立。同时，媒介技术与相应的国际政治、经济、文化事件相结合也成为有效的国际传播路径，"数字公共外交"⑥应运而生，如东京奥运会、世博会等国际性赛事和展会⑦，尤其是2022年北京冬奥会的"云端"国际传播，既创造了一种全球同心、多级对话、情感共鸣的国际传播，也培育了一种全民国际传播的思维。⑧ 在全民国际传播中，通过社交媒体平台的网红国际传播以轻松娱乐的方式呈现了可爱的中国文化形象，不断以非官方的形式走向国际，使国际友人认识到东方式的人与自然、人与人的关

---

① 张子龙，李智. 后疫情时代全球网络空间安全治理逻辑的重塑：基于健康传播、知识权力与议程共同体的国际传播视角. 南京邮电大学学报（社会科学版），2022，24（3）：61-69.
② 程曼丽. 国家形象危机中的传播策略分析. 国际新闻界，2006（3）：5-10.
③ 董天策. 新媒体与新闻传播机制创新. 新闻界，2020（3）：12-16.
④ 廖祥忠. 视频天下：语言革命与国际传播秩序再造. 现代传播（中国传媒大学学报），2022，44（1）：1-8.
⑤ 方兴东，钟祥铭. 国际传播新格局下的中国战略选择：技术演进趋势下的范式转变和对策研究. 社会科学辑刊，2022（1）：70-81.
⑥ 史安斌，刘长宇. 智能传播时代的体育公共外交：历史脉络与未来走向. 青年记者，2022（1）：87-90.
⑦ 史安斌，刘长宇. 延续与创新：透视迪拜世博会的国际传播模式变迁. 青年记者，2022（13）：88-92.
⑧ 钟新，蒋贤成. 全球同心、多级对话、情感共鸣：北京2022冬奥会"云端"国际传播的基调、路径与愿景. 成都体育学院学报，2022，48（1）：14-20.

系，以及人对自己内心的探索方式。①

第三节 主动策略下的被动适应：国际传播中的"自我与他者"

最早见诸史书的国际传播出现在横跨欧、亚、非的波斯②，但考古证据表明，自古希腊始，此类活动一直是政治结构松散的庞大帝国对内对外正常运转的核心构件，因为有效管理幅员辽阔的疆域往往意味着互通有无，协调合作的重要性得到了足够的关注。这个意义上，国际传播是基于空间（space-dependence③）扩散有效信息，从而是"自我与他者"正常运转和可持续发展的必要条件。始于春秋战国时期，华夏大地上群雄争霸的国际格局也催生出"无所不用其极"的国际传播，推动整个区域的文化、经济和政治趋向"竞争下的合作"，最终帮助秦帝国实现了"普天之下莫非王土"的伟业。时至今日，随着全球化不断推进、国际合作持续加深，国际传播能力决定着国际话语权构建和国家形象建构，已成为衡量一国核心竞争力的重要指标。

"在现代国家，决策是通过互动和交流完成的。也就是说，舆论在发挥作用，而不是国会。"④ 一国之内如此，国际事务决策更加注重"互动和交流"，更加凸显国际传播战略意义。所以，沃尔特·李普曼（Walter Lippmann）认为，现代传播技术为受众建构了拟态环境，使国际传播成为现实，

---

① 陈一. 论李子柒视频国际传播中的劳动美学. 现代传播（中国传媒大学学报），2021，43(8)：70-73.
② Thussu, D. K. International Communication: Continuity and Change. London: Arnold, 2000：11.
③ Innis, H. A. Empire and Communications. Victoria, BC: Press Porcépic, 1986.
④ Lippmann, W. Public Opinion. New York: Harcourt, Brace and Howe, 1922：172.

媒介才是塑造国家形象和民众意愿的最有力工具。[①] 国家形象至关重要，深刻地影响着人们对一国的看法，"那里的人，那里的产品，那里的服务。这虽然看似不公平，可却是事实"[②]。国际传播不仅是构建国家形象的手段，还是实现国际政治目的的主要路径，"从某种意义上讲，所有国际传播都带有政治色彩，可以公开带有政治性质，也可以隐含政治色彩"，它包含六个要素，分别是目的、渠道、技术、内容及形式、政治性、文化性。[③] 此外，哈佛大学学者认为，随着全球化不断深入、国际传播技术持续取得突破，欧美国家在当前的全球传播格局中越发巩固了自身的主导地位，从文化适应和冲突的角度而言，这会引发西方文化与其他文化融合、西方文化与其他文化对抗、其他文化被西方文化同化这三种结果，并提出了由生产、分配、内容和受众影响四个组成部分的全球传播概念。[④]

近年来，以"自我与他者"视角讨论国际传播和跨文化传播逐渐在国内学术界泛起涟漪，因为上述两种传播形态拓展了一个新的"自我与他者"空间，意味着认识自我不仅要研究"我是谁"，还关乎自我如何认识他者以及他者如何认识自我，同时提醒我们"在差异中理解自我的意义，在对话中建立互意性理解"[⑤]。

作为国际传播核心议题的国家形象建构是一种自我形象建构，因此离不开对"自我与他者"的深入思考。自我形象建构源于主体成长的文化，作用于主体的行为举止，对传播构成重要影响。[⑥] 而对国家形象的认知却与

[①] Lippmann, W. Public Opinion. New York: Harcourt, Brace and Howe, 1922: 131-172.

[②] Anholt, S. Competitive Identity: The New Brand Management for Nations, Cities and Regions. New York: Macmillan, 2007: 1.

[③] 福特纳. 国际传播：全球都市的历史、冲突及控制. 刘利群，译. 北京：华夏出版社，2000: 6-10.

[④] Norris, P., Inglehart, R. Cosmopolitan Communications: Cultural Diversity in a Globalized World. Cambridge: Cambridge University Press, 2009: 9-103.

[⑤] 单波. 跨文化传播的基本理论命题. 华中师范大学学报（人文社会科学版），2011，50(1): 103-113.

[⑥] Singelis, T. M., Brown, W. J. Culture, Self, and Collectivist Communication: Linking Culture to Individual Behavior. Human Communication Research, 1995, 21(3), 354-389.

自我期待联系紧密，"也就是说自我期待导致个人按照预期已经实现为前提采取行动"[1]。某种程度上，"国家形象存在于'自我认知形象'、'他者认知形象'、'自我期待形象'和'他者期待形象'这四个向度上的互动关系"，它"并非固定的，而是在认知中不断发生变化，进而会影响国家形象的传播策略"。[2] 因为，"'他者'形象犹如一面镜子，照射了别人，也会反作用于自己，不同文化的差异正是在这种比较对照中更明显地展现出来"[3]。可能"他者—我"是一种处理自我与他者二元关系的方法，因为它允许在任何给定的时刻，在一个与他人相关的范围内，对自我进行流动的、情境化的理解。[4] "讲好中国故事"应在"自我陈述"和"他者叙事"的互动中建立中国形象的意义交集，用共通感取代政治归因和奇观化，以及利用"五维价值域"达成文化互通。[5] 当代中国价值观国际传播中，自我与他者的关系是基础问题。我们必须在坚守自我立场的前提下，尊重他者；在自我与他者的和谐互动中，增进价值理解，达成价值共识。[6]

此外，还有一些相关实证研究值得关注。有学者通过建立不同模型调查媒体对自我和他者的影响，以此发现两者的不同感知过程。[7] 有研

---

[1] 韦斯特，特纳. 传播理论导引：分析与应用. 刘海龙，译. 北京：中国人民大学出版社，2007：99.

[2] 张昆，王创业. 时空维度下的国家形象模型探析：基于认知互动的视角. 新闻界，2017 (5)：45-51.

[3] 饶芃子，杨匡汉. 海外华文文学教程. 广州：暨南大学出版社，2009：31-34.

[4] Schalk, S. Self, Other and Other-Self: Going beyond the Self/Other Binary in Contemporary Consciousness. Journal of Comparative Research in Anthropology and Sociology, 2011, 2 (1)：197-210.

[5] 王鑫. 从自我陈述到他者叙事：中国题材纪录片国际传播的困境与契机. 现代传播（中国传媒大学学报），2018, 40 (8)：119-123.

[6] 项久雨，张业振. 当代中国价值观国际传播中的自我与他者. 武汉大学学报（哲学社会科学版），2018, 71 (2)：23-30.

[7] McLeod, D. M., Detenber, B. H., Eveland, W. P. Behind the Third-Person Effect: Differentiating Perceptual Processes for Self and Other. Journal of Communication, 2001, 51 (4)：678-695.

究质疑"自我与他者的差异和情境线性相关"的论断，认为情境与他者的相互作用是一个重要决定因素。① 有学者基于社会认同理论，采用实验法研究了不同种族和文化群体在暴露"自我与他者"时所呈现的媒体形象对自身的影响。② 通过考察油管上订阅量最高的在华外国人，我们可以发现，这个特殊群体扮演着"在场者"、"中国通"和"评论员"三种角色，在讲述中国故事时，他们超越了"自我"与"他者"的二元对立，促进了交融互通的独特叙事范式。③

通过上述粗略的文献梳理我们可以得知，"自我与他者"是个根本性的、存在已久的命题，是诸多研究领域重点关注的目标，产生了一大批影响极其深远的思想成果；"国际传播"从实践上始于人类不同群体之间的交往互动，但从现代和学术意义上，它出现在古腾堡活字印刷机发明后大众媒介兴起的时期，并在两次世界大战的宣传战和心理战中快速发展，其研究涉及多个学科，交叉性质突出，因此在中外不同领域众多学者的一致努力下，涌现出大量高水平研究成果。当前，基于经济贸易、国际政治和文化交流需要，我国制定了更高标准的国际传播目标，从而对国内学术界提出了更高的要求，寄予了更高的期待。为了更好地服务国家上述重大战略，本书认为，从"自我与他者"视角认识国际传播的内在理路，确实还有需要继续努力的地方。

首先，对"自我与他者"的探讨多来自哲学、人类学、文学、艺术等人文学科，社会科学关注度不高，更少见诸心理学、生命科学和医学等自然科

---

① Lambe, J. L., McLeod, D. M. Understanding Third-Person Perception Processes: Predicting Perceived Impact on Self and Others for Multiple Expressive Contexts. Journal of Communication, 2005, 55 (2): 277 - 291.
② McKinley, C. J., Masto, D., Warber, K. M. Social Identity Theory as a Framework for Understanding the Effects of Exposure to Positive Media Images of Self and Other on Intergroup Outcomes. International Journal of Communication, 2014, 8 (1): 1049 - 1068.
③ 相德宝，曹婷. 超越"自我"与"他者"：在华外国人短视频讲述中国故事独特叙事范式研究. 广西师范大学学报（哲学社会科学版），2022，58 (6): 94 - 105.

学，明显阻碍了对这个命题底层逻辑的认识。此外，多思辨、少实证，也局限了上述研究的完整性。其次，缺乏对"自我与他者"的关注，导致认识国际传播内在理路的基础不牢。多重视大众媒介功用，少强调系统性因素以及它对国际传播实践的决定性影响。最后，"自我与他者"观是制定国际传播策略的重要依据，对其根据外部环境变化而改观的纵向和横向研究还需进一步加强，以求更加深刻地认识国际传播格局、"他者"喜好和"自我"认同。

为便于下文讨论，我们将国际传播从狭义和广义上分为软传播与硬传播。软传播是硬传播的组成部分，是有限传播；硬传播决定传播效果，是全局传播。软传播指传统意义上的国际传播，也就是主要借助大众媒介增强话语权、涵化受众、提升软实力和国家形象、促进和加强自我与他者合作的对外传播。硬传播是由文化、经济、政治、军事等协作产生的国家综合实力，并通过国际互动产生自身影响的活动，它包括大众媒介传播，但不止于此。忽略偶然因素，一国的广义文化底蕴可比作土壤，决定是否有利于经济发展和科技创新，如果能在以上两点取得优异成绩，其军事和政治能力就有了坚实基础，从而造就硬软两方面实力，在国际交往中占据强势地位。影响国际传播的因素和机制涉及广泛、异常复杂，因此仅从传统软传播视角下片面研究并没有太大的现实意义，而应从硬传播视角构建国际传播理论及测量效果的全局指标体系。但由于篇幅所限，本书讨论国际传播提升路径时主要指向软传播，硬传播内容另行赘述。

第四节　怀疑与合作：自我的根本性坚持与他者的利己性强调

从人类出现到目前，主体性强调和"他在性"漠视一直是"自我与他者"观的主要内涵。主体性是对主观能动性的肯定和强调,使自我区别于他者,来源于内生的、积极的独特性。"他在性"是自我对他者存在的认同,是真正意义上的相互尊重、彼此合作。"自我与他者"观是对主体性和"他在性"的认识,并以此统领实践,可指向一个人、一个国家或整个人类,因为个体的意识形态是对社会整体的反映,虽有其独特性,但本质上必然是历史性的,必然存在其深刻的生物性、进化性和社会性特征。那么,主体性和"他在性"从何而来?"自我的根本性坚持与他者的利己性强调"的生成机制是什么?底层逻辑是什么?

一、"自我与他者"观的生理来源

与短暂存活的生物个体和群体相比,基因才是相对稳定的存在,因为其延续自身的能力远非前者可以比拟。著名演化生物学家、英国皇家科学院院士理查德·道金斯(Richard Dawkins)教授指出,基因是遗传和自然选择的基本单位,存在的根本目的是自我复制,为此不择手段、损人利己。[①] 为了更好、更快、更多地达成自我复制,基因通过不同组合的方式相互利用[②],可以说,它们与生俱来的存在方式就是"专注自身、利用他者"。在基因的世界里,不同的组合意味着不同的相互利用关系,好的组合有利于复制和繁荣,坏的组合有碍于生长进而导致衰亡。"利他性"之所以出现并产生意义都来自"利己性"规划,因此,利他是现象,利己才是本质。虽然竞争性和合作性同时出现在生物体中,但两者不是简单的并列或因果关系,而是更为复杂和微妙。

追本溯源,理解人类的意识和行为,首先要从基因,也就是从人的生物性这个发端处着眼。基因的原始动力是复制,其通过一定组合创造出智

---

① 道金斯. 自私的基因. 卢允中,张岱云,陈复加,等译. 北京:中信出版社,2012:10-69.
② 同①.

人（Homo sapiens）这种特殊结构，那么后者的根本目的也一定是复制，具体到类属而言就是繁衍。以复制为纲的基因不得不生而利己，否则无法"得偿所愿"，即便通过各种组合"发明"出万千变化，但依然被这个底层机制支配。相当程度上，人类存在的基本逻辑就是基因版本的扩张化和复杂化，后者的"影子"遍布前者的所思所想、所作所为。也就是说，人与外界发生任何关系都离不开利己的"诱惑"，人与人之间亦然，哪怕是自我与他者的协调合作也必须建立在这个基础之上，不然无法长久。因此，生命世界的纷繁复杂都可以从基因行为中得到理解，人类因自私而生，因合作而兴。正如理查德·道金斯教授所言，我们是"自私的合作者"。

二、"自我与他者"观的心理来源

进化心理学揭示，人类的心理由进化而来，是在漫长光阴中、不同的环境下，应对反复出现的刺激所形成的主观性适应，显著表现在人类的大部分行为之中。人类的心理结构并不是从出现到目前一成不变，而是通过"物竞天择"的筛选，经年累月沉淀下来的进化结果。这个历史进程波澜壮阔，充满了数之不尽的偶然性和变异性，但其基本逻辑一直是谋求生存和繁殖的最大可能和最佳结果。此外，进化心理学还指出，人类的行为被心理机制和外部环境所规制，前者为主、后者为辅。[1] 在这个意义上，环境条件更像刺激而非定因，因为进化心理结构由不同环境验证而来，已经容纳了应对各种外部变化的信息。简而言之，人类成功繁衍至今这个事实充分证明了进化心理学研究的科学性和必要性。

在进化过程的绝大多数时间里，自我与他者都处于不合作甚至敌对状态，因此，保全和专注自我、利用和防范他者逐渐沉淀为认识"自我与他

---

[1] 巴斯. 进化心理学. 熊哲宏，译. 上海：华东师范大学出版社，2007：20-101.

者"的心理机制。从直立人算起，我们进化了 180 万年左右的时间，其中 99% 以上为更新世（Pleistocene），也就是占据人类历史绝大多数的采集时期。试想，在无数个危机四伏的漫漫长夜，我们的祖先是如何保全自我、竭力争取生存机会，其中的艰难恐怕远非你我能够思量。但可以肯定的是，对个体而言，这是个"无所不用其极"的挣扎旅程，自我和他者的关系也充满"人不为己"法则的残忍和冷酷。众多考古遗骸证实，在"黑暗"的更新世中，人类生存的外部环境十分险恶，人与人、群体与群体之间关系的基调是"不信任、不友好、不协作"。此阶段，自我能够接触和想象的他者极其有限，远非近代以来地理大发现、国际贸易、全球化、互联网等爆炸式扩容的人际关系和人际合作。因此，从进化心理学角度审视，那时的"他者"还是个新鲜事物，"他在性"更是无法谈及，国际社会近几百年翻天覆地的变化也不过是人类历史的弹指一挥间，但我们却不得不使用世代传承下来的"反应装置"去应对眼前世界的困扰和问题。总而言之，进化心理是人类种群在极其悠久的岁月和特别险恶的外部环境中适者生存的优胜产品，成就其的过程充满着自我对他者的怀疑、防范和对抗，所以我们认识"自我与他者"时，自然而然地凸显了主体性而消解了"他在性"。

三、"自我与他者"观的社会文化来源

在人类认知能力内，作为人文社会学科之首的哲学聚焦事物本质、探究宇宙中最基本和最普遍的问题，因此"自我与他者"这个讨论人际关系底层规律的议题就成为其重要内容之一。"自我"的存在和发展离不开竞争意义上的"他者"，但彰显"主体性"的代价却是对"他在性"的否定或逃避，因为人们总是从主体性角度讨论内在心灵和外在世界，这是文化多样性的根源，也是认识论中他者一直处于从属地位的宿命。爱德华·沃第尔·萨义德在专著《东方学》中指出，任何文化都是通过与其相异和竞争

的第二自我（alter ego）而发展的，"自我"的存在总是涉及"他者"的建构和对"与自己不同特质的"一再阐释。不同时代和社会，"自我"都在"他者"观照下更新和创造。[①]

在中国，春秋战国时期的道、法、墨、儒、纵横、名等诸子百家深入探讨了人和宇宙、人和人之间的关系。可以说，这个时期建构的"自我与他者"观的核心一直存续于中国文化，即便经历了近代的剧烈变革。中国文化中的"自我与他者"观可大致分为两个阶段：一是近代以前，即古代"自我与他者"观，关注自我而忽略他者；二是近代以后，传统的"自我与他者"观受到他者压迫时发生解构，而后通过民族自救、新中国成立和社会主义现代化建设，重构为以"合作、竞争"为主的形态。

在西方，从德尔斐神庙上的著名箴言"认识你自己"开始，群星璀璨的古希腊先哲开启了对"自我"的研究。这个历史阶段，主体性自觉为人类认识宇宙和自身创造了可能，加之环境和经验因素，协同造就了人类社会多种文明的精彩纷呈，但人们在强调主体性的时候，往往压抑甚至否认"他在性"。到了近代，笛卡尔提出"我思故我在"这个划时代的哲学命题，后经康德、黑格尔、费尔巴哈、马克思等哲学家推动，"自我"的内涵持续丰富。与此同时，"人本主义"引发的宗教改革和启蒙运动给世界带来了前所未有的文化间互动，这一方面不断推动人类社会进步向前，另一方面也由于对"他在性"的短视，造成了国际交往中的一系列恶性连锁反应，如种族奴役、民族压迫、世界大战、文化殖民主义和文明冲突等。灾难深重的国际局势强烈刺激着不同领域的人们将目光转向"他者"，逐渐演化出经典的"自我—他者"认识论框架，如胡塞尔、海德格尔、萨特（Sartre）、哈贝马斯等人的研究。

[①] 萨义德. 东方学. 王宇根，译. 北京：生活·读书·新知三联书店，2007：426.

在西方人的文化意识中，自我与他者泾渭分明，"我"和"你"可能由血缘、亲缘、地缘或业缘紧密联结，但"他"完全属于一种陌生的、劣势的存在。马丁·布伯（Martin Buber）认为，研究"自我"首先需要审视"我和你""我和他"之间的位置和关系。在微观环境中，因为"你"的独特性得到承认，"我你"关系相对平等；因为"他"始终被排除在"我"和"你"之外，是"我"和"你"的对象化，所以"他"在"我"的测量中总是属于功利主义。[①] 由上述可知，"自我"相对"你"和"他"而言，与"你"和"他"发生互动时，"自我"的意义显现。比照"我你"关系，"自我"和"他者"没有彼此承认的血缘、亲缘等强连接，所以"他者"是殊异的、陌生的，无法与"你"等量齐观，因此不能与"自我"形成真正意义上的互相尊重和平等对话关系。其实，"我他"之间并非不能合作，对"我"而言，随着利益（本质上，价值观也是一种利益形式）关系转变，"你"和"他"可以转换，这个机制突出表现在群体或组织交往领域。由于上述"自我与他者"观，亚历山大·温特（Alexander Wendt）在其国际政治理论中认为，国际交往中主要有三种文化或关系，即霍布斯文化（敌对关系）、洛克文化（竞争关系）、康德文化（合作关系）。[②] 霍布斯文化和洛克文化喻示着"我他"关系，康德文化则指代"我你"关系，这三种关系不是大相径庭，而是互有重合，并且会根据外部环境变化而转换。此外，这些关系之间的转换机制复杂，但无疑是交往主体相互施予和应对的综合效应，而非一方单独确立。

本质上而言，如果人类有真正意义上的自由意志，即主观能动性，那么文化生发就是基于生理和心理的创新创造；如果没有，那么文化就是生理和心理的符号化。我们的"自我与他者"观为什么总是如此强调竞争性，

[①] Buber, M. Dialogue//Between Man and Man. Boston, MA: Beacon Press, 1955: 1-39.
[②] 温特. 国际政治的社会理论. 秦亚青, 译. 上海: 上海人民出版社, 2014: 255.

而忽略共生性？这到底是因为我们生理的"劣根性"，还是进化心理的"历史惯性"，抑或是社会文化的"愚昧和纵容"？现有研究表明，人与人之间的竞争性应该来自基因、进化和认识的共同作用，这个结果必然会在相当长的一段时间内与现实"妥协"，必然为证明"牺牲他者利益"的合法性找出种种借口和"真理"。彰明较著，仅强调主体性不符合人类根本利益，也一定会招致他者的仇视和对抗，"他在性"并不是"利己性"的对立面，而是人类智慧的更高层次。从对"自我"到"他者"的探索，与其说是"自我"凝视"他者"从而反思自身，还不如将之视为人类历史车轮滚滚向前，驱动它的正是我们亘古未变的特质。

第五节 "自我与他者"：世界权力格局变迁的现代性表达

由于人类社会始终谋求内在与外在的系统性平衡，所以我们的"自我与他者"观必然在外部环境和其他因素的共同作用下随之调适。采集社会时期，人类社会结构是基本相互隔绝的部落模式，"自我与他者"观尚处于朴素状态，其核心内容大致为血缘和亲缘维系的"我你"关系，对他者的了解相当贫乏。因此，自我是绝对中心和认知极限，他者往往意味着陌生、空白，即便是"我他"之间的偶然接触也极可能是敌对的、不愉快的。进入定居社会，虽然其他地区仍为荒蛮一片，但欧亚大陆相继崛起数个文明中心并建立了一定的联系交流，由于生活在非常遥远的地方的"神秘他者"，自我对他者的存在逐步觉醒，并谨慎试探着双方合作的可能性。然而，受限于交通、通信等硬件，绝大多数人没有实践经验去清晰地认识或比较不同文化的他者，所以对那些"听过但未见过的人们"的"印象"多出自想象和揣测。此时，尽管十分野蛮和模糊，但是人们的"自我与他者"观初步确立。近代以来，随着先发民族的世界观和价值观发生深刻改变，加之科技的划时代进步，最大化榨取他者价值的利己主义横扫全球，不同民族和文化之间的交往交流面临着从未有过的新情况、新挑战和新困难。在此阶段，在社会达尔文主义论证下，强势文化坚信自我理所当然的"优越性"，他者变成可奴役、可剥削甚至可消灭的对象。尤其可悲的是，这个意识形态如同梦魇困扰"自我"长达数个世纪，直至两次世界大战造成骇人听闻的后果，以及对人性本恶的警醒。巨大生存压力下的时代精英们不得不重新审视当时的"自我与他者"观，然后逐步推动国际社会进入倡导和平与发展的全球化时代。由于对利润增长、身体保全和精神安顿的刚性需求，以"西方中心主义"为代表的"自我"将与"他者"合作提升至前所未有的高度，甚至冠以真理和信仰的名义，并强调运用法制和道德观照"他者"利益，最终实现自我与他者的"平等和共赢"。当然，这个阶段的国际交往还存在着相较理想的巨大差距，但无疑表达了"为此做出更多努力"的人类共同愿景。可以看出，由于文化、经济、科技等发展，不同历史阶段的"自我与他者"观显现时代烙印，比如说延续至今的现代性，但其运动路线无疑是从"唯我"转向"我他"的共同视角。

笼统而言，现代性指启蒙时代以来人类社会的本质规定性，包含着理性、科学精神、祛魅、脱域、全球化等关键概念，其最简单形式可被理解为现代社会、工业社会[1]或资本主义[2]。"启蒙就是人类脱离自己所加之于自己的不成熟状态，即不经别人的引导，就对运用自己的理智无能为力。"[3]

---

[1] 吉登斯，皮尔森. 现代性：吉登斯访谈录. 尹宏毅，译. 北京：新华出版社，2001：69.
[2] 利奥塔. 后现代性与公正游戏：利奥塔访谈、书信录. 谈瀛洲，译. 上海：上海人民出版社，1997：147.
[3] 康德. 历史理性批判文集. 何兆武，译. 北京：商务印书馆，1990：22.

可见，现代性意味着人类已经进入可以自由、积极运用理性的时代。在精神层面，它是"一个时代或者一个具体的历史—社会群体所具有的意识形态"[1]，一个与以往有本质不同的时代之特征。它使得人类社会出现史无前例的繁荣和富裕，但也因其诸多缺陷和矛盾，受到各领域专家的强烈批评。某种意义上，我们也可将现代性做如下理解，它是人类唤醒主体性，视理性为认识、改造宇宙和自身的唯一途径，从而打开了一个与以往"截然不同"的世界，这种"不一样"不仅表现在现代社会的思想文化和组织结构中，还遍布人们的日常生活细节。此时，科技发展和社会结构变革所必需的合作已将自我与他者的关系进行了根本性改变，也就是说，"随着抽象体系的发展，对非个人化原则的信任，以及对匿名他人的信任成了社会存在的基本要素"[2]。毫无疑问，这个起源于现代性的"自我与他者"认识论同样遭受后现代思潮的质问和怀疑，并不断暴露出其需要被改进甚至被颠覆的先天不足。

14世纪末，"主体性和理性"开始回归作用于各个领域，并交织萌发出压倒一切的现代性，此时，国际交往中的"自我与他者"观成为"西方中心主义"的重要表现形式，裹挟并扭曲了非西方文化。马克思曾经深刻地指出："正像它使农村从属于城市一样，它使未开化和半开化的国家从属于文明的国家，使农民的民族从属于资产阶级的民族，使东方从属于西方。"[3]由于贸易兴旺推动了文化流通，欧洲在中世纪末创造性找回、吸收和转化了古希腊与古罗马文化，进行了基督教重大改革，接连出现了"主观能动性和理性再发掘"的文艺复兴、宗教改革、启蒙运动、工业革命等一系列影响重大的文明运动。上述变革带来了欧洲主要国家的划时代进步，也负

---

[1] 曼海姆. 意识形态和乌托邦. 艾彦, 译. 北京：华夏出版社, 2001：66.
[2] Giddens, A. The Consequences of Modernity. California：Stanford University Press, 1991.
[3] 马克思恩格斯选集：第1卷. 北京：人民出版社, 2012：405.

面性地驱动它们各自实施了全球扩张（殖民）战略。"美洲的发现、绕过非洲的航行，给新兴的资产阶级开辟了新天地。"① "资产阶级，由于开拓了世界市场，使一切国家的生产和消费都成为世界性的了。……过去那种地方的和民族的自给自足和闭关自守状态，被各民族的各方面的互相往来和各方面的相互依赖所代替了。物质的生产是如此，精神的生产也是如此。各民族的精神产品成了公共的财产。民族的片面性和局限性日益成为不可能，于是由许多种民族的和地方的文学形成了一种世界的文学。"②

与此同时，众多欧美哲学家、社会学家、文学家、历史学家和政治学家开始在世界范围内构建符合资本主义、民族主义和殖民主义的"自我与他者"观，使其成为西方中心主义的主旨思想。比如，孟德斯鸠（Montesquieu）认为，文化由天才精英创造，只有他们才具备洞悉力、领导力，从而为世界设定法律和秩序，使人们信服和遵守。可以看出，此处所指的天才精英断然来自西方文化。维科（Vico）认为："每个社会都拥有自身的思想范式与生活理念，而且基本上不能与其他社会融合。也就是说，一个社会的价值观和理念无法适用于其他社会。一个社会所界定的美德、文学、艺术和英雄主义在另一个社会中往往得不到承认。荷马和阿喀琉斯（Achilleus）只属于古希腊，绝不会在别的社会中再现。"③ 同样，赫尔德也提出了"文化花园"理论，认为不同花朵不仅各有特色而且自成一脉，所以不存在真正意义上的跨文化交流与互鉴。④ 此外，在莎士比亚、孔多塞、笛福、韦伯、雅斯贝斯等西方文化精英的思想和作品中普遍存在着推崇欧美文化的

---

① 马克思，恩格斯. 共产党宣言. 北京：人民出版社，2018：28.
② 同①31.
③ Berlin, I. Against the Current: Essays in the History of Ideas. Princeton: Princeton University Press, 2013: 157-163.
④ Parekh, B. Rethinking Multiculturalism: Cultural Diversity and Political Theory. New York: Palgrave Macmillan, 2006: 55.

西方中心主义。当代美国学者塞缪尔·亨廷顿也有类似观点，他认为："在所有的文明之中，唯独西方文明对其他文明产生过重大的、有时是压倒一切的影响。"[①] 这些观点不仅是西方人文明优越感的一种表现形式，还斩钉截铁地强调和加深了自我与他者间亘古至今的鸿沟。当然，还有一些如汤因比等著名西方学者对西方中心主义进行了批判，认为其违背了人类最普遍的利益和价值追求。总而言之，西方中心主义始于欧美国家硬实力大幅超越其他地区，成于其软实力在全球范围长期建构，持续加固于国际互动中反哺"优势文化"的能量。

毋庸置疑，西方中心主义在全球扩散初期充满暴力和剥削色彩，被资本主义驱使的欧美主要势力在世界其他地区疯狂掠夺和奴役他者，以"丛林法则"为基调的国际互动不仅严重伤害了弱势国家，还引发了列强间的残酷战争，人类命运危如累卵，亟待修正自我对他者的认识以及未来规划。近代以来逐步形成的西方中心主义大体上可以划分为两个历史阶段，即全球殖民主义和后全球殖民主义。全球殖民主义阶段，以自我为中心的"自我与他者"观将世界导引至濒临崩溃的境况，人类的未来扑朔迷离。彼时，任何幻想置身事外、闭关锁国的民族或国家都无法逃脱这股巨大力量的裹挟，不得不与强势的他者进行主动或被动的交往，尽管这往往意味着屈辱、压迫和抗争。上述模式的"自我与他者"观念与互动一直持续到第二次世界大战结束，因为其毁灭性后果充分证明了它的难以为继，迫使人类不得不做出改变。于是，后全球殖民主义这个比以往更加复杂和精密的自我与他者合作理念应运而生，但这并不是西方中心主义的改弦更张，实乃同一事物由低级形态向高级形态之转换。进入后全球殖民主义阶段，"自我与他者"观进行了与之对应的调适，西方和非西方之间的关系逐渐由毫不掩饰的

---

① 亨廷顿. 文明的冲突. 周琪, 等译. 北京: 新华出版社, 2017: 203.

剥削压迫转向分工合作，冲突战争被科技、经济、政治和外交竞争所替代。随着厚积薄发，受益于比较优势的非西方国家的影响力在世界范围内初露峥嵘，开始以多元文化和多元价值质疑西方文化一尊独大的合理性。这个改变也在塞缪尔·亨廷顿不无成见的观点中有所表露，他认为："随着本土的、根植于历史的习俗、语言、信仰及体制自我伸张，西方文化受到侵蚀。"① 截至目前，虽然非西方国家的诉求并未从根本上扭转西方中心主义的国际交往格局，但这确实为更加平等和良善的自我与他者关系提出了符合历史潮流的努力方向。在这个意义上，西方中心主义是后全球殖民主义的本质，后全球殖民主义是西方中心主义的时代现象。

当前，符号化的"自我与他者"观，正在指导着包括国际传播在内的国际交往规则，显性或隐性地昭告西方文明与非西方文明之间存在的"一种权力关系，支配关系，霸权关系"②。工业革命以来，"机器产品的便宜和交通运输业的变革是夺取国外市场的武器。机器生产摧毁国外市场的手工业产品……大工业国工人的不断'过剩'，大大促进了国外移民和把外国变成殖民地，变成宗主国的原料产地。……新的国际分工产生了，它使地球的一部分成为主要从事农业的生产地区，以服务于另一部分主要从事工业的生产地区"③。不讨论深层次原因，上述国际分工更像是"没有工会的国际雇工"，它导致了内在结构失衡的国际合作，也将根深蒂固的不平等从经济引向文化等，最终表现在国际政治的方方面面。时至今日，上述国际互动格局并没有在根本上发生改变，这不仅持续强化了西方文明的优越感，造成与之对应的对其他文明的轻视、忽视，事实上还将西方中心主义精心设计为所谓"国际交往通则"，但这些非理性的、短视的思想和行为无疑使

---

① 亨廷顿. 文明的冲突与世界秩序的重建. 周琪，等译. 北京：新华出版社，2010：72.
② 萨义德. 东方学. 王宇根，译. 北京：生活·读书·新知三联书店，2007：8.
③ 马克思恩格斯全集：第23卷. 北京：人民出版社，1972：494-495.

自我与他者的可持续关系步履维艰。

进入21世纪,受益于比较优势的新兴国家取得巨大进步,开始呼吁国际上应该建立更加平等的、更具有建设性的外交关系。显然,一部分西方国家对这个提议并不十分感兴趣,反而抛出了文明冲突论等质疑多元文化共存的可行性。此外,为了不断巩固西方中心主义,欧美主要国家十分注重掌控国际传播资源,大力输出符合自我利益的价值观念和文化习俗,全面实施"文化同化"战略。正如美国前国务卿詹姆斯·贝克(James Baker)的直白表态:"在做出外交决定时,我们必须坚持我们的原则和价值观,要考虑美国的利益,要考虑我们所接触的人是否跟美国一条心。"[1] 一言以蔽之,虽然它的表现形式是近代以来国际交往的"潜规则"缓慢地从全球殖民主义走向全球化,但本质始终未变。无论从任何角度审视,西方文明建构西方中心主义的宗旨是证明前者世界领导权的合法性,恰到好处地反映出其"自我与他者"观的功利性、历史性和排他性。

第六节　当代国际传播:"自我与他者"的再阐释与共建构

当前,地球村内每一个国家都无法拒绝与他国进行接触,也不能回避"自我与他者"这个命题,所以从此维度研究国际传播有着十分重要的意义。现代社会,国际传播是自我与他者互动的关键渠道,也是影响"自我与他者"观的关键因素,其内容既有竞争也有合作,会对参与主体产生文化、经济和政治等方面的广泛影响。对一国而言,"自我与他者"观是国际传播顶层设计遵循的基本原则,国际传播实践也在不断阐释和建构其"自

---

[1] 环球视野:美国智库盘点2011年最应关注的11大变局//2011—2018年察哈尔圆桌论坛资料合集,2019:3.

我与他者"观。

一、不平等博弈：当前国际传播现实

"自我与他者"观在相当程度上决定了当前的国际传播格局，这不仅来自历史和文化，还有深刻的世界权力结构因素。一种文化的形成深受所处环境和承载历史之影响，人类不同群体在漫长演进中，自身的独特日渐凸显，他者的殊异与日俱增，所以"自我与他者"观往往是其最潜移默化的核心价值，指导着包括跨文化互动在内的大量实践。整体上，西方学者将世界文化大体分为东方文化和西方文化，前者指中国文化、伊斯兰文化和印度文化，后者指从古希腊、古罗马传至今日欧美的文化体系。[1] 可以说，对文化的"东""西"划分本质上是一种"自我与他者"观的表达，是正式地将自我与他者进行区分，也特别强调了"我"和"他"之间的巨大不同。基辛格曾经在其论著中指出："中国得以延续至今，主要靠的是中国平民百姓和士大夫信奉的一整套价值观。……中国和美国都认为自己代表独特的价值观。美国的例外主义是传经布道式的，认为美国有义务向世界的每个角落传播其价值观。中国的例外主义是文化性的，中国不试图改变他国的信仰，不对海外推行本国的现行体制……是一种文化上的普世观"[2]。东西方不同的历史和文化显然映射着不同的"自我与他者"观，也必然选择不同的外交和国际传播战略。此外，权力结构（力量关系）是研究和理解某种历史、文化和观念的必要维度，东方和西方之间的不平等关系正是权力结构使然。[3] 近代以来，西方国家通过先发优势，占据着全球权力结构中的有利地位，自然而然通过权力运用将自己的"自我与他者"观强加于别国

---

[1] 张光璘. 东西文化比较. 北京：新世界出版社，2015：2-3.
[2] 基辛格. 论中国. 胡利平，等译. 北京：中信出版社，2012：Ⅵ.
[3] 萨义德. 东方学. 王宇根，译. 北京：生活·读书·新知三联书店，2007：8.

或集团，从而持续巩固其全球利益链顶端地位，与之相对，中国却不得不长期被动参与"以西方中心主义为基调"的国际传播和国际交往。

相当长一段时间以来，在西方硬软实力的优势下，不平等的国际传播局势使得中国在自我与他者的交流交往中处于劣势。"美联社、合众国际社、路透社、法新社每天的新闻发布数量占据整个世界新闻发稿量的80%。传播于世界各地的新闻，90%以上由美国等西方国家垄断。西方50家媒体、跨国公司占据了世界95%的传媒市场……美国控制了全球75%的电视节目的生产和制作。"[1] 虽然上述情况在近些年出现了积极变化，包括中国在内的其他发展中国家的相关能力得到显著提升，但不平等的整体格局未变。2021年，美国公司占据了社交媒体全球排行榜前五名。[2] 然而，TikTok等非西方社交媒体在一些西方国家却面临着越来越严格的审查和限制，甚至有停止业务的风险。可以这样认为，随着发展中国家综合实力提升，西方主要国家对国际传播资源的控制不仅不会放松，而且有越来越紧的趋势。专注中国问题的美国专家乔舒亚·库珀·雷默（Joshua Cooper Ramo）认为，中国最大的"战略威胁"来自"国家形象"的呈现，也就是中国自身的定位，以及国际社会如何看待中国，这在很大程度上决定着中国的未来。[3] 面对长期以来"不平等"的国际传播格局，中国如何破局不仅是个难题，而且内在隐含着诸多矛盾。从硬传播而言，中国的综合实力与西方强国尚存一定差距；从软传播而言，中国起步较晚，建设优质国际传播资源还需做出更多努力。无论如何，以上种种都值得我们深入思考，谋定而后动。

---

[1] 胡正荣，关娟娟. 世界主要媒体的国际传播战略. 北京：中国传媒大学出版社，2011：208.

[2] Statista. Most Popular Social Networks Worldwide as of July 2021, Ranked by Number of Active Users, 2021. [2022-8-8]. https://www.statista.com/statistics/272014/global-social-networks-ranked-by-number-of-users/.

[3] 俞可平. 雷默的"淡色中国"观. 北京日报，2007-05-04.

二、聚焦共同利益和价值原则的国际传播："自我与他者"观的再阐释与共建构

立足当前国际政治格局和国际传播现实,"聚焦自我与他者的共同利益和价值"符合历史逻辑,顺应时代要求,有益于在国际传播中争取到主动位置。中国经济腾飞以后,一部分西方学者和政客用先入为主的偏见去审视国际局势的变化,他们认为,中国提出自己的国际政治理念是对抗西方价值、挑战自由民主,为中国化国际秩序进行辩解。即便文化上与我国多有相通之处的邻国,也在主体利益和国际政治的裹挟下不断加深自我对他者的疑虑和敌意。2010年,日本在《新防卫计划大纲》中明确提出,要与"拥有共同价值观和安全利益"的国家开展安全合作,如印度、韩国、澳大利亚等。[①] 不言而喻,这个"安全合作"就是对自我和他者的正式划分。与此同时,美国也在世界范围内加强"价值观外交",逐步形成排他性的外交联盟,要求非西方国家"尊重普遍价值观、遵守国际准则",并以此引导国际舆论,最终使得这些国家在"西方中心主义"的"正义裁决"下放弃发展机会,或为前者持续不断打压后者占据"道德先手"。简而言之,国际社会进入现代以来,一个后发国家在崛起过程中,必然受到守成国家的遏制或围堵,这个状况会因双方利益和价值不同而变得更加糟糕,也会由于没有应对得当而使前者遭受重大损失。

19世纪,英国首相亨利·帕麦斯顿（Henry John Temple Palmerston）表明了西方人秉持的国际互动理念:"一国没有永远的朋友,只有永远的利益。"（A country does not have permanent friends, only permanent interests.）这个表述无疑是冷酷无情的,但确实揭露了近代以来的国际交往实质,也

---

① 肖传国. 钓鱼岛"撞船事件"后日本的战略走向. 日本研究,2011（3）:72-77.

就是通行世界的"自我与他者"观。即便如此,站在整体福祉和地球未来的高度,我们必须有所变化和改进。一方面,人类社会不同群体共有的生物性和精神性确保他们之间有着基础的共同利益和价值,这也正是我们能够深耕这个领域的前提与逻辑。正如国际关系界著名学者亚历山大·温特所言,国际体系的结构和内在动力由国际"共有观念"决定。[①] 所谓"共有观念"就是共有的利益和价值。另一方面,东西方不同的价值观源于各自不同的历史和现实条件,仅关注彼此的差异只能将国与国的交往引向对抗。所以,为争取更加友好的、利于自身发展的外部环境,我们应该搁置争议,坚持在共同之处着眼并拓宽对外合作。聚焦到中国的国际传播战略,就是挖掘和维护双方的共同利益,此外还要在价值观方面进行媾和并尽可能找到重叠之处,也就是聚焦共同价值。此外,"求同存异"是我国的外交原则,但在国际传播实践中,引发了一些背离初衷的后果。因此,至少在国际传播领域,我们还需弱化、淡化自我与他者的不一致,尤其是在比较敏感的领域。

为精准高效地"聚焦共同利益和价值",必须多维度深入研究国际传播对象,以求尽可能推动自我与他者在物质和精神层面上的双重融合,根本性地提升国际传播效果。

首先,要正确定位国际传播受众。一方面,不能因循守旧,仅关注政府而忽视民众。近年来,我国的国际传播对目标国民众的重视已有很大改进,但还是有某些环节的传统做法,未能有效地制定和实施相关策略,缺乏受众认可从而导致传播效果不理想。这里尤其要注意时常承受选举压力的西方民主政府,尽管民意在很多时候是盲从的、混乱的,可是它事实上左右着很多决策。另一方面,辩证看待目标国政府在国际传播中的作用。

---

① 温特. 国际政治的社会理论. 秦亚青, 译. 上海: 上海人民出版社, 2014: xxxi.

在西方国家，民众是否认可是国际传播效果的基准，但民众和政府之间的关系非常复杂，内部运行机制也十分微妙。换句话说，即便在西方社会，政府也能隐性地对媒体产生重大影响，进而引导和控制舆论，只不过它不是以一种非常直接的方式。相关研究分析了《纽约时报》1949 年到 1988 年有关我国的新闻报道，发现美国政府对华政策在相当程度上左右着《纽约时报》对中国形象的呈现。因此，我们在定位受众时，不能顾此失彼，而需面面俱到、因人制宜。

其次，认识目标受众必须有一定的高度和深度，并依此制定和实施行之有效的国际传播战略。高质量跨文化传播更多是精准地回应传播对象，而非正确地传播信息。[1] 自我必须理解他者所处社会文化语境中的价值体系，如思维模式、信仰、审美、行为规范等，因为这都是特定族群为确保繁衍，日积月累沉淀而成的。[2] 所以，如果未能从生理、心理、历史、文化、价值和理想等多方面深刻理解受众，就缺乏提升国际传播效果的基础。此外，当人们意识到事实与自己的认知不一致时，往往会改变态度使其符合自己的认知。[3] 绝大多数受众只会注意和记住那些与自己观点、风格、品位相一致的内容。[4] 可见，传播对象的认知绝非完全理性的，而容易受到多重因素的影响。正是基于上述研究，美国国际广播采用分而治之的策略，将国际受众分为 125 个具体的市场方向，英国广播公司也将其 32 种语言广播划分为 13 个主要的市场方向[5]，事实表明，上述科学规划和策略的确为

---

[1] Hall, E. T., Hall, M. R. Understanding Cultural Differences: Germans, French and Americans. Maine: Intercultural Press, 1990: 4.

[2] Hurn, B. J., Tomalin, B. Cross-cultural Communication: Theory and Practice. Houndmills, Basingstoke: Palgrave Macmillan, 2013: 45.

[3] 马德峰. 态度改变：费斯汀格的认知不协调理论述评. 华中理工大学学报（社会科学版），1999（4）：79-81.

[4] Klapper, J. The Effects of Mass Communication. New York: The Free Press, 1967: 19.

[5] 王庚年. 国际传播发展战略. 北京：中国传媒大学出版社，2011：38-53.

西方传播巨头争取受众发挥了重要作用。与之相反，如果我们未能深入理解受众而采取行动，那么后者就会用抵制的思维模式解读信息。

最后，构建自我与他者共同理解和喜爱的叙事方式，也就是"讲好故事"。出色的叙事一定是反映人类经验且极具吸引力，可使受众建立归属感，最终形成主体和对象之间的集体记忆。[①] 所以，传播主体必须首先了解受众的偏好和态度，树立定制化传播理念，用好的故事激发受众对现有事物的新思考方式。[②] 此外，"好故事"应该与传播对象的社会文化积累相契合，从其日常生活、价值观和个人视角进行讲述，并且能够在公众话语中进行顺畅转换。[③] 正如建构主义所言，主观能动性对人们意识的影响重大深远，事实反倒退居其次。"好故事"往往预示着好的国际传播效果，它不是填补信息空缺的工具性存在，而是将离散的事件转化为有意义的共享文化和信仰的叙述过程。[④]

三、软硬实力匹配下的国际传播路径选择

软实力与硬实力匹配是国际传播实践的重要原则，是把握好长期利益与短期利益、局部利益与整体利益两组辩证关系的要害。一国的综合实力由软硬两个部分组成，软实力主要指广义文化，非实体但依然能够强烈影响人们，如艺术、习俗、宗教、社会科学、文化产品等；硬实力主要指看得见、摸得着、可转化为力量的物质存在，如自然资源、人口、科技成果、军事组织等。硬实力是软实力的实体形式，软实力是硬实力的抽象形式。

---

① Bruner, J. The Narrative Construction of Reality. Critical Inquiry, 1991, 18 (1): 1-21.
② Nisbet, M. C. Communicating Climate Change: Why Frames Matter for Public Engagement. Environment: Science and Policy for Sustainable Development, 2009, 51 (2): 12-23.
③ Arnold, A. Climate Change and Storytelling: Narratives and Cultural Meaning in Environmental Communication. Houndmills, Basingstoke: Palgrave Macmillan, 2018: 21-23.
④ Jacobs, R. N. Producing the News, Producing the Crisis: Narrativity, Television and News Work. Media, Culture & Society, 1996, 18 (3): 373-397.

软硬实力在本质上如出一辙，但在现象层面上千差万别。软硬实力的匹配原则就是对立统一，发挥整体最大功用，避免因不足或过度导致浪费、冲突等负面效果。软实力既是硬实力的延伸也是其精神动力，虽然它有自身展缩的空间，但其规定性源于也反作用于硬实力。没有硬实力基础，软实力就是无本之源；没有软实力，硬实力就无法升华，甚至发挥不出正常功效；因此，任何形式的不一致都会导致注重眼前利益而伤害长远利益，着眼浅表利益而罔顾根本利益。国际传播的软硬匹配原则就是基于硬实力去制定相关战略战术，进而转化为软实力，最终增强综合国力、构建短期利益与长远利益、局部利益与整体利益动态平衡的最优国家形象。这个重要原则不仅要应用于认识层面，还需贯穿实践过程。从自我与他者的互动而言，传统的国际传播（软传播）仅是一国综合实力的一个维度，传播效果好坏更多取决于国与国系统性互动的结果，所以辩证思维在研究和进行国际传播时必不可少。此外，国际传播不仅要聚焦自我与他者的重大利益关切和价值观重合部分，还需努力扩大范围和保持宽容，持续巩固双方合作的思想和行动基础。

为实现"自我"与"他者"合作最优化、践行负责任大国使命、持续提升综合实力和国家形象，我们必须从历史、当下和未来三个维度科学地审视现实环境和现有战略，坚持软硬实力匹配原则，通过多重路径提升国际传播效果。

一是树立全局性和长期性理念，切实强化国际传播的顶层设计。国际传播效果成因复杂，是显性和隐性要素共同作用的结果，并且在很多时候，后者发挥着重要的甚至是决定性的作用。简而言之，大众传播、人际传播和公共外交等技术性手段能够取得的效果，总是被一国的经济、科技、军事、政治等方面的实力所制约。一方面，对内而言，提升国际传播的科学性、协调性、丰富性，建立国家层面的国际传播研究、数据和运营中心。

科学性指交叉学科视域下国际传播的理论和应用研究，切实掌握国际传播规律，制定国际传播战略，从而更好地指导和统领实践；协调性指整合和指挥各领域、各方面资源，优化国际传播内容、策略和评估，持续提升国际传播效果；丰富性指从数据整理、内容制作和议程设置等方面入手，立体展示、建构国家形象，共筑共理共情之场域，最终涵化目标受众。另一方面，对外而言，保持国际传播的一致性、持续性、真实性，避免国际传播各自为政、各说其话、各有不同等情况。既然国际传播是个战略性工作，那么它必然需要长期、动态的谋划和实施；必然需要首尾相顾的价值、话语和态度，切忌剑走偏锋、含糊其词；必然需要建立传播主体与对象之间的信任，宁可不说，不能乱说。

二是以汉语推广为重要目标。无论从哪方面看，文化都离不开语言。论及语言在文化中的地位，再高的赞誉都不会显得过分。某种语言的表达能力在极大程度上代表着所属文化对内外一切的认识能力，凝聚着所属民族或者国家的历史、现实和理想。塞缪尔·亨廷顿认为："任何文化或文明的主要因素都是语言和宗教。"[1] 近代以来，西方文化大行其道就是以英语推广为开路先锋，而西方中心主义的确立显然与上述战略有着十分紧密的联系。在汉语推广方面，多年来我国已取得长足进展，一方面这得益于改革开放后，我国快速提升的经济、科技和政治实力，由此引发他者因渴望合作而产生的汉语学习需求；另一方面是中华文化几千年的沉淀依旧熠熠生辉，吸引着他者的主动探求之心，但也不时面临着新挑战，如汉语推广策略没有迎合目标对象文化特点，未能及时化解"他者"的不理解、不信任等。出现上述问题的主要原因有三，即综合国力还有短板，不平等的国际传播格局，相关研究、战略和实践不足。因此，我们应该分文化、分阶

---

[1] 亨廷顿. 文明的冲突与世界秩序的重建. 周琪，等译. 北京：新华出版社，2010：19-34.

段、分受众进行汉语推广，有针对性地克服遇到的各类困难和问题，从而在逐步提高汉语国际地位的同时实现国际传播目的。

三是强调论证和"共情"。以理服人，避免冰冷的意识形态宣传和空洞的论调，要用知识和逻辑搭建交流的框架；尤其是面对综合素质较高的受众，没有坚实理论和新鲜知识，不仅无法吸引对方、涵化对方，反而经常南辕北辙，造成负面效果。以情动人，聚焦人类普遍情感，为双方互动注入感召力和生命力；人类的大部分决策为非理性的，也就是说我们应该特别关注国际传播受众的情感"规律"，以便全面和真正地理解受众，而不能忽视或轻视这个现象。以"他"为主，时刻重视受众对不认可的信息加以回避或拒绝的心理特点[1]；国际传播的出发点和落脚点都是受众，必须树立以"他者"为中心的涵化理念、以"他者"为路径的实施策略、以"他者"为目的的效果标准。

四是进一步加大对大数据、人工智能、社交媒体等国际传播技术和平台的投资。"一种新媒介的长处，将导致一种新文明的产生"[2]。从奥巴马利用社交媒体笼络大批"政治冷漠"的草根网民和青年网民为其当选美国总统踊跃投票[3]、特朗普的"推特治国"，到当前社交媒体在国际政治议题上的强大议程设置能力[4]，都充分证明了现代通信和媒介技术已将国际传播引领至一个新文明时代，一个让所有人无法拒绝它的时代。人工智能加社交媒体平台不仅是技术革命，还宣告了一个人类生存新兴模式的降临，使得我们从未像当前这样依赖虚拟空间。"祸兮福之所倚，福兮祸之所伏。"(《老子》

---

[1] Klapper, J. The Effects of Mass Communication. New York: The Free Press, 1967: 19.
[2] 伊尼斯. 传播的偏向. 何道宽, 译. 北京：中国人民大学出版社，2003：28.
[3] Katz, J. E., Barris, M., Jain, A. The Social Media President. New York: Palgrave Macmillan, 2013: 11 - 19.
[4] Vargo, C. J., Guo, L., Amazeen, M. A. The Agenda-Setting Power of Fake News: A big Data Analysis of the Online Media Landscape from 2014 to 2016. New Media & Society, 2018, 20 (5): 2028 - 2049.

第五十八章）照此发展下去的人类未来充满了不确定性，但就国际竞争性而言，一国要提升国际传播能力却不得不深耕于此。必须承认的是，这个趋势严重地异化了人类精神，导致我们不再亲近自然，而是沉沦在幻境中不能自拔。人类仰仗科技进步而强大，但越来越"无所不能"的科技却正在长成吞噬人类的"利维坦"。

五是加强与各类国际传播主流渠道的合作。中国目前掌握的优质国际传播资源十分有限，所以必须立足现实，通过多种形式"借力打力"，争取用最小代价、在最短时间尽可能提升国际传播能力，更好地服务于国家对外战略。第一，针对性和策略性地影响国际主流传播资源，重实质而非形式，重合作而非掌控。第二，大力招募和支持自媒体形态的国际传播优质资源，有效应对国际传播影响力多元化趋势，不拘一格、唯才是用，还要特别注重运用市场化思路。第三，反制国际舆论场上的"超限战"。深入研究宣传机器人等，不仅要从技术上进行化解危机，还要创新理念，化危机为转机。

第五章

合人类性价值共识：
未来国际传播如何可能

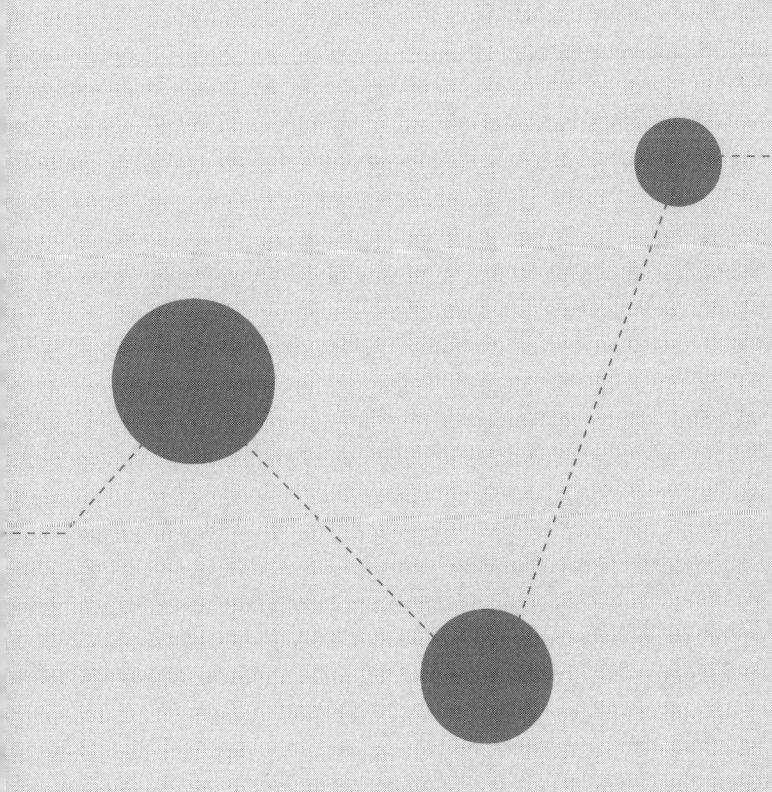

本章要点

- 价值共识的重要性：强调价值共识在形成国际传播底层架构中的核心作用。

- 合人类性的内涵与应用：定义合人类性，并探讨其在国际价值共识中的根本特征及其在不同文化中的表现。

- 伦理与国际传播：分析伦理如何作为合人类性的集中表现，影响国际传播的道德和行为准则。

- 审美与国际传播：探讨审美在国际传播中的作用，以及它如何与合人类性相结合，形成传播的审美旨趣。

- 未来国际传播的内核：强调伦理和审美在未来国际传播中不可或缺的地位，以及它们如何塑造国际传播的发展方向。

第五章 合人类性价值共识：未来国际传播如何可能

后信息时代，国际传播不仅深刻影响一国的国际话语权安全、意识形态安全、政治安全，还间接作用于它的文化安全、社会安全、经济安全和生态安全等。"社会不仅因传递与传播而存在，更确切地说，它就存在于传递与传播中"①。由于信息传播数量和质量获得前所未有的巨大飞跃，信息技术极其深刻和难以估量地改变了当前和未来的人类生存模式，引发了人际交往、社会结构和国际关系蜕化。最为突出的是，人们不仅为了各种目的而传播，很多时候传播本身也成了目的，现代"信息人"的文化认同、身份认同和国家认同无不与信息传播深度勾连。此外，在当前人类文明阶段，国际互动表现为"小合作、大竞争"，也就是小规模、低质量合作是为了更高水平的竞争，但竞争并不完全排斥合作，甚至无法离开合作。时代背景所趋，国际传播的重要性日益增强，成为除经济、外交和战争以外国际互动的主要空间，也自然而然地与一国安全的各个维度产生了强相互作用关系，它不仅包括捍卫国家安全的主动防御，还包括维护国家利益的积极作为。

在当前错综复杂的国际局势下，中国国际传播肩负历史使命。为科学谋划此项战略任务，从学理上阐明"国际传播如何可能"成为重要基础之一。建设性原则下，国际传播的基石为合人类性价值共识。合人类性指遵循人类性规律，也就是有利于人类存续、发展的价值观念和实践活动之共性，因此它同样是支撑不同群体相互交流、合作的根本原则。在国际传播意义上，合人类性价值共识可从伦理和审美两个维度探讨，因为伦理揭示人之所以为人的逻辑，审美阐发人之所以为人的体悟，两者是人类认识自身和外部最有意义的活动，是不同国家共理共情之场域，是国际传播何以可能之答案，是构建人类命运共同体之动力。

---

① 凯瑞. 作为文化的传播. 丁未, 译. 北京：华夏出版社, 2005：3.

第一节　建设性和理智竞争性的价值共识：
　　　　国际传播的底层架构

一般意义上，国际传播是个非常宽泛的概念，包括国与国产生信息交互的所有活动。但是，随着国际传播相关实践发展，宣传战、公共外交、跨文化传播、全球传播等与之性质有明显不同的"国际传播"相继独立，成长为新的应用和研究领域。与此同时，人类文明发展的制约条件也出现了历史性变化，强制将国与国的关系由以往的竞争往竞合平衡过渡。所以，国际传播不得不顺历史潮流而动，做出符合时代的调整和改变。在传统社会，物质利益是国际传播萌生和发展的内生动力，但前者变动频繁且极其脆弱，长期验证下来，它既不利于国际传播稳定运行，还经常迫使其误入歧途。20世纪末，随着苏联解体，国际社会进入美国"一超独大"的局面，人们普遍认为价值共识才是包括国际传播在内的国际交往的重要基础和未来方向，由此，国际传播进入新的时代。

一、现代文明对价值共识的冲击

现代文明带来了前所未有的物质富裕和理性秩序，但也让人类付出了精神迷失、幸福破灭的高昂代价，人际与国际的信任和共识所剩无几甚至消失殆尽。大航海时代以来，尤其是工业革命后，一日千里的生产力进步让我们发展出了远超历史任何时期的物质文明，同时新型生产关系也将人类社会改造为利润导向、理性崇拜、科技至上和生态退化的。其间，资本是重要标志之一，其追求永续增殖的特性"力求摧毁交往即交换的一切地方限制，征服整个地球作为它的市场"[1]，最终这种无所不用其极的欲壑难

---

[1] 马克思恩格斯文集：第8卷.北京：人民出版社，2009：169.

填不仅导致世界文化多样性萎缩，还充分证明了资本主义与生俱来的破坏性和不可持续性。对此马克思曾指出，资本主义倡导的"自由竞争在一个国家内部所引起的一切破坏现象，都会在世界市场上以更大的规模再现出来"①。而之后由于资本主义全球扩张，不断升级的国际战争和冲突成为这个警示的最有力注脚。此外，随着资本和科技统治世界不断深入，人类被异化为本性遮蔽的工具性动物，个体成为庞大增殖和创新机器上随时可替换的零件。正如尼采所言："我们只有一个世界，而这个世界却是虚假、残酷和矛盾的，是会引人误入歧途的，甚至是无知的……"② 面对如此翻天覆地的变化，"理性人"不禁扪心自问：现代文明犹如一匹脱缰野马奔向茫然未来，它是潘多拉魔盒，还是窒息人类的枷锁？人类的希望何在？

二、价值共识在国内国际不同维度的内涵和形式

在这个进程中，现代民族国家通过集权、意识形态统一等方式，相当程度上遏制了国内混乱，可在国际交往中丛林法则依旧横行无忌。为抑制人性贪婪和资本疯狂，避免将自身冲撞得支离破碎，现代国家内部依靠法律和暴力机构基本保障了社会正常运行。而在没有约束性和强制性保障机制的情况下，国与国之间一边空喊着"民主、公平、正义、博爱"等大而无当的口号，一边放任国际恶性竞争为祸惨烈，两次世界大战中，灭绝犹太人、南京大屠杀等反人类罪行频频发生，人类社会危如累卵。为制止事态持续恶化，全球层面达成了些许维护和平的协定，却始终缺乏有效路径，以致这个困局未能出现根本性转变。冷战结束后，"在正在显现的世界中，属于不同文明的国家和集团之间的关系不仅不会是紧密的，反而常常会是

---

① 马克思恩格斯文集：第1卷. 北京：人民出版社，2009：757.
② Nietzsche, F. The Will to Power. New York: Random House, 1968: 451.

对抗性的"①。可以说，直至目前，国际交往的宏观环境仍然十分恶劣，一些国家出于一己私利而大打出手，并擅长用华丽外表隐藏一些不可告人的目的，此时盲目乐观者往往因低估利益冲突的激烈程度而招致意想不到的重大损失。

为控制恶性竞争带来的伤害和损失、避免文明终结，世界各国推动全球化以整合不同种族、民族、宗教、文化等，因此国际交往和价值共识不可或缺，也就是要具备识别"自我与他者"哪怕最低限度的共同性。首先，因为生理结构和功能等自然属性，人类基于必需物质条件的诉求基本相同并保持稳定，所以这一定可超越信仰、种族、文化等成为不同国家间最容易理解、沟通、合作和互助的领域。当然，这也将在资源匮乏时成为国际冲突最重要的原因。其次，同样的欲求在不同文化中有着较为悬殊的价值判断，因为价值体系是主体在一系列内外条件下进行妥协所达成的相对舒适的习惯和规约，即宇宙偶然、历史运动、外部环境和主体调适共同作用下的动态平衡，而任何价值体系都是所属文化根深蒂固的验证和积累。正如对普通人而言，爱国主义是归宿，而世界主义是心向往而身不能至的理想，因为爱国主义主观但令人幸福和安宁，世界主义伟大却对个人来说过于高远，并且会造成生活的矛盾分裂。② 国际传播中，主体准确地认识对象是其他一切的起点，这不仅要求在具体实践中彼此尊重和互利共赢，还需要前者从后者漫长和复杂的历史文化进程中理解其价值观产生的特殊性和深刻性。最后，上述种种矛盾造成国际价值共识易言难行，因此要放弃治标不治本、一蹴而就的乐观想法，从国际交往各方最根本、最可行之处入手。

---

① 亨廷顿. 文明的冲突与世界秩序的重建. 周琪，等译. 北京：新华出版社，2010：161.
② 贝克. 世界主义的观点：战争即和平. 杨祖群，译. 上海：华东师范大学出版社，2008：1.

三、价值共识是国际交往和国际传播的重要基础

当前,国际传播成为国际交往的主要形式之一,但很多人仅仅关注世界主义或理想主义,却不假思索地越过了愿景与现实的巨大鸿沟。他们认为,传播内容中人权和正义应优先于自身利益甚至所属民族的利益。[①] 这个倡议充溢文明进步的光辉,但在现阶段缺乏实践之基础,因为"人们为之奋斗的一切,都同他们的利益有关"[②]。个体如此,由其组成的国家也是一样,并且国与国之间的利益更为直接、更加纯粹。换言之,真正意义上的人权和正义只能是不同民族利益的公约数和抽象化,强势民族迫使弱势民族接受自身价值观不是人权和正义,其刚性形式是文化殖民,柔性形式是意识形态渗透。民族主义代表人物耶尔·塔米尔(Yael Tamir)认为,个体归属于某个文化或民族共同体,他只能在其内部找到生活意义和反思基础,脱离了这个环境,就没有了价值规范,更不可能变为自由主义鼓吹的自由、自主的人。[③] 可见,超越自身和民族利益、捍卫不同国家内涵各异的人权和正义,目前还很难成为国际通行的行为法则。同理,国际传播是以交流合作为外在形式的国际互动,它的远景目标不能缺少理想主义,但其当前战略制定和策略执行却必须根植于现实主义。

无独有偶,由于真实目标与具体路径的相互矛盾,国际传播实践也进行得十分复杂和困难。卢梭在《社会契约论》中指出,平权和正义是人性偏私转化为公意的结果。[④] 生命体的偏私来源于基因,与生俱来、根深蒂固,本质上与秩序和道德对立,但为了社会整体上运转正常和人们所谓的

[①] Appiah, K. A. Cosmopolitanism: Ethics in a World of Strangers. New York: Norton, 2006: 127.
[②] 马克思恩格斯全集:第1卷. 北京:人民出版社,1995:187.
[③] Tamir, Y. Liberal Nationalism. Princeton, N. J.: Princeton University Press, 1993: 115.
[④] 卢梭. 社会契约论. 何兆武,译. 北京:商务印书馆,1980:10-42.

道德升华，它必须被遏制到可称为公意的范围之内。但一直困扰我们的是它如何可能？或者说，它有没有值得人类奋斗的成功概率？还是说，如果没有这样的转化，那么文明就难以为继？正如卢梭设想的道德政治无法在现阶段成为现实一样，国际传播也有着相似的内在冲突。一方面，利己使然，政府主导下的国际传播根本目的为夺取国际竞争优势，从而不断"鞭策"实践参与者专注竞争结果，忽略思想和行为规范，并经常滑入两败俱伤的境地；另一方面，国际传播是有限竞争、理智性竞争，与战争等恶性竞争、无底线竞争有本质上的差别，其路径必须是介绍、表白、展演、涵化、协商、谈判、妥协、折中等，坚决不能极端化和冲突化。因此，在上述复合条件的压力下，国际传播需要最为可行和最低限度的价值共识，以保障参与各方构建可共存、可持续和可发展的话语与运行机制。当然，言说价值共识的利益逻辑和共情基础必须得到国际传播主体与对象的检验及一致认可，因为这个关键支撑不仅源于理性算计，还来自非理性体悟。价值共识的功用类似"契约论"，只不过前者在国际推行，是软性的、非强制的，后者在国内实施，是硬性的、强制的。总而言之，建立国际价值共识虽然不是能完全调和国际传播内在矛盾的最优解，但一定是现阶段最有操作性和最令人满意的方案。

从以往文明冲突教训可知，除了难承其重的相互威胁，共通共守的价值是推动国与国达成共识的最大可能，也是国际传播具备现实意义的重要基础。如国际贸易是为了参与者共同改善物质条件和维持非战争状态，国际文化交流是为了促进合作并刺激创新，等等。其实，某种意义上而言，没有价值共识的国际传播只不过是弱肉强食的国际竞争的一块遮羞布而已。首先，理解是交往的本质之一，是国际价值共识的开端，因为"达到理解是一个在可相互认可的有效性要求的前设基础上导致认同的过程"[1]。人类

---

[1] 哈贝马斯. 交往与社会进化. 张博树, 译. 重庆：重庆出版社, 1989：3-4.

是社会性动物，人与人、群体与群体的互动是其本质规定之一，由此带来的信息交流必须达成理解，最终走向认同，否则彼此交流交往的需求将无法满足。当然，这个规律同样运行于国与国之间。其次，认同建构十分困难，因为国与国"并不信赖契约，除非双方遵守契约有一个很显明的目的与好处"[①]。可见，利益是国际交往的基础，有物质和精神两种形式，它的根本指向是物质性的，但很多时候却表现为精神性形式。再次，我们生活在一个文化多样、利益复杂的世界。韦伯曾犀利地指出："侍奉这个神，如果你决定赞成这一立场，你必得罪所有其他的神，……不同的神在相互争斗……既对我们的生活施威，同时他们之间也再度陷入无休止的争斗之中。"[②] 正如事物的对立统一规律所揭示的，多样性在激发创新的同时也酝酿了摩擦，有时候它的后果极其痛苦且难以忍受。消解包括国际传播在内的国际交往的价值观对立，双方必须秉持休戚与共的人类精神，站在真正互相尊重的立场上建构融通互信的话语体系，最终促成彼此间的和平与合作。又次，价值共识指主体间对共同关心的事物做出的基本一致的价值判断。国际传播视域下，不同主体交互的载体主要为信息，因此必然受其文化背景影响，也就是说，他们无时无刻不面对着价值观、价值冲突和价值共识等问题。"认识一致是人类任何真正结合所必需的基础，这一结合又与其他两个基本条件有相应的联系：感情上的充分一致，利益上某种相通。"[③] 正本清源，感情和利益源于一处，前者是偏感性的，后者是偏理性的，它们共同组成了所谓的人性。其实，感情也是人们的核心利益，而且很难被理性规约。因此，国际传播增加国际价值共识的主要路径离不开情感和利益这两个维度。最后，虽然对此不能有过高期待，但达成底线价值共识肯

---

① 斯宾诺莎. 神学政治论. 温锡增，译. 北京：商务印书馆，1963：223-225.
② 韦伯. 学术与政治：韦伯的两篇演说. 冯克利，译. 北京：外文出版社，1998：32.
③ 孔德. 论实证精神. 黄建华，译. 北京：商务印书馆，1996：19.

定是建设性国际传播的出发点，因为它不仅是个基础性问题，也是国际传播如何可能的决定性问题。1993年，世界宗教议会大会签署的《世界宗教议会走向全球伦理宣言》，倡导每个人都应受到符合人性的对待，人类应该达成某种最低限度的伦理共识，即"对一些有约束性的价值观、一些不可取消的标准和人格态度的一种基本共识……一种最低限度的共同的价值、标准和态度"[①]。可以看出，一方面，国际价值共识的重要性受到世界主流社会的关注和认可；另一方面，达成价值共识道阻且长，我们虽然要冷静和客观地解决这个难题，但着手建设已刻不容缓。

第二节　合人类性：人际、族际、国际价值共识的根本特征

在探讨国际传播的深远影响时，我们不可避免地触及合人类性这一概念，它是人际、族际、国际价值共识的根本特征。本节将深入分析合人类性的含义，探讨它如何成为不同文化、民族和国家间沟通与理解的桥梁。我们将从合人类性的定义出发，追溯其在中国传统哲学和西方哲学中的根源，揭示这些思想如何塑造我们对国际关系和全球交流的看法。进一步，本节将讨论在构建国际价值共识时，为何必须遵循合人类性原则，以及这一原则如何促进全球社会在多元中寻求共通，在差异中构建和谐。通过这一分析，我们旨在为读者提供一个关于如何在国际传播中实现更深层次的相互理解和合作的视角。

[①] 孔汉思，库舍尔. 全球伦理：世界宗教议会宣言. 何光沪，译. 成都：四川人民出版社，1997：171.

一、合人类性的定义

合人类性指遵循人类性规律，也就是有利于人类存续、发展的价值观念和实践活动之共性，因此它同样是支撑人类不同群体间相互交流、合作的根本原则；人类性包括自然属性和精神属性，强调人类不同于其他物种的特性，即追求生命意义和终极关怀的理想、信念与专属形式，如伦理和审美。首先，满足衣、食、住、行等生存需要是人类的基本特征，也是人类文明的基本条件。其次，人类性凸显人类创造和超越身体有限性的主动。"一个种的整体特性、种的类特性就在于生命活动的性质，而自由的有意识的活动恰恰就是人的类特性。"[①] 如果没有自由意识，人类与低级动物无异，存在的唯一价值是在自然规律统治下成为食物链中无足轻重的一环。因此，人类性是凸显人之所以为人的根本特征，也就是让道德和审美等精神产物成为现实的原始能量。再次，合人类性是遵循宇宙孕育万物、成就人类的内在规律。"道生一，一生二，二生三，三生万物。"（《老子》第四十二章）天地孕化万物，人类出类拔萃，从任何角度而言，必有其法。人类性是宇宙规律使然，合人类性是依律而行、依规而止，在人类繁衍、文明发展的逻辑框架内促进主观能动性。最后，合人类性重在激活和升华人性的光辉和伟大，抑制和疏导其鄙陋。"人是试图认识自己的独特性的一个独特的存在。他试图认识的不是他的动物性，而是其人性。"[②] 人之意义在于拥有求索自然、提升自身、关爱万物、与宇宙融为一体的潜力，也就是王阳明所言的良知，"夫良知一也，以其妙用而言，谓之神；以其流行而言，谓之气；以其凝聚而言，谓之精"（《传习录》）。人贵有自知之明，得晓肉体之脆弱短暂，遂求精神之升华不朽，有了这一点良知，人这个种群卓然立于

---

① 马克思恩格斯选集：第1卷.北京：人民出版社，2012：56.
② 赫舍尔.人是谁.隗仁莲，译.贵阳：贵州人民出版社，1994：21.

天地万物之间。

合人类性揭示出人与人之间达成共识、国与国之间达成合作的底层逻辑，它不仅是人类与生俱来和不可磨灭的事实性真理，还是其历史命运和信仰追求的价值性真理。一方面，"有自由意识的生命活动"或"良知"既是人类性的核心也是合人类性的外在形式，否则人类不可能超越万物而成为万物主宰，甚至根本无法存在和进化。所以，合人类性是人类繁衍的内在要求、人类历史的根本特征。现代文明激活了人类的自由意志，但也在发展中逐步将其剥夺，使我们丧失人之所以为人的美好和价值。因此，异化的人类必须恢复正常，即在人与人、人与世界之间建立真正的、有利于人类的关系。而合人类性正是这种关系的根本特征，所以它不仅支撑着人际、国际行为准则，还是整个人类文明的坚实基础。在马克思和恩格斯的经典著作中，有大量篇幅痛斥反人类性，也就是对合人类性的违背和破坏，因为人类只有在人类性得到观照的时候才能够健康生存、良性发展，才可能成为真正的人。被工具化或奴役化的人就是相当程度上被剥夺了人类性的人，已不是真正意义上的人。总而言之，认识人类、造福人类离不开合人类性考察。另一方面，合人类性不仅存在于历史中，还是不断创造新的历史的先决条件和永续动力。人类历史"并不是在他们自己选定的条件下创造，而是在直接碰到的、既定的、从过去继承下来的条件下创造"[①]。在历史条件下创造出来的人类历史必然遵循合人类性，否则人类既没有过去，更不可能走向未来。背离合人类性，人类天性将被扭曲或压抑，如果不能及时拨乱反正，人类历史就会不断恶化，甚至提前终结。

二、我国传统哲学中的合人类性精神

中国传统哲学中，合人类性是"致良知""知者行之始，行者知之成"

[①] 马克思恩格斯选集：第1卷. 北京：人民出版社，2012：669.

的"知行合一"(《传习录》),人相善、群相融、国相睦必然离不开对此的认知和遵循。(良)知即人类性,因为人类最可能和最深刻认识的无外乎使其存在的特性;(致良知)知行合一即合人类性,因为益于人类存在的认知、反思和行为无不以良知为圭臬。"天地之大德曰生。"(《周易·系辞》)对我们而言,宇宙之伟大,在于它孕育了人类,生生不息,周而复始。"天之道,利而不害"(《老子》第八十一章)。内在规律使然,宇宙创生了一切必要条件,总体上促进万物生长而非阻碍。"故道大,天大,地大,人亦大。域中有四大,而人居其一焉。"(《老子》第二十五章)因为异于其他生物的灵性,人居万物之首,与道、天、地比肩并存。"无恻隐之心,非人也;无羞恶之心,非人也;无辞让之心,非人也;无是非之心,非人也。"(《孟子·公孙丑上》)人之所以为人,实为与生俱来的"生生"人性,也就是精神层面的人类性与合人类性。在儒家学说中,荀子的"人性本恶"主要指人的自然属性,也就是和动物一样的基本生理欲求;孟子认为的"人性本善"主要指人性中固有的仁、义、礼、智之端,善是根本,恶是未善。"克己复礼为仁。一日克己复礼,天下归仁焉。"(《论语·颜渊》)根本上,人类社会的丑恶无不来自人性的黑暗角落,"人性本恶"的观点不容置疑,因此我们要节制动物欲望,杜绝恣意放纵。此外,作为君子,还要时常擦拭心中固有的"仁之端",秉持和遵循那些有利于人类的约定和规则,从而守护和润泽人类,此即合人类性。面对底层欲望经常性的干扰和破坏,仁是人类独有的生命情感和高标准道德水平,因此成为我们始终追求和捍卫的终极目标。如果绝大多数人能够知行于仁,那么人类整体就能实现人人相亲的和谐状态。仁并不是对所有人等而视之,它的境界基于知的磨炼,"知是理之灵处,就其主宰处说便谓之心,就其禀赋处说便谓之性。……心外无物,心外无理"(《传习录》)。对外界和自身的把握、追求幸福、找寻价值的机制和动能都来自"心知",说得更详细一点,即认识与遵循人类性,通过道德操守和审美澄明防止任何事物遮蔽和异化人类，这也就是我们的特殊点和闪光之处。在这个意义上，合人类性是人类之所以存在和发展必然不可或缺的基本规律。

三、西方哲学中的合人类性思想

西方哲学的主流观点认为，个体追求完善必须与整体福祉相统一，也就是说，应该遵循合人类性将小我有机融合为"人类"并推动社会不断进步。人的"特殊性使他成为一个个体，……同样，他也是**总体**，……正如他在现实中既作为对社会存在的直观和现实享受而存在，又作为人的生命表现的总体而存在一样"①。人的物质形态是个体，即独立存续、繁衍种群、满足欲求的身体；但人的精神形态是整体、类存在物，它通过自由意识发现了人类性，并以此在同类间深层次交流、合作、善爱，实现了合人类性。因此，合人类性超越人与人的分歧，既展现个体本性最真实、最本然的状态，也桥接人类整体最完美、最和谐的愿景。在合人类性层面上展开的人，爱己及人、情理相通；在合人类性层面上践行的人，正己守道、悲悯天下。生存压力下，一方面，人的自然属性凸显，以保全小我为宗旨；另一方面，在物种进化和竞争进程中，人不得不依靠、激发、创新精神层面的能力而胜出，比如复杂合作、人性支持、情感动力等。因此，精神和自然属性分别为人性的高低分层，合人类性就是从高层观照底层，以求正确对待人、成全人、升华人。在这个意义上，个体是现象的、局部的、偶然的人，人类整体是本质的、完全的、必然的人。"我们应该遵循的主要指针是人类的幸福和我们自身的完美。不应认为，这两种利益是敌对的……人类的天性本来就是这样的：人们只有为同时代人的完美、为他们的幸福而工作，才

---

① 马克思恩格斯全集：第3卷. 北京：人民出版社，2012：302.

能使自己也达到完美。"① 人是类存在物，是有相对理性、复杂情感的社会性动物，理性告知人类一损俱损、合作共存，情感驱使人类彼此恻隐、推己及人。脱离社会的人必然丧失人的主要特征，更谈不上追求自身完美，典型的就是从一开始与人类社会彻底断绝的狼孩、熊孩等，他们拥有人类的身体，但就人类性而言已退化为低级动物。个体不追求幸福必然堕落，造成社会停滞、混乱直至崩溃，追求幸福必然要完善自身，谋求人与人相亲互助，最终实现人类整体和谐。总而言之，自然属性是人性下限，人类性是人性上限，合人类性就是在人性上限的意义上关爱人、成全人、升华人。

四、国际价值共识必然遵循合人类性

如果交往互鉴、良性竞争、合作发展是国际传播的内涵，那么合人类性一定是其根本属性，因为只有这些攸关核心利益和未来方向的内容才是不同国家的共同关切，才能达到人类繁衍必需的认知高度和深度。大航海时代以降，过度崇拜理性严重扼杀"人性之美"，科技快速发展持续放大"人性之恶"，终致人类相互残杀至命悬一线，因此不得不改弦更张。不得不承认，现代国际传播与战争"形影不离"，说前者的初始形态是后者的帮凶并不为过，但随着国际关系转向和平与合作，它也不得不进行恰如其分的变革，也就是剥离服务于任何形式的战争的功能，重构为促进国与国共同发展的理念和实践。其实，这也是国际传播价值共识萌生并不断发展的进程，因为和平与合作只能是它的产物，否则世界依然会深陷两次世界大战般的混乱局面。随后，世界主要国家大力推动全球化，希望通过包括国际传播在内的国际交流合作重建人与自然、国与国的关系。时至今日，虽

---

① 马克思恩格斯全集：第40卷．北京：人民出版社，1982：7．

然效果不尽如人意，但问题的严重性已引起越来越多的重视。如果国家之间无法找到沟通、合作的交集之处，任何有意义的、稳定的、长久的国际关系都难以维持，短暂媾和也是为了蓄积力量以备下一次更激烈的冲突。正如康德的训诫，"你的意志所遵循的准则永远同时能够成为一条普遍的立法原理"①。目前看来，只有聚焦共同利益和情感，也就是最低限度的价值共识，才能符合上述法则，即合人类性的思想和行动。

第三节　人与人类的对立统一：
伦理是合人类性的集中表现

伦理统御人类存续、发展之刚性需求，因此合人类性是它的本质规定。伦理是社会本能即社会性，主要内容为人与人的关系。伦理是人类的根本特性之一，是人类繁衍的底层逻辑、求索终极关怀的正本清源之地。伦理是自外向内地认识和遵循人在社会中的客观规律，即"自我与他者"视角。对人类而言，伦理是生硬的、冰冷的法则，是社会普遍传达和社会有序运转的立足之基。总而言之，伦理是人与生俱来的禀赋，是在合人类性价值下观照事物的善。

一、伦理是人之所以为人的逻辑

人类一切思想和行动背后都可发现追求幸福的强烈愿望，但大多数情况下个体利益与社会有序兼容不佳，为理解、破解这个困境，伦理因此而现，道德因此而生。黑格尔认为，善是"一切意识的自身等同的、直接的

---

① 康德. 实践理性批判. 关文运，译. 桂林：广西师范大学出版社，2002：4.

连续不变的本质",恶是"让个体在它那里意识到它们自己的个别性"①。可见,个体追求幸福时,遵循稳定、一致的共同利益原则就是善,如果按照自身特殊性行事就陷入了恶。在这个意义上,善就约等于人皆平等、情感互通、爱己及人的合人类性。为恶虽可短暂愉悦人性,但并不能给个体带来真正的幸福,或者说个体之恶伤害整体福祉后会反作用于自身。恶,一方面源于人性的黑暗面,不仅仅指动物性,比如说贪婪、奴役和嫉妒等,这些都不是低级动物的特性,或者说,没有人类的那么显著和值得关注;另一方面是被所谓"理性"绑架,人类社会发展至目前,理性厥功至伟也为祸惨烈,比如说现代生活方式和大规模杀伤性武器,这里需要反思和检讨的地方不胜枚举。为约束恶、维护整体健康,社会必须阐明相关真理并规约行为准则,以助个体获得幸福,进而达成普遍和谐。在此情况下,伦理顺势而现。在《论政治经济学》中,卢梭首次从私利和正义相统一出发,论证了政治社会的合法性,他认为,培育公民美德的最佳路径就是爱国主义教育,因为对祖国(整体)最热烈、最微妙的爱可以制衡个体的自私自利。② 对一国而言,爱国主义路径的伦理即便不完美,也确实可作统一私利和正义之用。国与国之间,爱国主义或民族主义都是国际争议的根源,也很容易演变为冲突的导火索。因此,在今天深度全球化的世界中,我们迫切需要国际层面的伦理,也就是"一国收益(私利)与人类福祉(正义)相统一"的合人类性交往原则。总而言之,承袭柏拉图思想的卢梭的伦理学说并不十分完美,甚至在生活实践中收效甚微,但无论如何,它的初衷和设想依然对当前和未来的人类社会有着巨大价值,因为其遵循合人类性规律。不过,它确实需要在可操作性上多下功夫,以便在实践层面适应这始终变动的世界。

---

① 黑格尔. 精神现象学:下卷. 贺麟,王玖兴,译. 北京:商务印书馆,1979:45-46.
② 卢梭. 论政治经济学. 王运成,译. 北京:商务印书馆,1962:15-21.

伦理为道德之本，道德为伦理之显。人与人、国与国之间的相通之处是伦理，而非道德。康德指出，法学研究外在行动，为行动立法，即确立行动的合法性；伦理学研究行动依据，为行动准则立法，即确立行动的道德性；伦理学研究自由规律而非自然法则，伦理具备客观性、普遍性和必然性。[1] 可见，伦理揭示人与人、人与宇宙的内在规律，而道德为对此的判断，即是否符合伦理。因此，伦理和道德是同一事物的本质和现象，本质放之四海而皆准，现象因外在条件不同而有所变化，比如人类繁衍是伦理，具体的繁衍形式"婚姻"是否道德，在不同文化中有不同判断。伦理是存在于宇宙之内、生成于万物之中、发展于社会之下的内在规律，不仅是个体存续的法则，还是将他者等同视之的要求，因为自我与他者的有机联系使得我们这个类成为可能并生息至今。因此，它具备客观性、普遍性和必然性。[2] 道德是在特殊欲求和环境下伦理的外部表现，由于历史和文化差异，它不一而足，具有主观性、特殊性和偶然性。康德还指出，道德性是行动与意志自律的关系，存于行动与立法的相互作用之中，而立法必能从理性存在者的意志中产生，与意志自律共存的行动被允许，反之则不然。[3] 伦理（行动准则）是理性存在者纯粹理性中固有的先天原则，即行动者自由意志的必然组成部分；道德与否是针对具体行动的判断，符合行动准则就是道德的，反之为非法的。在这里，也就是在本体论意义上，伦理是自由的先天形式之一，道德是自由是否实现的衡量标准之一。人类文明史上，康德首次如此深度讨论伦理和道德，微言大义、振聋发聩，但理论与实践的结合不足也迫使他将晚年的研究重点转向道德政治，尤其是法国大革命

---

[1] Kant, I. Immanuel Kant Werke in Sechs Bänden. Darmstadt: Wissenschaftliche Buchgesellschaft, 2011: 101-318.
[2] 同[1].
[3] 康德. 道德形而上学原理. 苗力田, 译. 上海: 上海人民出版社, 1986: 72-256.

对这位伟大思想家的冲击。在中国哲学中，康德的伦理可比作王阳明的良知，道德相当于对知行合一的判断。良知是人类相对于其他物种的"天赋异禀"，是精神之英华，它的源头在人的"心""性""神"中，如果不注重自身的修养和完善，它也会被遮蔽；知行合一是良知与具体行为的一致。

由于合人类性，伦理是不同文化和国家形成价值体系的最重要基础之一。康德曾言，吾念二事，崇敬神往，仰望星空，心持道德。① 康德这里所言的"二事"应该指人类与其他可知物种的不同之处，也就是人之所以为人的特殊意义。浩瀚无垠的星空喻示人类生息其间的宇宙，伦理就是对两者关系规律的认知和遵循，当然这里还有康德对人类不断追求升华的向往。至高无上的道德喻示人类之伟大在于永不止步、不断完善的思想境界，而非其微不足道的物质形态和动物本能，也就是践行伦理、合人类性生存。浩瀚星空下，人类自叹渺小，一边感恩宇宙生生不息之大德，一边悲怆自身沧海一粟之纤弱；伦理法则上，人类胸有澎湃，时而为自由意识之无限伟大而激动，时而为行动准则之至善光芒而自豪。因此，合人类性是伦理的本质特征，具备它的观念和实践才是道德的，即真实的、真正的、真诚的。

二、中国传统哲学中的伦理

中国哲学意义上，伦理是"修身、齐家、治国、平天下"的核心，成功的人生、良善的社会、繁荣的国家必然以此为纲。早在中华文明的第一个黄金时期，孔子、孟子、荀子等重要思想家就做出了大量对伦理的深刻论述。"樊迟问仁。子曰：'爱人。'问知。子曰：'知人。'"（《论语·颜渊》）"仁者爱人"（《孟子·离娄下》）。爱己是人类性，是个体存续的基本

---

① 康德. 实践理性批判. 关文运，译. 桂林：广西师范大学出版社，2002：158.

需求；爱人是合类人性，是类存在必不可少的社会性；只有先爱己才能后爱人，但不爱人终致爱己无法实现，两者高度统一才是人之所以为人的重点。因此，仁是人与人相处必须遵循的天地正道。"爱人者，人恒爱之"（《孟子·离娄下》）。伦理法则一以贯之，人类社会才能运转有序、富裕兴旺，从而保护每个人的福祉，否则就如同春秋战国时期"今世殊死者相枕也，桁杨者相推也，形戮者相望也"（《庄子·在宥》）。"仁者，谓其中心欣然爱人也；其喜人之有福，而恶人之有祸也；生心之所不能已也，非求其报也"①（《韩非子·解老》）。仁者爱人是合人类性使然，而非执个人利害之小惠大失。对此，庄子的境界更是卓然："夫道，覆载万物者也，洋洋乎大哉！……爱人利物之谓仁"（《庄子·天地》）。这个论述将仁的合人类性拓展到"爱人利物"，诚然，人首先是身体存在，因此他必须处理好自己与自然的关系，其次，人是社会性动物，所以必须处理好人与人的关系。此外，这个论点还将荀子的人欲关系和孔子的人际关系扩充到人与宇宙的关系，更加全面和深刻地阐述了人类存在之大道。"物固有所然，物固有所可。无物不然，无物不可。……万物尽然，而以是相蕴。……天地与我并生，而万物与我为一。"（《庄子·齐物论》）伦理源于人与宇宙的浑然一体。人类的伦理绝不仅限于人与人、人与社会的关系，它始于人与自然的关系，而且从人类意义上而言，自然是人不可或缺的组成部分，两者之间的关系决定着人类认识自身、世界与宇宙一体的深度和高度。合人类性使人与人互相理解和共情，因此他必然厌恶施加于同类的灾祸，同情其苦难。"仁者爱人，爱人故恶人之害之也；义者循理，循理故恶人之乱之也。"（《荀子·议兵》）爱人、循理在于修身，要"见贤思齐焉，见不贤而内自省也"（《论语·里仁》），"躬自厚而薄责于人"（《论语·卫灵公》）。"同游而不见爱者，

---

① 王先慎. 韩非子集解. 钟哲，点校. 北京：中华书局，1998：152.

吾必不仁也；交而不见敬者，吾必不长也；临财而不见信者，吾必不信也。三者在身曷怨人！怨人者穷，怨天者无识。失之己而反诸人，岂不亦迂哉！"(《荀子·法行》) 可见，修身求仁不在外而在内、不在人而在己，要察行明心、坚守正道。立仁立长立信，合人类性彰明矣，伦理祛蔽矣，事完备矣，人自成矣。

三、西方哲学中的伦理

西方哲学意义上，伦理的纯粹性和道德的现实性在本体论的普遍性和无限性中统一。"没有道德，何来自由；没有公民，就无所谓道德"[①]。200多年前，卢梭在西方世界率先以道德和自由为基础，论证了公民、政治和社会之间的关系，指出道德政治是人类文明延续的要素之一。长期以来，西方世界重宗教而轻道德，这不仅没有任何合理性，事实上还阻碍和打击了深入认识和研究两者教化社会的互补性。在康德的纯粹理性意义上，个人幸福与伦理法则〔应该（should）〕相统一的解决方案是至善，因为它"给这些存在者追求幸福的愿望之上又加上一个条件，即是他们必须配享幸福才行，这个条件即是这些有理性的存在者的道德；只有道德才包含着使他们借以能够希望通过睿智真宰之手享到幸福的唯一标准"[②]。睿智真宰就是伦理，蕴含着人类追求幸福的真理，道德依此而判。因此，合人类性是幸福的本质特征之一，追求幸福如果缺失它，人既非自由，也不可能实现目标。试想某个践踏伦理、放纵欲望、奴役同类的人，他可能是一个既得利益者或位高权重者，但肯定不幸福，因为他在伤害他人他物的同时也在折损自身，并且在人性深处和情感深处都无法找到上述行为的合法性根据，更何况与同类达成共识和交融。此外，人与其他动物最大的不同之处是基

[①] 卢梭. 论政治经济学. 王运成，译. 北京：商务印书馆，1962：21.
[②] 康德. 实践理性批判. 关文运，译. 桂林：广西师范大学出版社，2002：126.

本物质条件满足后即开始"烦忧",也就是寻求精神上的慰藉——心安和神往之处。心安无外乎践行伦理、道德,神往即对美的无限靠近。"至善只有在灵魂不朽的这个假设之下,才在实践上是可能的","我们只有在一个无止境的进步过程中才能够达到与道德法则完全契合的地步"①。生命有限,可伦理法则至高、道德追求无限,消弭其间差距看似无法企及,但就人类繁衍而言,个体生灭变化,而整体生生不息,伦理法则和道德实践在理论上有可能在至善状态上达成统一。

现实意义上,人性的阴暗经常遮蔽真理,导致人际关系尔虞我诈,国际交往互动矛盾重重、剑拔弩张,此时伦理道德几乎完全被法律秩序取代。亚里士多德指出,好公民不一定是好人,而好人只有在好政体下才可能成为好公民。②自古希腊始,哲人和政治家就已不相信人性,转而用迷信、宗教、道德、习俗、法律等对其进行压制,以求社会运转有序、国家文明富强、个人安享幸福。此后历史可鉴,个中收效相对满意者无一例外为强制性措施,如道德那般强调个人修为的治理方式,或者应用十分有限,或者成为统治阶级愚弄民众的工具。此外,人类经常在动物性驱动下无所不用其极,道德约束力基本可忽略不计,所幸互害能力有限才侥幸得以挣扎至今。近代以来,随着科技发展和工业革命,人类毫不迟疑地将这些最新"成果"用于彼此残杀,异化的现代文明,西方人将它称为"现代性",它一边前所未有地"提升"着我们的物质生活,一边史无前例地将自身抛入深重的灾难。在多次面对全体毁灭之威胁下,少数尚有理性和智慧的才俊痛定思痛,劝导人类认清眼前的残酷现实,在国际上增加强制性力量,避免世界崩溃,即重归古希腊论断:"良好的国家体制并不能期待于道德,倒

---

① 康德. 实践理性批判. 关文运,译. 桂林:广西师范大学出版社,2002:118.
② 亚里士多德. 政治学. 吴寿彭,译. 北京:商务印书馆,1965:121.

是相反地，一个民族良好道德的形成首先就要期待于良好的国家体制。"①因为，建立国家"并不在于人类道德的改善，而只在于要求懂得那种大自然的机制我们怎样才能用之于人类……使他们自身必须相互都屈服于强制性的法律之下"②。所以，持续改进"易于操作、收效显著的强制性法律"再次被明确为管理社会、维护世界和平的主要手段，国际上建立了联合国、世界银行、世卫组织等，以期用法律公约、合作机制保障国际互动正常运转。可以说，人类文明史充斥着伦理法则与对人性弱点的检验和斗争，而强制性措施就是两者之间的折中方案。

继承于古希腊思想并反思现代文明，卢梭进一步发展了道德政治理念，但同时代对立现象却愈演愈烈，规模和程度都远超以往，因此康德等哲学家不得不认真检讨，为什么人性中的美好总是得不到彰显，而其丑恶却经常如脱缰野马般将我们带入无尽痛苦之中，伦理和道德在未来到底属于何种角色？特别让康德感到痛苦的是，在其理论引导下的法国大革命不仅没有使得"理性人""道德人"更加文明，反而用滔滔血水彻底冲垮了他对人性光芒（心中的道德法则）的乐观。此后，他回归亚里士多德式道德观，也就是政治哲学的功利主义，认为非道德良好的人也可以被诸如法律等强制手段变为良好的公民，反之则不然。这个转变被学界很多人称为"康德哲学的下降"。其实，这不是下降，而是康德哲学的两种范式：一是基础理论创新，如三大批判对以往哲学模式的颠覆；二是理论应用，负责解释和指导实践，但现实仅是人类可以认知到的"现实"，归纳法得出的理论总是无法排除特例或自动升高至一个新的维度。康德从伦理法则转变到政治哲学看起来确实不那么成功，就如同用爱因斯坦的相对论解释牛顿物理学一样，原来的"真理"变成特例，但我们一方面绝不能否认经典物理的巨大

---

① 康德. 历史理性批判文集. 何兆武, 译. 北京：商务印书馆, 1996: 126.
② 同①125.

价值及奠基作用，另一方面切忌"刻舟求剑"，脱离历史条件去评判甚至去否认其价值。理想主义追求人类的存在意义，现实主义聚焦人类社会的具体问题，两者在本质上没有高下之分，如何保证它们在理论和实践上的统一性才是重要的。人类如果仅关注当下和特殊就丢掉了人类性，如果仅关注未来和普遍就将陷入混乱而失去可持续性，所以我们需要不断努力去弥合理想主义和现实主义之间的差距。毋庸置疑，现代文明不是完美状态，我们的终极追求肯定也不是肤浅的和自戕式的资本永续增殖，人类需要必不可少的物质条件，但更为重要的是那些能让我们有意愿繁衍下去的崇高、感动和热爱，比如说善和美。

第四节　人与自然的对立统一：
合人类性是审美的逻辑主线

审美是自然而然的，是支撑人类存续、发展的价值基础与意义空间，因此合人类性是它的基本特征。审美存续本能即生物性，主要对象为人与自然的关系。它是自内向外地体悟和赞美人与宇宙的有机联系，即两者的浑然一体。对人类而言，审美是本质性、基础性的生命感知，人生的真实和价值得以展现和升华，因孕育而挚爱，因无限而求索。一言以蔽之，审美是人类天性所固有的，即在合人类性统御下观照事物的美。

一、审美是人之所以为人的体悟

审美的本质是体悟造物之神奇、纯粹和生命之坚强、伟大，其中人类与宇宙的一致性和有机性使得我们心中的美可以不借助任何媒介而显现或传达。首先，生物学家戴维·埃伦费尔德（David Ehrenfeld）认为，感性必须成为现代决策机制不可忽略的部分，因为人类无法仅依靠理性而存续；

情感是人类热爱自然的真实动力,所以自然艺术才是自然保护的理论基础。[①] 可见,自然科学家视角下的世界、生命和两者关系同样离不开审美范畴。人类从自然中孕育而来,双方必然有着千丝万缕、错综复杂的联系,如果加以描述,即同音共律、唇齿相依、血脉连通、难分彼此。虽然我们时时由于日常生活的搅扰而忘记了这个事实,但它的存在不以人的意志为转移。其次,审美是人类在精神上超越肉体功能,神交广阔世界之壮美崇高,不断寻找、解释、再现人"从哪里来?到哪里去?"的过程。因此,审美源于人类天性,来自主体与宇宙之间你中有我的关系,可以不借助任何媒介而经常性展开,自然而然、自动而动,我有之、你有之、他有之、共有之。最后,因为"去存在"(to be)的缘故,人的生命始终处于进行之中,审美活动在不同人身上、同一人的不同人生阶段也有着不同的内涵和表现形式。通过审美,有人能够获得对自然的感动、对生命的赞美、对反人类性的厌恶;但也有人沉溺于物质享受而茫然无措,甚至不自觉审美为何物。正如王阳明"心学"所论,前者有光明之心,与万物并一,通达宇宙精神,探索宇宙神秘;后者因各种原因心困人欲、浑浑噩噩,遮蔽了这种与生俱来的特质和灵性。

审美是人类追本溯源、探求真实的自发性和积极性,是显现生命与母体、人与自然由始至终连接的重要方式,是反思合人类性的重要途径。首先,审美是想象力和理解力的自由和谐。也就是说,审美是人类感性活动(想象力)和理性活动(理解力)的结合。把握美需要理解力,即人类感知内外部的先天形式;体悟美离不开想象力,即通过人类性与宇宙连接,从而超越物质形态、回归生命感受、与自然融为一体,最终成为"真正的人"。虽然审美是人类感受和认识的先天形式,但这并不意味着所有人都能

---

① 埃伦费尔德. 人道主义的僭妄. 李云龙,译. 北京:国际文化出版公司,1988:128-175.

够主动地、有意识地、相对清晰地掌握和使用它。其次，因为人类性与宇宙的内在联系，审美使主体获得精神层面的无限。人类的来源和归处都是宇宙，肉体的有限能力无法把握或认识，但精神却可以不断趋近后者，审美就是其主要内容。某种程度上，如果个体不能合人类性地体悟自身存在，必将深深地陷入纷繁杂乱的世俗功利之中，生命也将变得难承其重。在这个意义上，审美的主要对象是自然。人工艺术仅是特定主体对自然的认识、理解和体悟，进而尝试模仿，但十分微妙的生命感知是话语、绘画、歌唱等现有人类表达形式难以企及的，正如中国人所讲的"只可意会不可言传"，努力呈现和表达没有问题，但最好的结果也止步于差强人意。这里并没有贬低和否定人工艺术的意思，因为正是这些工作才使得人类对审美有了更深的了解、更好的运用，也更加亲近自然、热爱自然。可是，我们千万不能将人工艺术视为对自然或宇宙的还原，甚至是"真实描述"。最后，"人不仅通过思维，而且以**全部**感觉在对象世界中肯定自己"[1]。审美是人类感知和思维的原始动力，也是把握和理解对象世界的尺度。应该说，人在脱离低级动物的那一刻就开始了审美活动，它融入人类的一切知行之中，不仅是联系外界的形式之一，还是验证自身、肯定其意义的特殊实践。普通人眼里，审美好像是艺术家的专业领域，其实它贯穿于我们的一思一想、一举一动，这是人类的天性使然，寻求回到"家中"的安全感和舒适感。比如人们在认知、制造、修缮甚至毁坏某个物品时，必然无意识或下意识地开展了审美活动，因为从事这些早已预设在我们所有动机和行为中的"它"并不需要蓄意为之。而美就是面向对象，主体情感不假思索、毫无保留地展开，喜之、近之、爱之，非勉强、非造作、非理性，即是合人类性。总而言之，审美表面上非人类生存之必需，但我们的生命活动须臾

---

[1] 马克思恩格斯文集：第1卷. 北京：人民出版社，2009：191.

无法离开它的潜移默化。

由于合人类性使然，审美帮助沉沦在"理性秩序"和"科技万能"中的我们找回经常迷失的归属感和生命感。一方面，如同宇宙的"生生"规律一样，审美在日常生活中不显山露水，但人类存在却频繁受其影响甚至支配。因为，我们平时沉浮于感性世界，如果不能偶尔走出"普通琐事"的纠缠，其实很难发现和理清其背后的逻辑，所以审美就成为改变上述困境的主要方法。另一方面，"审美带有令人解放的性质，它让对象保持它的自由和无限，不把它作为有利于有限需要和意图的工具而起占有欲和加以利用"①。相对于生物性欲求，审美是非功利的，在精神层面上填补着我们的心灵空虚，回答着终极追问，有着不可替代的作用。它不解决暂时的、具体的、现实的问题，而是重现人与宇宙难分彼此的有机结合，让我们体悟生命意义、人类性真谛和天地"生生至德"的最重要路径。在这个维度上，审美对人类的重要价值无可替代。

二、中华优秀传统文化的审美高度

中国哲学认为，审美是"无用之用，方为大用"（《庄子·人间世》），追求"此心光明"（《传习录》）、与天地融为一体的最高精神境界。审美之用非常用，而是类似"神往"和"心即万物"的无用之大用，一思无用，二思小用，三思无可替代之用。审美之大用既是使人莫名其妙地生出对生养自己的宇宙和人类社会的崇高感，也是让人找回人之所以为人的真实感。审美不仅是精神层面的愉悦或者满足，而且还指引和守护着我们的日常生活。它的无用之用指其功用是其他人类实践所不能实现的，但也绝不是一般情况下的"功利性"之用。正是基于这样宏大和深刻的认识，中国古代

---

① 黑格尔. 美学：第1卷. 朱光潜，译. 北京：商务印书馆，1979：147.

先哲和艺术家们在审美领域建树斐然、自成一派。

"若夫乘天地之正,而御六气之辩,以游无穷者,彼且恶乎待哉?"(《庄子·逍遥游》)先秦道家思想格局宏大、立意高远,审美直达人与浩瀚无垠的宇宙的关系、以身体之有限追求精神之无限的至上境界。"乘云气,御飞龙,而游乎四海之外。"(《庄子·逍遥游》)庄子用超现实主义方法以"藐姑射之山神人"比喻了天道之无所不包和无界之大,精神之无所不能和无限之广。"十日并出,万物皆照,而况德之进乎日者乎!"(《庄子·齐物论》)道的本质是生养万物,甚至不惜创造十个太阳普照大地、点燃生命,有德之君所言所行必然暗合天道,这既是道德,也是审美。此外,《庄子》书中基于日常生活的审美不仅文字秀丽,而且包含着深刻的道家思想。"手之所触,肩之所倚,足之所履,膝之所踦,砉然响然,奏刀騞然,莫不中音。合于桑林之舞,乃中经首之会。"(《庄子·养生主》)在古代社会,屠宰本是不入流的行当和技术,但经庄子生动形象的描绘和鞭辟入里的解析,它无疑从技术上升到艺术,其中包含的审美意蕴非常丰富。美绝非世俗价值,而是观照天地正道;美也不是创造,而是深藏非常道之规律或意象;简言之,美即道,审美即入道。屠夫之所以能够将一项技艺发挥到如此程度,绝不是"唯手熟尔",而是道之参悟、把握和运用。对庄子式的审美,苏东坡也有评价:"出新意于法度中,寄妙理于豪放之外,所谓'游刃有余地'、'运斤成风'也。"[①]

此外,儒家学派的重要学者荀子也有审美与伦理相统一的重要观点:"乐者,圣人之所乐也,而可以善民心,其感人深,其移风易俗,故先王导之以礼乐而民和睦。"(《荀子·乐论》)礼是伦理,乐是审美,两者之所以导人化人,就在于天理与良知的相通性。

---

① 陈鼓应.《庄子》内篇的心学(上):开放的心灵与审美的心境.哲学研究,2009(2):25-35,68.

进入魏晋时期，士人们开始将审美的焦点转向自然，赞美人体和人性时也多用自然事物进行比喻，如玉山、玉树、"清风朗月"、"濯濯如春月柳"等，从中越发感受到他们对自然不可名状的依恋、热爱和崇拜。

三、合人类性视角下审美与伦理的对立统一关系

审美和伦理因合人类性而内在联系紧密、互动互构，审美得美、伦理全善，美则善成、善则美至，相辅相成、相通相融。合人类性意义上，美的自然是道德的，道德的必然是美的。康德认为，美是德性的象征，审美的本质是社会性，并且鉴赏从外部促进道德。[①] 可见，审美和伦理的内在关系十分紧密和复杂，审美主要从合人类性的个体角度出发，伦理主要从合人类性的人与人，也就是社会角度出发，殊途同归，最终的目标都是通过自我认识、自我完善、自我升华而实现终极关怀和人生意义，所以它们是人类实践中合人类性最为集中的两个基本维度。再者，自然孕育了人类，社会发展了人类，自然与人类沟通生命美，社会助人类完善人性美，体悟生命美就是审美，遵循人性美就是伦理。审美和伦理如同个体和社会的关系，个体如果仅关注自身，审美足矣，可他无法离开社会，因此除了审美之外还不得不遵循伦理，并且就一般意义而言，人这个概念内在地具有社会属性。

审美是体悟物我的因果，伦理是存于世界的观照，前者是初始和本然，后者是成熟和理性。就好比个体是整体不可分割的组成部分，整体是个体不同运动阶段的暂时和相对稳定状态。人类之所以能够从动物中脱颖而出而摆脱其陋，不是靠体悟增强而是靠智力和精神提升。事实上，从进化史来看，人类的身体能力不断下降，是智力提升使我们拥有、掌握了理性思维和复杂合作，精神发展使我们探求生命本质、追求自身价值，此即伦理

---

① 康德. 判断力批判. 邓晓芒，译. 北京：人民出版社，2002：198-202.

和审美的由来。可以说，人类进化就是升华人类性的进程，并不断通过伦理和审美的合人类性推动社会发展和文明进步。

第五节 伦理和审美进路：未来国际传播不可或缺的内核

一以贯之，伦理和审美因合人类性成为国际价值共识的理论和实践基础，保障了国际传播的建设性和理智竞争性，使得国际传播成为可能。除了抢夺生存和发展的重要物质资源以外，国际摩擦、文明冲突的根本原因是对自身特殊性、"我他"差异性的凸显和坚持，因此国际传播首先要找到不同主体的共同共通、共利共情之处，这不仅事关双方交流质量，还必然在源头上决定合作成败。

一、合人类性价值共识下国际传播的伦理内涵

伦理是国与国之间为数不多的基础共性之一和相互理解的"话语"，因此可推动各方暂时搁置差异，逐步建立合作共识，最终实现真正意义上的国际传播。

第一，伦理是人类存在的法则，是所有人和国家的共同属性。康德指出，相互兼容的自由是个体权利的基础，同时自由是一切必要强制的条件，只有这样才能使每个人得其应得。[①] 个体的自由法则如此，平等、正义、共赢的国际交往和国际传播也必然包含这个内涵。很长一段时间以来，国际传播之所以冲突不断甚至服务于战争，就是源于各方只考虑自身利益而不

---

① 康德. 历史理性批判文集. 何兆武, 译. 北京：商务印书馆, 1990: 92-153.

惜践踏整体福祉，在不顾及对方自由的同时也丢掉了自己的自由，最终导致两败俱伤、损失惨重。1993年，《世界宗教议会走向全球伦理宣言》中写入了孔子的格言"己所不欲，勿施于人"，如同康德的伦理法则"应该"（should）一样，因为无可争议被不同种族、民族和文化的人们普遍接受，并愿意以此为准则维护国际和平，促进国际合作。同理，这些各国可达成的底线共识正是国际传播的重要基础。

第二，伦理作为天然价值共识引导国与国相互倾听、相互理解，进而正向增强国际传播效果。一个文明的核心是价值体系，即共同经验、共同认知、共同情感和共同理想的有机混合物，而伦理是核心的核心。简而言之，共同性建构了"我们"，差异性将自我区别于他者。正如亨廷顿的"文明冲突论"指出，冷战后很长一段时间，价值体系之战会在不同文明间展开。因此，文明冲突下国际传播是非建设性和非理智竞争性的，避免的方法唯有搁置和弱化特殊性，挖掘和凸显共同性。伦理就是人类为数不多的可超越民族和国家的共同性。

第三，没有价值共识的国际传播必将沦为形式主义或恶性竞争。国际传播是一国通过合作或有限竞争谋取国际权力格局中有利地位的活动，因此它必须有基本的国际共识、有约束性的法律规则，并且后者一定要建立在前者之上，否则参与主体将以自我为中心，无所不用其极，陷入不同形式的恶性竞争之中。当然，改弦更张既是困难的也是漫长的，但背离规律不仅会使国际传播南辕北辙，而且将进一步削弱本已危机四伏的人类社会。

第四，只要是尚存一丝理智的国际传播主体，就绝不会认为伦理可随意抛弃，更不会公然否定合人类性价值和实践。即便他的行为南辕北辙，也是为了愚弄对方，非正义获利。换句话说，他会诱使或设计让敌人遵循伦理、坚守道德，从而在自己损人利己时取得优势，如同马基雅弗利在《君主论》中论述的那样，但这样无疑是短视的，长期反受其害。

第五，合人类性视角下，一国之内道德规范和强制措施合力取得成功的范式可适当调整后应用于国际，当然这必须充分考虑到历史条件和需求变化。更何况，时至今日，国际传播道德之基建设已不是个可选择项目，而是到了应该做和必须做的节点。正如人类历史所证，"物尽其用"、"欲壑难填"和"非我族类"的国际传播是反价值的、非可持续发展的。

二、合人类性价值共识下国际传播的审美旨趣

审美是不同国家共同的根本利益场域，因为它出自人与人的生命共鸣、文化与文化的共有要素，其基于人类视角的合目的性必然会在国际传播效果提升方面起到事半功倍的效用。

首先，由于普遍追求个人幸福和发展人类文明的内在需求，不同国家无一例外进行着各具特色的审美活动。因为它不仅满足我们的生理需求，还持续不断地带来精神愉悦，如山水滋养之美、麦浪丰收之美、竞技蓬勃之美、人人和谐之美、国际互助之美等。

其次，审美是弥合国际差异的重要路径，尤其是自然美之道。各国人民认同和欣赏自然美的一致度最高、争议最少，而对艺术美却有大量不同看法甚至是排斥，其原因无外乎不同价值观下的认知和情感差异。在生活中，世界各地的自然风光最能得到不同国家游客的喜爱和赞美；在社交媒体中，用户对别国生态景观的评论也最为正面和宽容。面对自然的雄壮、生机、博大，不同国家和文化的人们都会在其中发现自身意义所在，也总是情不自禁地心潮澎湃、热泪盈眶。从审美的规定性而言，自然美是本美，艺术美是临摹或特殊的。自然造就了人类，前者才能赋予后者最舒适、最安全、最满足的生理和精神状态，所以自然美是真实的、真正的美，艺术美是对自然美的个别感悟和言说。

再次，国际传播中审美相关议题非常丰富，涉及环境保护、文化互鉴、

旅游观光、艺术创作、情感交流等。当然，上述实践中确实出现了很多争执和冲突，如环境类议题的国际合作受阻等，但这不是因为审美活动本身，而是权力分配、责任分担等原因。

最后，就国际传播效果而言，审美路径事实上发挥着独特且不可替代的作用。托尔斯泰曾言，艺术通过交流感情成为交际的手段之一，它具有联合、融合人类的特殊作用，能推动人类走向完善。[①] 诚然，这的确是个令人激动和欣慰的事实，只有审美（这里主要指自然美）才能够在不同种族、民族和文化的人们中产生最大化的共鸣和喜悦，此时他们脸上洋溢的笑容是发自内心的、真诚的。但上述场景很难出现在其他议题的讨论之中，恰恰相反，这往往意味着争论、抵触和冲突。

随着技术进步、文明发展，审美的合人类性将进一步彰显，重要程度日益增强。因此，国际传播要善于以审美为桥梁，形塑和巩固主体与对象共通融合之空间，从而提升传播力和影响力。

---

① 伍蠡甫. 西方文论选：下卷. 上海：上海译文出版社，1988：442-447.

结 论

人性、社会性、人类性：
国际传播的宿命与期待

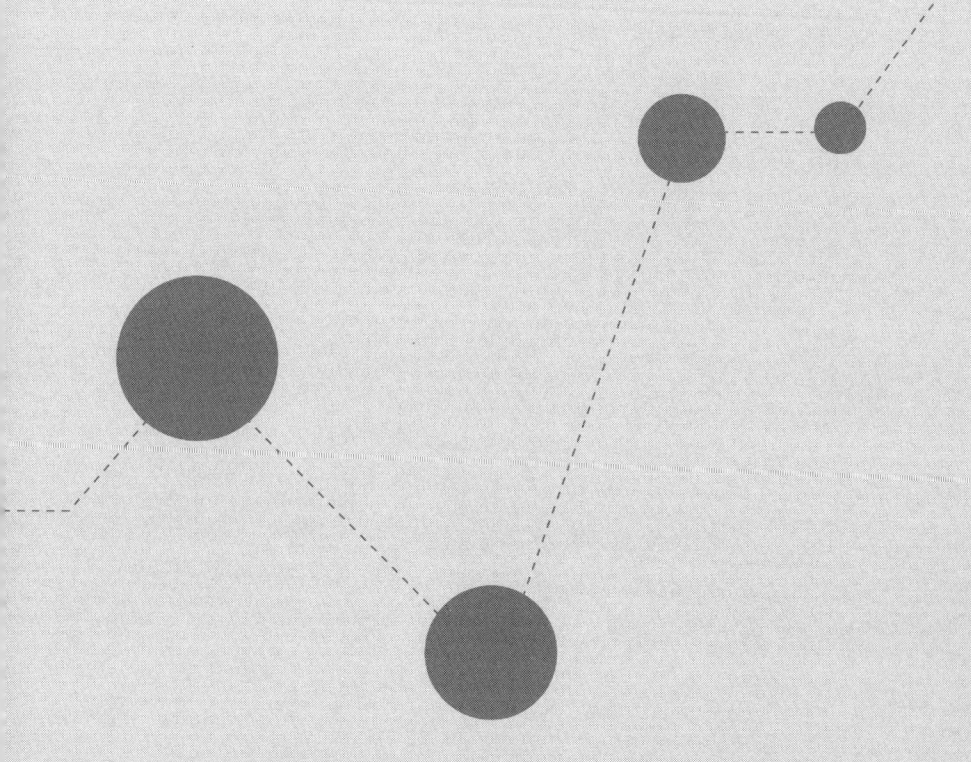

随着技术划时代突破引起一系列连锁反应，国际传播发生质变，超越了传统意义上国与国的信息互动，进化为文明竞争的主要形式之一。数字化时代以前，国际传播由政府或大型媒体寡头主导，因此它具有目的明确、行为可预测、国家意识突出等特点。在后信息社会，普通民众获得一定程度的话语权，国际传播主体和各方利益诉求变得多样，以往的国家意志表达不得不受多元意识形态制衡，传统的精英治理模式越来越受到民间力量的质疑和攻讦。当然，这个游戏背后始终有资本和权力的操纵。简而言之，如今的国际传播复杂多变，意识形态争锋更加动荡激烈，受众反馈和传播效果特别难以预测，持续从国际、国内两个方向全面和深远地影响着一个国家的安全。

正如任何事物都有两面性一样，国际传播同时产生积极和消极力量，并随着参与国际政治越来越深入而发挥越来越重要的作用。一方面，国际竞争越发倚重国际传播场域。正如亨廷顿的文明冲突论和约瑟夫·奈的软实力理论指出的，人类依然没有找到友爱共存之道，时常面临着深刻且激烈的冲突，尤其是当前历史阶段下因价值观差异引发的非传统对抗或战争。近年来，很多国家将国际传播转向战略传播就是国际关系竞争性增强的有力证明。另一方面，国际合作更加依赖国际传播路径。人口剧增，通信和交通科技快速发展，地球越来越小，国与国互动越来越频繁，攸关人类前途命运的重大难题也越来越多，如世界和平、环境保护、消除贫困、宇宙探索等。为应对得当，没有相当程度的合作无法想象，因此国际传播的重要性与日俱增，它不仅指政府间的沟通协调，还包括各国受众最广泛的相互交流、理解和达成共识。

时代背景使然，中国需要实践与理论并重，构建符合国情的国际传播体系，为中华民族伟大复兴创造有利外部环境。近代以来，西方文明长期将其他文明边缘化，这不仅抹杀了非西方文化的重大价值，还严重削弱了世界文化的内在活力与动力。进入 21 世纪，中国的硬实力已积累至相当水平，但软实力建设道阻且长，而国际传播基础理论研究就是其中亟待加强的部分。首先，破除学科藩篱，在跨学科视角下大力借鉴已有经典理论，深刻理解国际传播本质和内涵，推动学科建设科学化、学术研究系统化和全面化。其次，国际传播理论研究要有中国视角、中国理念和中国路径，不能生搬硬套舶来品，这已无数次在中国现代化和自主化历史进程中得到证实。人文社科理论不仅是客观必然的存在，而且具有明显的价值导向。再次，提升问题意识与创新能力。理论研究既要遵循科学规律，又要认识到现有研究范式的局限性。最后，密切跟踪、研究、应用、转化革命性科技成果，如人工智能等。

一、理想与现实：走向未来的国际传播

理想主义下，国际传播应该是平等、欣赏、互鉴的跨文化交流，其主要内容为共享意义、表达友善及合作共赢，此时国际传播的竞争性变得富有诗意，甚至失去了大部分存在价值。斯图尔特·霍尔在其著作《表征——文化表象与意指实践》中指出，认识文化多样性是不断超越自身文化狭隘性的过程，我们不能以自己的价值观去衡量异文化，而应反思自身，从民族中心主义转向文化价值平等。长久以来，跨文化传播一直是国际传播的核心内容，因为人们总是不得不面对文化差异造成的交流障碍和利益冲突。面对上述困难，大卫·卡尔（David W. Kale）认为，基于道德的国际传播、跨文化传播应遵循四个原则：一是尊重国际传播、跨文化传播受众，如同自己希望得到别人尊重那样；二是尽最大可能准确地描述自己所感知的世界；三是理解和认可异文化群体用特有方式表达自身；四是努力

识别出自我与他者的共同点。① 对照人类文明史和当前国际局势，卡尔的理想是美好的，也是值得我们努力追求的，但缺乏现实基础，或者说，在可以预见的时间内还看不到成功的可能。因为从生存环境、生理基础、心理结构到广义文化，无论是个体还是族群，其思维和行为基点都是利己，所以很难达成不同文化群体间的真正尊重。如果不同文化的价值观无法和解，那么理解和认可异文化的特殊性就变得不太可能，并且它们的关系也将保持为简单明了的物质利益关系。

现实主义下，国际传播是国际竞争的一个重要维度，它虽然不如战争般剧烈和残酷，但其后果一定是深刻的、潜移默化的，从长期视角来看，它甚至是决定性因素之一。此时国际传播战略的主要内涵是"通过科学分析、规划、实施和持续改善而谋取竞争优势"。国际战争一般爆发于国际社会系统性变革下国家地位认知不协调，也就是既成地位（经济、政治、军事实力）与归属地位（国际威望）的冲突。其实，不同形式的竞争中都可发现这个规律，包括国际传播。第二次世界大战后，主要大国达成新的国际社会秩序并延续至今，战争虽在局部地区时有爆发，但未形成世界级规模。在此背景下，国际竞争多呈现为经济、政治、文化等方面的竞争，国际传播自然而然地成为主要场域。此外，国际竞争中往往忽略了权力与文化之间的紧密联系，而将成功归结为自身文化优越性使然。② 国际传播中，文化与权力的关系同样十分复杂，很多文化现象背后都有权力运作的影子，几乎所有权力产生和发挥作用背后都有广义文化的规制与指导。总而言之，在普通受众眼中，国际传播几乎与国际文化交流画等号，但在专业人士的研究中，它的内在竞争性必须是关注的焦点。国际传播不是国际竞争的显

---

① 萨默瓦，波特. 文化模式与传播方式：跨文化交流文集. 麻争旗，等译. 北京：北京广播学院出版社，2003：471.
② 亨廷顿. 文明的冲突与世界秩序的重建. 周琪，等译. 北京：新华出版社，2010：84.

性形式，然而其在当前和未来人类文明中的影响日渐重大。

二、感知再造：媒介时代还是技术时代？

如果说"媒介包括任何使人体和感官延伸的技术"①，那么国际传播就是包括所有使一国影响力向世界延伸的思想和技术。"在机械时代，是身体在空间范围内的延伸；在经过了一个世纪的电力技术发展之后，人的中枢神经系统又得到了延伸；人类延伸的最后一个阶段正在迅速逼近，这就是从技术上模拟意识的阶段"②。显而易见，不论是"感知延伸"还是"模拟意识"，大众媒介都是工具性存在，因为它主要提供技术解决方案，所以，对国际传播效果而言，大众媒介是"工具论"，大众媒介承载的内容为"决定论"。当前，新兴通信、媒介技术、大数据、人工智能、心理学及神经科学等方面的研究成果不断推动国际传播从技术上越来越接近"模拟意识"水平，但其实践形态与理想形态却存在着相当差距。

为更好地理解这个问题，我们有必要辨析硬传播与软传播。硬传播是基于国家综合实力的顶层设计，注重全局性和长期性；软传播是基于大众媒介的策略和路径，强调技术性和工具性。其实，"硬传播"与"软传播"之间就是国家综合实力与国家形象建构的本质与现象关系，两者互动互构，脱离任何一极去谈论另外一极都会造成以偏概全。总而言之，硬传播实力是软传播效果的决定性因素，不充分认识前者，研究后者相当于"雾里看花"。如果"硬传播"与"软传播"失衡，国际传播试图构建的国家形象就会被受众认为是"不真实的"甚至是"虚假的"，不仅无法实现"模拟意识"的功能，反而对保护和争取国家利益起到负面作用。无论如何，正像

---

① 麦克卢汉，秦格龙. 麦克卢汉精粹（第二版）. 何道宽，译. 北京：中国大百科全书出版社，2021：319.
② 麦克卢汉. 理解媒介：论人的延伸. 何道宽，译. 北京：商务印书馆，2000：20.

麦克卢汉曾经指出的那样，我们身处一个"伟大的有机的时代"，一个以大众媒介（当下以社交媒介等新兴媒介为主）为神经系统的，"人人参与的、新型的、整合的地球村"。① "伟大的有机的时代"必然存在"有机的"国际社会基础，必然形成"有机的"国际交往规则，必然要求"有机的"国际传播实践。"有机的"意味着整体性的、有紧密内在联系的、相互依赖的，而不是片面的、彼此割裂的。

三、自我与他者：一个应该认清和"打破"的刻板印象

"自我与他者"观不是永恒的真理，而是相对历史条件下的历史产物。恩格斯曾经精辟地论述道："平等的观念，无论以资产阶级的形式出现，还是以无产阶级的形式出现，本身都是一种历史的产物，这一观念的形成，需要一定的历史条件，而这种历史条件本身又以长期的以往的历史为前提。"② "平等的观念"是认识自我与他者的重要维度，是自我与他者关系发展的历史产物，研究它们自然离不开从始至终的追问，和对其当前形态的社会背景考察。国际社会中不同种族、民族和文化群体的不同"自我与他者"观深化着不同历史烙印，因此自我与他者合作的本质、目的和路径都是历史条件的生成。在前置条件制约下，"自我与他者"观的核心内涵始终保持不变，但它的表现形式却是时代的拥抱者。如同马克思和恩格斯的历史观所表达的："世界不是既成**事物**的集合体，而是**过程**的集合体"③。他者的价值源于自我的"意识"，是自我对合作的"计划设想"和"预期结果"的主观性和主体性，是隐藏于历史进程的自我与他者互动的基本逻辑和根

---

① 麦克卢汉，秦格龙. 麦克卢汉精粹（第二版）. 何道宽，译. 北京：中国大百科全书出版社，2021：319-348.
② 马克思恩格斯选集：第3卷. 北京：人民出版社，2012：484-485.
③ 马克思恩格斯文集：第4卷. 北京：人民出版社，2009：298.

本特性。虽然"平等的观念"出现在自我与他者的关系中时日尚短,但我们却不难在其深处发现历史的痕迹,进而创造历史。

"自我与他者"观是人类社会关系的起点,是决定人与人、国与国交往方式的基本思想形态,因此,我们要时刻提醒自己切勿背离它的运动机制,也就是国际交往领域的时代旨趣——价值观宽容和更平等合作。"人们按照自己的物质生产率建立相应的社会关系,正是这些人又按照自己的社会关系创造了相应的原理、观念和范畴。"[①] 随着物质生产方式不断进阶,"自我与他者"观依此做出调整,从而在不同历史阶段具有不同历史表征。一国的国际传播战略反映其"自我与他者"观的特殊性,必然与其物质生产方式和国际交流交往有着紧密的内在联系。反之,一国的"自我与他者"观同步国际传播实践,必然受外部环境和互动结果的制约。国际政治史告诉我们,对抗和冷漠解决不了任何问题,反而引发严重后果,造成自我与他者双方不可逆转的损失。在包括国际传播在内的国际交往实践中,面对差异分歧,不能无所作为,更不能极端化处理,而应切实回到人类的共同利益和价值,努力避免类似"对抗他者"[②] 的国际交往策略。

四、合人类性价值共识:构建真正意义上国际传播的必然路径

价值共识是建设性国际传播的必要条件,也是国与国关系的艰难之处,缺乏前者将导致后者形式化、空洞化、恶性化,因此通过伦理和审美的合人类性,消除国与国分歧、促进国际合作就成为不多的选项之一,使国际传播成为可能。卢梭指出:"由自然状态进入社会状态,人类便产生了一场

[①] 马克思恩格斯选集:第1卷. 北京:人民出版社,2012:222.
[②] 亨廷顿. 文明的冲突与世界秩序的重建. 周琪,等译. 北京:新华出版社,2010:105-110.

最堪注目的变化。"① 考古证据表明，自然状态大概类似霍布斯描述的人人为一己私利就可以伤害他人的原始状态、战争状态，那时的人与动物相差无几。能够摆脱野蛮、逐步建立文明，人类的努力确实可歌可泣，而其中最为显著的特征不外乎伦理和审美，正是因为它们，个体获得了安全、自由和尊严，社会建立了平等、公正和法治。但这个历史性飞跃止步于现代国家内部，包括国际传播在内的国际交往虽然在形式上较之以往更加"文明"，可是其本质依然属于自然状态。因此，推动国际社会由自然状态进入社会状态就成为当前国际传播的重要使命，而它可能的起点必然是国际价值共识，一方面我们要立足实际、避免空谈，在多元价值和诉求下找出国际价值共识的最大公约数，即合人类性思想和实践；另一方面由国际传播推动建设性国际互动，通过共赢不断加固合人类性价值共识，形成"共识—共赢—共识"的良性循环。

中华优秀传统文化中蕴藏着深刻且丰富的伦理思想和审美智慧，处处闪烁着合人类性的璀璨光芒，是中国国际传播、构建人类命运共同体可资开发又用之不竭的源头活水。② 伦理和审美是中华优秀传统文化的核心，分别取得了非常高的成就，虽近代以来受到西方文化冲击，但其重要价值和发展潜力始终烙印在中国人文化心理和价值观念最深处。道并行而不相悖，继承和发扬上述文化瑰宝与提升中国国际传播能力互为动力，一方面结合中国实际和中国特色，保护、挖掘和发展中华优秀传统文化，也就是实现中华优秀传统文化的时代化与创新化；另一方面基于合人类性价值共识，通过国际传播推动文明互鉴和国际合作，尤其重视那些与其他文明可共享的内容，即实现中华优秀传统文化国际化与普适化。

---

① 卢梭. 社会契约论. 何兆武，译. 北京：商务印书馆，1980：29.
② 李娟. 中华民族共同体意识的历史逻辑. 西北师大学报（社会科学版），2022，59（4）：67-75.

海德格尔认为，追问"存在"包含着西方的哲学思想、精神命运和历史进程。[①] 那么，回答"国际传播如何可能"就必须揭示作为跨国、跨文化价值共识的合人类性高度、伦理深度和审美气度。尼古拉斯·尼葛洛庞帝（Nicholas Negroponte）在《数字化生存》中指出，数字化生存具有"赋权"本质，未来人们将找到新的希望与尊严。[②] 何其可悲，数字化时代的人们被赋权的同时还在更大程度上被去权，大数据、全球定位、虚拟现实和人工智能等不仅奴役了我们的身体和行为，还毫无顾忌地剥夺了我们本已不多的意识自由。[③] 因此，当下从伦理和审美视角反思合人类性凸显出重要意义。国际传播的着眼点应该是人类幸福，因为它是人类性所在，也是合人类性所求。就高标准而言，幸福是个非常主观的感受和认识，但在基本层面上，幸福对人类却有着普遍意义，所以各国携手努力是可能的，也是可行的，值得所有国家认真对待和努力追求。一言以蔽之，伦理和审美不是国际传播的主要内容，而是必要内容，因为只有在此基础上，真正的国际价值共识才可以逐步形成，从而推动国与国的交流合作、维护世界和平，与此同时，国际传播重构其建设性和理智竞争性特征才最终成为可能。

---

① 海德格尔. 形而上学导论. 熊伟，王庆节，译. 北京：商务印书馆，1996：3-51.
② 尼葛洛庞帝. 数字化生存. 胡泳，范海燕，译. 海口：海南出版社，1997：271.
③ 李娟. 权力与价值的博弈：国际传播战略模型研究. 西安交通大学学报（社会科学版），2024，44（3）：156-165.

图书在版编目（CIP）数据

合作智慧与竞争艺术：国际传播的历史、逻辑与价值 / 李娟著. -- 北京：中国人民大学出版社，2025.8. -- （新闻传播学文库）. -- ISBN 978-7-300-34172-9

Ⅰ.G206

中国国家版本馆CIP数据核字第2025X9X957号

新闻传播学文库
合作智慧与竞争艺术
国际传播的历史、逻辑与价值
李　娟　著
Hezuo Zhihui yu Jingzheng Yishu: Guoji Chuanbo de Lishi, Luoji yu Jiazhi

出版发行	中国人民大学出版社	
社　　址	北京中关村大街31号	邮政编码　100080
电　　话	010-62511242（总编室）	010-62511770（质管部）
	010-82501766（邮购部）	010-62514148（门市部）
	010-62511173（发行公司）	010-62515275（盗版举报）
网　　址	http://www.crup.com.cn	
经　　销	新华书店	
印　　刷	北京昌联印刷有限公司	
开　　本	720 mm×1000 mm　1/16	版　次　2025年8月第1版
印　　张	15.75　插页2	印　次　2025年8月第1次印刷
字　　数	204 000	定　价　79.80元

版权所有　　侵权必究　　印装差错　　负责调换